中国社会科学院院际合作系列成果·厦门
顾问：李培林 黄 强 主编：马 援 张志红

CO-PRODUCTION AND
SOCIAL GOVERNANCE IN HAICANG

共同缔造
与海沧社会治理

王春光 梁 晨 张文博 王 晶 单丽卿 著

社会科学文献出版社
SOCIAL SCIENCES ACADEMIC PRESS (CHINA)

中国社会科学院和厦门市人民政府科研合作项目组

顾　问

　　李培林　中国社会科学院副院长

　　黄　强　厦门市委常委、常务副市长

丛书编委会主任

　　马　援　中国社会科学院科研局局长

　　张志红　厦门市发展和改革委员会主任

中国社会科学院总协调组

　　组　长：王子豪　中国社会科学院科研局副局长

　　成　员：孙　晶　中国社会科学院科研局科研合作处处长

　　　　　　任　琳　中国社会科学院科研局科研合作处干部

厦门总协调组

　　组　长：傅如荣　厦门市发展和改革委员会副主任

　　成　员：戴松若　厦门市发展研究中心副主任

《共同缔造与海沧社会治理》课题组

课题组长

　　王春光（中国社会科学院社会学研究所）

　　江根云（厦门市海沧区政府）

课题组成员

　　李秉勤（澳大利亚新南威尔士大学）

　　房莉杰（中国社会科学院社会学研究所）

　　梁　晨（中国社会科学院社会学研究所）

　　李振刚（中国社会科学院社会学研究所）

　　王　晶（中国社会科学院社会学研究所）

　　张文博（中国社会科学院社会学研究所）

　　单丽卿（北京大学社会学系）

　　宗世法（中国社会科学院研究生院）

　　潘永松（中国社会科学院研究生院）

　　齐文思（中国社会科学院研究生院）

　　王玉琪（美国罗格斯大学社会工作学院）

　　巢小丽（宁波行政学院）

　　王溢铭（厦门市海沧区政府）

　　龚志猛（厦门市海沧区政府）

序　言

厦门是一座美丽而富含文化底蕴的城市，素有"海上花园""海滨邹鲁"之称。作为我国改革开放最早的四个经济特区之一，三十多年来，厦门人民始终坚持先行先试，大力推动跨岛式发展，加快产业转型、城市转型和社会治理转型，深化两岸交流合作，努力建设美丽中国的典范城市和展现中国梦的样板城市，造就了厦门今天经济繁荣、文明温馨、和谐包容的美丽景象。

2014年11月，按照习近平总书记密切联系群众、密切联系实际、向地方学习、向人民学习的要求，中国社会科学院院长、党组书记、学部主席团主席王伟光率中国社会科学院学部委员赴厦门调研。在这次调研中，中国社会科学院和厦门市人民政府签定了《战略合作框架协议》和《2015年合作协议》，合作共建了"中国社会科学院学部委员厦门工作站"和"中国社会科学院国情调研厦门基地"。中国社科院与厦门市的合作在各个层级迅速、有序和高效地开展。通过一年的通力合作，双方通过中国社会科学院《要报》、中国社会科学院《国情调研报告》，以及其他渠道向中央报送了多篇对策报告，而摆在我们面前的这套丛书，正是2015年双方合作研究的结晶。

整套丛书由系列调研报告组成，其中：关于厦门自贸区政策研究和评估的调研报告，由中国社会科学院经济研究所副所长张平主持撰写，包括一个总报告和七个分报告。作者对厦门自贸区的机遇与挑战，实践评估与改革突破，及其带动"十三五"期间厦门城市转型升级的战略等，进行了比较深入的研究分析。该卷提出的"双重升级战略"及"五大支柱体系"建设创新性概念，具有前瞻性；对当前厦门自贸区改革创新和战略升级的评估比较符合实际，有助于理解未来尤其"十三五"期间厦门自贸区的发展目标和任务；对如何通过厦门自贸区升级战略带动厦门经济转型升级所提出的三方面政策建议，对当前厦门面临的"三个转型"具有决策参考作用。

关于厦门市城市治理体系和治理能力现代化的调研报告，由中国社会科学院工业经济研究所所长黄群慧领衔撰写。该卷着眼于我国推进治理体系和治理能力现代化的大背景，紧扣厦门地方城市治理这一主题，在梳理"美丽厦门 共同缔造"的愿景理念、行动目标的基础上，分别从政府治理、市场治理、社会治理、信息化治理四个维度，阐释了"厦门模式"，全面深入地分析了厦门的优势和不足，提出了许多可操作性的政策建议，对于未来厦门谋划城市治理工作具有一定的启发和参考意义。

关于"一带一路"建设下的厦门全方位对外开放策略的调研报告，由中国社会科学院欧洲研究所所长黄平牵头编撰。该卷作者以中国社会科学院欧洲研究所和美国研究所的学者为主，他们具有较好的国际视野和学术素养。作者在对厦门市以"一带一路"为契机着力开创对外开放新局面的情况进行全面调研之后，运用大量翔实数据和理论分析，以国际经验和国际合作的视角，从用开放促进产业升级和产能转移、构建智慧城市、深化对外人文交流和构建对台合作交流支点城市四个部分，详细阐述了厦门全方位对外开放的策略与途径，提出了包含"路线图"和"时间表"的实践路径，对厦门全方位对外开放具有较强的参考价值。

关于厦门市海沧区社会治理现代化、共同缔造与社会建设的调研报告，由中国社会科学院社会学研究所社会政策研究室主任王春光牵头。近年，厦门市海沧区在"美丽厦门 共同缔造"理念指导下，对一系列体制机制进行了探索与创新。课题组深入挖掘海沧区的实践案例，紧密结合海沧区的区域特色，对海沧经验进行提升和总结，并对进一步优化海沧区社会建设提出对策建议。课题组认为：海沧区推进的共同缔造，不仅仅是一种工作方法的改变，也不仅仅是公共资源配置机制的改革和创新，而且是一种社会建设；也就是通过共同缔造，改善社会关系和社会结构，提升社会和谐，建构一个美好的社会。所以，共同缔造与改革开放一样对当地的社会现代化有着重要的价值。在课题研究基础上形成的两部调研报告，其创新之处在于采用深度田野调研方法，通过深度解剖海沧区社会治理和社会建设，从社会组织、社区社会服务、流动人口社会融合等方面去探索共同缔造的价值和影响，并进一步研究在"强政府"格局下建设社会的可能路径和方法。

中国社会科学院和厦门市具有持续稳定的良好合作关系。1986年，时任厦门市委常委、常务副市长的习近平同志牵头组织编制《1985~2000年厦门经济社会发展战略》时，中国社会科学院专家就作为厦门市政府的"外脑"参与了编撰工作。这是中国经济特区中最早编制的经济社会发展规划，体现了习近平同志建设厦门特区的战略思想，至今对厦门人民全面实施《美丽厦门战略规划》具有重要的指导意义。此次双方继续深化合作，是中国社会科学院发挥国家级综合性高端智库优势作用，为地方决策提供高质量智力服务的一个体现。通过合作，厦门市可以为中国社会科学院学者提供丰富的社会实践资源和科研空间，能够使专家学者的理论研究更接地气，更好地推进我国社会科学理论的创新和发展，也能为厦门市科学、民主、依法决策提供科学的理论指导，使双方真正获得"优势互补"的双赢效果。

习近平总书记在哲学社会科学工作座谈会上指出：坚持和发展中国特色社会主义，需要不断在实践和理论上进行探索、用发展着的理论指导发展着的实践；广大哲学社会科学工作者要坚持人民是历史创造者的观点，树立为人民做学问的理想，尊重人民主体地位，聚焦人民实践创造。实践是创新的不竭源泉，理论的生命力也正在于创新。只有以我国实际为研究起点，才能提出具有主体性、原创性的理论观点和伟大作品。这套丛书尽管还有一些需要完善之处，但相信参与这套丛书调研与撰写的科研人员，会深刻感受到为人民做学问、依靠人民做学问的重要性，真正体验到做学问要密切联系群众，深入群众实践，从群众实践中汲取养分的重要性。正是厦门人民在全国率先推动"多规合一"立法、在全国率先实施"一照一码"等许多创新性实践，为我们这套丛书中的理论闪光点提供了深厚的社会实践源泉。对于厦门经验，我们中国社科院的专家学者远不及厦门的干部群众了解得多、掌握得准。在调研和写作过程中，我们自始至终得到厦门市委、市政府、发改委、发展研究中心、自贸片区管委会、金融办、台办、政务中心管委会、社科院、海沧区政府等许多单位的支持和帮助，得到许许多多厦门市专家和实际工作部门同志的指点。在此，向他们表示由衷的感谢和真诚的敬意。

　　祝愿中国社会科学院和厦门市在今后的合作中更加奋发有为、再创佳绩，推出更多更好的优秀成果。

中国社会科学院副院长

2016 年 8 月 23 日

摘　　要

作为厦门市的一个区级单位，海沧区在改革开放中快速发展，城市化、工业化和对外贸易水平都处于全国前列，但随之而来的除了享受经济发展带来的红利外，还遭遇了来自社会治理方面的挑战，这些挑战亟待寻找新的办法来解决。在贯彻厦门市委、市政府倡导的"美丽厦门·共同缔造"战略过程中，海沧区找到了解决社会治理问题的"金钥匙"，快速在区域、街道和村居社区这三个层面出台了多项政策，鼓励各级政府创新治理，鼓励村居社区自下而上参与到共同缔造项目中来，并引入社会组织参与社会治理，使"共同缔造"理念变成行动，极大地激发了社会参与的积极性，推进多元治理，形成了良好的社会建设格局。本书从社会治理角度出发，解析海沧区进行"美丽厦门·共同缔造"战略的理念和实践过程及其对多元治理结构的作用。虽然它们的做法尚处于起步阶段并存在可改进的空间，但其中的理念和实践对全国社会建设有一定的示范价值。

Abstract

Haicang, a district of coastal Xiamen city, was sprung up after the reform and opening up, with its rapid development during past three decades took the levels of its urbanization, industrialization and foreign trade to the forefront of the nationwide, which in turn brought not only the dividends of economic growth, but also challenges of social transformation. All the emerging social problems call for a change even innovation towards social governance. In carrying out the strategy of "Beautiful Xiamen Co-production" advocated by Xiamen municipal government in 2013, Haicang has found the golden key to solve these social problems through governance innovation, launching a series of policies towards different levels, and encouraging active participation in all co-production programs among urban and rural communities, and social organizations as well, hence a multiple governance pattern has been established. From the perspective of social governance, this book analyses the concept and local practice of "co-production" strategy of Haicang district, and also its role in the frame of multiple governance, which to some extent sets an example on social construction for other places of whole China, although this early approach is still not perfect yet.

目　录

第一章　站立国内外社会变迁潮头观海沧治理实践 ………… / 001
　　第一节　迈向社会治理时代 …………………………… / 002
　　第二节　社会治理创新的地方实践 …………………… / 009
　　第三节　社会治理的价值取向和分析架构 …………… / 019

第二章　海沧的社会演变 ………………………………… / 027
　　第一节　园区建设阶段：海沧开发初启 ……………… / 029
　　第二节　市区建设阶段：海沧城镇化 ………………… / 037
　　第三节　城乡一体化阶段：海沧现代城乡 …………… / 042
　　第四节　社会治理阶段 ………………………………… / 061

第三章　"共同缔造"的治理框架及其实践 …………… / 069
　　第一节　治理转型与社会建设 ………………………… / 070
　　第二节　"共同缔造"的基本意涵 …………………… / 077
　　第三节　从理念到行动：共同缔造的实践过程 ……… / 082
　　第四节　结论与讨论 …………………………………… / 090

第四章　海沧区的社会治理变迁与延续 ………………… / 094
　　第一节　以"区"为单位的创新治理路径 …………… / 095

  第二节 社会创新的结果——居民对共同缔造的回应 …… / 106
  第三节 区级社会治理创新的可持续性 ……………………… / 112

第五章 乡镇街道治理现代化 ……………………………………… / 116
  第一节 基层治理的困境 …………………………………………… / 116
  第二节 "共同缔造"中的街道办 ………………………………… / 121
  第三节 小结与讨论 ………………………………………………… / 147

第六章 海沧农村社区治理 …………………………………………… / 152
  第一节 农村分化与社区发展现状：为什么共同缔造？ ……… / 153
  第二节 农村社区治理创新：共同缔造造什么？ ……………… / 173
  第三节 共同缔造与农村社区治理的地方化及其未来 ……… / 202

第七章 社区共同缔造与多元共治 ……………………………………… / 211
  第一节 城市社区历史与现状 ……………………………………… / 212
  第二节 城市社区层面的共同缔造 ………………………………… / 220
  第三节 城市社区共同缔造的可持续性 ……………………………… / 238

第八章 迈向未来的社会治理 …………………………………………… / 243
  第一节 竞相奋进的社会治理 ……………………………………… / 244
  第二节 海沧社会治理的新实践和逻辑 ………………………… / 249
  第三节 总是走在路上的社会治理创新 ………………………… / 255

后 记 ………………………………………………………………………… / 260

第一章　站立国内外社会变迁潮头观海沧治理实践

在经济进入新常态、社会转型之中，中国社会治理变得日益突出，由此中央提出"国家治理体系和治理能力现代化"，以应对转型和新常态下出现的治理问题和挑战。在这一背景下，全国各地都在开展治理现代化探索和实践。在这方面厦门市有许多举措和行动走在全国前列。

厦门以"美丽厦门·共同缔造"为名推进治理现代化，作为下辖的海沧区在贯彻中央和厦门市治理创新上，提出了共同缔造"活力海沧"的想法。不管怎样，从中央到地方，各种治理实践，都在试图顺应和满足社会经济和政治变迁的需要。如何对社会经济变迁问题和风险进行有效而公正的治理，不仅是中国面临的挑战，而且是全世界的课题。如果从这样的角度来探讨和分析海沧的社会治理实践，就会有更广阔的思路，获得更深的认识，反过来也有助于为厦门市治理现代化乃至中国治理现代化提供一些理论和应用性知识和方法。为此，这里先从横向和纵向两个维度梳理和分析国内外社会治理实践和理论，为深入研究和探讨海沧社会治理实践寻找时空位置。

第一节　迈向社会治理时代

"治理"这个词，不论在中文还是希腊文中早已存在，但是作为当代公共管理和服务中的概念，是在20世纪80年代提出的。而在中国，治理作为学术研究对象，则始于20世纪90年代后期，其理论引自国外尤其是西方，而真正成为社会流行语，则是最近三年的事，原因在于这个词被中央采用。为什么一个古老的词在最近三十年成为热门概念，被广泛采用，成为时尚的学术和政治语言呢？这不只是人们一时偏好，而是折射当今时代社会经济变迁的需要。正如法国社会学家让-皮埃尔·戈丹所说，进入20世纪90年代，柏林墙倒塌，东西方冷战结束，中央与地方分权，公私部门界限模糊，全球化和信息化发展等，世界并没有变得更确定，而是更不确定，由此提出了治理问题和治理理论[1]。

一　西方语境下的治理问题

治理（governance）在古希腊语中指"操舵"，表示控制、指挥、操作的意思。这与社会控制没有什么区别。"治理的传统含义基本是作为国家统治（行为）来使用的。"[2] 后来西方提出的治理理论实际上修改了治理的含义，更强调社会的合作和协商，与传统的统治和政府控制思想和概念有着明显不同。最早将治理概念引进公共管理并进行新阐释的是詹姆斯·罗西瑙，他认为治理与统治不

---

[1] 〔法〕让-皮埃尔·戈丹：《何谓治理》，钟震宇译，社会科学文献出版社，2010。
[2] 孔繁斌：《公共性的再生产》，江苏人民出版社，2008，第17页。

同，是受共同目标所支持，并对共同的事务进行合作、协商管理，而不使用强制力量。需要注意的是，公共管理的治理不强调强力的使用。全球治理委员会（Commission on Global Governance）在1995年发表的《我们的全球伙伴关系》，强调治理主体的多元性："是个人和制度、公共和私营部门管理其共同事物的各种方法的综合。它是一个持续的过程，在其中，冲突或多元利益能够相互调适并能采取合作行动。它既包括正式的制度安排，也包括非正式安排。"这一界定说明，社会治理既是政府的事情，又是个人的事情；既是公共部门的事，又是私营部门的事，关键是合作、协商。经济合作与发展组织（OECD）虽然强调政治权威在治理中的作用，但是，其政治权威是从民主程序中产生的，而不是强力塑造的。世界银行（The World Bank）则将治理定义为"是在管理一国经济和社会资源中行使权力的方式"。这里的权力是广义概念，不仅包括政治权力，还包括其他社会主体所拥有的权力，不同社会主体在社会经济资源配置中运用自己的权力以产生影响。罗伯特·罗兹（Rhodes）提出的"治理"六种用法或含义，分别是：①最小化政府，即减少政府的职权范围；②私营部门的管理方式；③新公共管理；④良好治理（善治）；⑤社会神经系统；⑥自我管理网络。他的观点明确显示，治理可以广泛地应用到政治、政府、企业、社会各个领域，而且其主体、方式是多种多样的，可以构筑成一个网络关系，当然最终是要实现善治。

俞可平对西方学者有关治理的观点进行概括后认为，迄今主要有五种治理观点：一是"治理意味着一系列来自政府，但又不限于政府的社会公共机构和行为者"；二是"治理意味着在为社会和经济问题寻求解决方案的过程中，存在着界线和责任方面的模糊性";三是"治理明确肯定了在涉及集体行动的各个社会公共机构之间存在着权力依赖";四是"治理意味着参与者最终将形成一个自主的网络";五是"治理意味着,办好事情的能力并不仅限于政府的权力,不限于政府的发号施令或运用权威"。①这五种观点与罗兹的概括大同小异。俞可平还对善治与治理作了一定的区分,认为善治除了具备一些治理条件外,还有六个基本要素:合法性、透明性、责任性、法治、回应和效率。②孔繁斌认为,治理概念的核心是治理的载体发生了根本变化,不局限于政府组织,公民的积极参与非常重要,形成了公民与政府相互依赖和合作的关系,意味着国家与社会关系发生了明显的重组。③

综上所述,治理的提出一方面是为了适应社会经济变迁需要,另一方面也显示现代国家社会管理和统治的进步。二战后,特别是20世纪70年代西方碰上石油危机、80年代出现福利国家危机,新自由主义盛行,主张减少福利,减轻政府负担,让社会、市场发挥更多的作用,由此产生新公共管理思想,主张实行企业型政府,即政府要提高效率,将更多的公共服务交由市场提供,让社会组织在治理中扮演更大的角色。有研究者指出,到20世纪90年代末期,西方国家有两个特殊变化非常明显:一个是公共服务供给从过去由国家负责,转移到一组更复杂的安排,涉及其他供应者承担更重要的角色,特别是志愿者和私营部门;另一个变化涉及市场与管理原则,建构福利供给,而不是科层制或专业原则。当然对此又有不同

---

① 俞可平:《治理和善治:一种新的政治分析框架》,http://blog.sina.com.cn/s/blog_53357b920100zhfb.html。
② 俞可平:《治理和善治:一种新的政治分析框架》,http://blog.sina.com.cn/s/blog_53357b920100zhfb.html。
③ 孔繁斌:《公共性的再生产》,江苏人民出版社,2008。

的争论，这源自20世纪70年代资本主义经济危机，新右派崛起，"新右派政府企图解散福利国家机构，创造福利市场，并由引进私营部门的新管理方法推行'师法企业'（becoming businesslike）的作风"。① 在这样的背景下，治理理论和理念应运而生。在主张治理的学者看来，治理不同于传统的统治，"'治理'（governance）一词（而不是政府，此词暗示一种由上而下的模式）愈来愈常用来描述'差异化政体'的运作"，② 因此，治理与统治至少有这么几点不同，第一，目的不一样。统治的目的与被统治的目的是不同的，缺乏共同的目标，但治理是基于共同的目标或者共同的事务之上的，或者说要实现共同的目标。在治理理论看来，这些共同目标是可以在治理过程中达成和实现的，而统治过程往往很难找到共同目标，更有可能与目标相悖，统治者与被统治者各自追求自己的目标而采取不同的乃至冲突的行动。第二，治理主体是多元的，而统治主体是单一的。治理是社会的共同行为，不限于政府行为，还有企业、社会组织、社会群体、个体行动者等，而政府是统治的唯一主体。第三，治理方法更多地诉诸协商、合作、法律等手段和技术，其前提是社会治理各主体平等参与，而统治更依赖于国家暴力或强制手段，其前提是不平等的。当然，治理有时候会出现"失效"或"失败"，甚至也会出现耗时、扯皮等不好的问题，因此在治理基础上就有了善治理论。"概括地说，善治就是使公共利益最大化的公共管理过

---

① Pete Alcock、Angus Erskine、Margaret May：《解读社会政策》，（台湾）群学出版有限公司，2006，第343页。
② Pete Alcock、Angus Erskine、Margaret May：《解读社会政策》，（台湾）群学出版有限公司，2006，第364页。

程。善治的本质特征，就在于它是政府与公民对公共生活的合作管理，是政治国家与市民社会的一种新颖关系，是两者的最佳状态"。① 也就是说，善治是最佳的治理状态。

社会治理理论和理念的出现，不仅是为了适应时代的变迁，更是时代的产物，并且促进时代进步。社会治理至少需要两个重要前提：一个前提是要有发达的多元社会治理主体，至少每个主体都具备一定的参与、协商、合作甚至博弈的能力，否则，多元参与无从谈起；另一个重要前提是社会治理的不同主体不仅在理论上是平等的，更重要的是在实践中是平等的。这与西方民主社会发展直接有关，因为西方社会有一个相对独立的公民社会以及一个依赖市场运行的企业体系，它们与政府形成三足鼎立、相互制衡又可以平等合作的关系。在这样的社会结构中，任何一方如果没有其他方的合作、协商，都不能顺利运行。与此同时，它们都是在对方的推动、制约下运行的，因此，社会治理就顺理成章，在此基础上就有了社会治理概念和理论。有研究者认为，人类历史先后存在三种治理类型，即统治型社会治理模式、管理型社会治理模式和服务型社会治理模式，"在后工业社会或现代性重建的进程中，与服务型社会治理模式生成、构建密切相联系的多中心治理，是合作治理的结构基础，是公共服务再生产的核心体制"。② 从这个意义上，似乎多中心的社会治理是后工业时代的模式。

---

① Pete Alcock、Angus Erskine、Margaret May：《解读社会政策》，(台湾) 群学出版有限公司，2006，第 364 页。
② 孔繁斌：《公共性的再生产》，江苏人民出版社，2008，第 38~39 页。

二 中国语境下的管理与治理

虽然20世纪90年代后期，中国学术界已经开始介绍和探讨社会治理问题和社会治理理论，但是，各级政府的官方表述一直使用的是"社会管理"，而不是社会治理，2014年后，社会治理成为重要的官方表述。社会治理与社会管理只有一字之差，其内涵却有所不同。

官方对社会管理的表述是：党委领导、政府负责、社会协同、公众参与。社会管理也包含服务。在社会管理中，党政是主导力量，社会和公众只是配合力量。在具体的实践中，社会管理往往演变为政府强势主导、社会和公众被动参与甚至缺席。而政府把更多的精力、资源、人力投入社会秩序的维护上，比如大幅度增加各类治安人员、壮大维稳队伍，将大量资源用于各种监控设备的购置、铺设，构建网格化管理体系，有的地方做得好的是将服务融入网格化管理之中，为民众提供便捷的服务，赢得了民众支持，但是，大多数地方在管理上缺乏这样的意识和作为，民众的参与往往不是主动的，而是被动的。没有广大民众的主动参与，容易导致社会管理不为民众认可，提供的服务往往会与民众的需求脱节，难以提升社会的凝聚力和团结水平，而社会凝聚力和团结才是社会秩序中最坚固的核心因素。这跟中国社会经济变迁和发展的阶段性有相当的关系。

社会管理的创新和变革势在必行。在过去三十多年，中国社会随着经济快速发展而发生巨大的变化，突出体现在利益多样化、价值观念多元化、人口流动、社会开放、社会差距扩大、工业化和城市化进程加快等。所有这些变化意味着，单一的、自上而下的社会管理模式至少存在信息不对称、需求定位不准、认同度低下（或者说合法性低）等问题，所以，尽管投入了大量资源和人力，但是并没有获得预期效果，反而存在应接不暇、社会矛盾不减反增等预料外的问题。在这种情况下，社会治理创新应运而生。在这一点上与西方国家的治理演变有着惊人的相似性。当市场经济越来越发展、社会越来越多样以及社会力量成长，市场和社会的影响是不可低估的，原来政府独家可以解决的问题现在变成不是政府一家所能解决的，市场、社会与政府三者如何有效互动、合作共赢就成为当代社会的一个巨大的治理挑战。所以，有学者认为，虽然社会管理与社会治理只有一字之差，但是有很大的差异，至少包含着三方面：一是范围不同，社会管理覆盖范围广泛，甚至无所不包，而社会治理则聚焦于激发社会组织活力、预防和化解社会矛盾；二是社会治理更强调社会力量参与，而不是如社会管理那样强调政府管控；三是社会治理强调制度建设，以依法治理思维和方式化解矛盾和维护秩序，而不是一味强调行政手段等。[①] 中共十八届四中全会在谈及社会治理格局时在原来的社会管理格局中增加了"法制保障"，也说明了党中央对制度建设的重视。然而如何从社会管理转向社会治理，不仅是个理论问题，而且是一个实践问题。

结合中外社会治理理论和变迁可以看到，社会治理的核心问题是政府、社会与市场之间如何建构成合作共赢关系，在这里，多元参与和共享是最核心的价值理念。在中国语境下，政府依旧强大，在建构与社会、市场关系上如何改变过去的行政路径依赖、激发社会力量和促进社会发展、建设，则成为中国社会治理现代化的

---

① 李培林：《社会治理与社会管理有三大区别》，《中国社会科学报》2014年4月30日。

关键。当然，这并不意味着政府像过去那样有着很大的自由空间，相反，情势变化已经大大压缩了这样的空间，不得不迈向社会治理时代，只是受社会经济条件和思想观念不同的影响，出现不同的方式和做法。可以说，当前中国处在社会治理和社会建设探索时代，各地争相创新，花样迭出，方式多样，出现一种竞争状态。

第二节　社会治理创新的地方实践

从中外社会治理脉络中，可以看出不论是"活力海沧·共同缔造"还是"美丽厦门·共同缔造"都是其中的一种实践；如果将其放在国内更具体、中观的脉络中，就可以更详细地看清这一实践所具有的相似性和独特性，知道其未来的演变方向和路径。

一　中国社会的运行轨迹

虽然不能说中国社会就是特殊的社会，与其他社会完全不同，但是，也不能说它没有自己的特点。正如上文指出过的，中国虽然比西方国家迈入社会治理时代晚一些，但是这个时代毕竟已经开启，这说明整个人类社会从过去的统治模式演进到管治或管理模式、再演化到当今的治理或服务模式这一条运行规律中，中国自然不能置身事外。在确认这个前提之下，有必要透视中国社会经济运行的一些独特性以及对中国社会治理实践不能置身事外的影响，更好地把握海沧"共同缔造"的价值以及面临的困难。

在当代社会，最核心的一组关系就是国家（或政府）、市场、社会之间的关系。虽然世界各国都要处理好这组关系，但是由于不同国家有着不同的政府、市场、社会，所以，其关系组合、运行机制以及变化节奏参差不齐，呈现一定的特殊性。

我们曾对1949年以来中国社会现代化进程有过这样一个分析[①]：改革前中国社会属于总体性社会，改革后到20世纪90年代后期进入市场社会，21世纪初开始进入行政社会。总体性社会是孙立平首先提出的对改革前中国社会的一个解释概念。孙立平认为，1949年以后，通过对生产资料的改造和组织的重建，国家垄断了绝大部分稀缺的资源和结构性的社会活动空间，从而使社会各个部分形成了高度关联性。在这样的状态中，社会、市场基本上失去了存在的制度性空间。改革开放实际上是将市场、社会从国家高度垄断和控制的空间中释放出来，形成新的自由的流动资源和社会空间，中国开始了向布拉尼所说的市场社会转型。在这个阶段，市场被视为解决一切问题的手段和"灵丹妙药"，更重要的是政府将一些公益事业、公共服务交给市场来解决，不但放弃了其应该承担的公共职责和功能，而且还采用市场的手段向民众收取名目繁多的各种费用（在农村表现为税费，在城镇表现为各种行政审批费等）。尤其是国有企业和乡镇企业改制使大量职工下岗，不但让他们没有了稳定的就业，而且失去了可靠的单位福利，导致下岗工人激烈的反抗（上访、静坐、堵塞要道等）；农民负担加重，导致农村干群矛盾激化。正如布拉尼指出的，过度追求甚至崇拜市场的作用，势必损害社会生活秩序和机体健康，从而招致社会的"反向"

---

① 王春光等：《社会现代化：太仓实践（下）》，社会科学文献出版社，2012。

运动（如罢工、社会运动等），下岗工人上访、静坐和农民抗议就是这样的"反向"行动。[①]由于中国国家的明显在场和巨大的控制力，社会"反向"运动没有形成大的气候，但是也对国家造成巨大刺激，为了缓解社会矛盾和社会问题，特别是为了抑制社会"反向"行动，除了加强控制外，遏制市场的侵害以及调整利益关系势在必行。国家开始走到社会建构的前台，提出"科学发展观""和谐社会建设""新农村建设"等理念，由此展开了一系列社会新秩序的建构。在市场社会还没有真正定型和成熟的情况下，中国又进入了另一种新的社会形态——行政社会。

与市场社会过于倚重市场逻辑一样，行政社会过于倚重行政逻辑，特别是在一些本应由市场逻辑或社会逻辑主导的领域却由行政逻辑来左右，造成行政过度干预社会，"深陷"社会而不拔或不能拔。行政社会的优势在于强大的行政动员能力和集中的资源投入，可以缓解市场社会中出现的一些问题，也可以弥补过去政府不到位的问题，"由于存在着公地悲剧，环境问题无法通过合作解决……所以具有较大强制权力的政府的合理性，是得到普遍认可的"。像环境问题，没有政府的到位，是难以解决的。但是，并不是在所有领域行政逻辑和方式都是有效的，这已是共识，然而现实中这样的共识难以得到落实，行政力量在"五位一体"建设中得到不断加强，其触角在伸向社会各个角落，一个行政社会赫然在眼前并得到不断强化。行政社会模糊了政府与社会和市场的分工和合作，其缺陷是，不断削弱社会联系的纽带、社会共同体的自主性和自治能力，在资源配置上存在效率低、浪费严重、供需错位等问题，结果

---

① 布拉尼：《大转型》，浙江人民出版社，2007。

导致另一类社会矛盾和问题，即政府与社会和民众的紧张、摩擦和冲突。

行政社会与总体性社会的相同点是过于倚重行政力量和逻辑，不同点是：首先，行政社会是在市场改革后出现的，由于市场力量已经形成，具有很强的动力，因此，不可能像在总体性社会那样完全被扼杀和驯服，当然，行政社会反过来会利用市场力量为自己服务，在某些领域出现某种程度的合作甚至合谋；其次，市场社会发展为社会的自主性和自治性奠定了一定的制度和观念基础，因此，人们不会像在总体性社会情况下那样离开行政力量和逻辑就无法生存，相反，人们也可以凭借自己在市场上的竞争而获得生存和发展机会；最后，传统的社会力量也获得了再生和发展的空间，在某些方面满足了人们的自主、互助和合作的需要。由此可见，经历了市场社会转型后，行政力量和逻辑已经无法像在总体性社会时代那样可以成为唯一的主导社会的机制，但是，总体性社会时代存在的那种行政主导惯习配以强大的财政资源、社会需求和政治意愿，将市场社会推向行政社会。

所以，当前中国处于行政社会状态，即国家、市场与社会的关系是不平衡的状态：市场已经有了很大空间，但是经常受到国家的行政干预；社会已经有了一定的发育，却不断被行政逻辑左右，社会行政化相当严重，或者社会过度依赖行政逻辑，最典型的是村居委会行政化、社会团体行政化等。合理的国家、市场与社会关系是各行其是、相互合作和相互监督的，但是目前中国没有达到这种合理的状态。在国家、市场、社会三者关系中，国家是最为强势的主体。因此，在我们看来，中国的社会管理与西方国家的社会治理还有很大的不同是，不仅要促进各管理主体之间的合作和协商，更重要的是建构新的合理的三者关系。那么对中国来说，什么样的关系才是合理的呢？如何能达到合理的关系呢？过去的三十多年中，中国从总体性社会转向市场社会，又发展到行政社会。在行政社会状态中，国家是最强势的治理主体，其优势是可以集中力量办一些大事，但是其劣势是往往忽视了民众的基本需求和意愿，政府做了很多事情却没有获得民众的认可，社会的自主能力得不到发展，甚至出现国家与社会的紧张，群体性事件、突发事件乃至恶性事件不断出现，损害了社会和谐。这也就是最近几年中央强调社会管理创新的社会背景。在我们看来，社会管理和治理创新的方向是重构合理的国家、市场和社会关系，以改变服务方式和内容为手段和载体，培育社会自主能力，建立合理有效的合作和协商机制。既然当前国家是最强势的主体，那么创新和改革的路径首先从国家职能的调整以及相应体制的改革开始，即改革公共服务体制，构建新的公共服务实现模式，重塑国家与社会、市场之间的关系。这就是党的十八届三中全会提出的社会治理现代化的目标，其中关键的是政府简政放权、社会组织的发展和社区治理。国家在推进行政审批减少、下放以及建立行政负面清单制度，就是走向社会治理现代化的一种努力。

显然，从过去我国社会运行轨迹中可以看出，过度依赖市场或者政府，都会产生许多社会问题和矛盾，也就是社会管理和治理问题。解决这些问题和矛盾的视角还是社会治理理论所提供的多元而平衡的关系。从宏观上看，这种多元平衡关系体现在政府、市场和社会三者之间，也就是构建三角平衡关系；从中观或微观层面看，多元平衡体现在政府、企业、社会组织、社会群体、社区、家庭、个人之间，也就是形成多方的一种合力。在这里，平衡的方式和机制也是多样的：既有合作关系，又有制衡、监督关系，蕴含着各种各样的博弈，但是这种博弈不是破坏性的，而是建设性的，结果应该是增进社会福利、政府合法性、企业可持续、社区团结、家庭和睦、个人幸福。基层社会治理和服务就体现在多元平衡的关系和运行之中。

二 建构新关系的地方治理实践

从20世纪90年代开始，人口流动、国有单位改革、农村负担等引发了中国经济变化，产生了各种各样的新关系，许多旧关系纷纷断裂。人口流动，特别是大量农村人口纷纷进城，农村社会出现留守儿童、留守老人、留守妇女等，家庭关系开始断裂，城市则出现单身流动人口；国有单位改革，促成了单位制的削弱，许多"单位人"成了"社会人"，实际是失去了单位联系而没有建立社会联系的人，随之而来的是失业、婚姻解体等问题；农民负担加重，很大程度上恶化了农村干群关系、农民与政府的关系，导致社会矛盾和冲突的增多。新的社会关系能否弥补旧社会关系断裂所带来的缺陷呢？显然做不到，而且新的社会关系也面临新的整合问题。所以，治理改革和创新似乎是没有选择的选择。由此，从20世纪80年代末开始，国家在农村推动村民自治，在城市推行社区建设，由此出现了各种地方治理实践。

先行改革的农村首先遭遇社会关系断裂而引发的治理挑战，特别是公共事业由于改革发生的利益重组而出现无人承担问题，由此一些生产队（即现在村民小组）采用自治办法选出带头人，负责村里的公共事务建设以及村庄纠纷调解等，从而揭开了农村村民自治的序幕。后来国家将这一做法上升为法律，称为村民自治的民主制度。根据《村民组织法》，村庄实行民主自治制度，每隔三年，村民通过民主办法选举村委会主任，然后被选举出来的村委会主任代表村民治理村庄公共事务。不同村庄在选举方式上有所不同，有的采取海选做法，有的采用候选人推举与投票选举结合的办法，等等。不管怎样，村民自治给了村民更多的表达和参与权利。但是，由于历史、社会、经济乃至文化条件不同，不同村庄在选举上以及后续的治理上各不相同，有的民主程度高一些，有的低一些；当然不同时期，民主程度也有差别。从目前来看，村民自治实现得并不理想，原因很多，主要有这么几点：一是政府有太多的行政事务要求村委会办理，使村委会变成了政府的一个部门似的，或者变成政府的代理，行政化取向越来越明显；二是村党组织与村委会之间关系比较复杂，难以处理好，从而影响村民自治的有效运行；三是不少村庄有大量人口外出务工经商，人口结构出现严重的空心化、老龄化等问题，大大地削弱了村庄的整体行动能力；四是一些富裕村庄或者因为监管缺位、配置资源机制不健全和不透明，存在严重的贫富差距、腐败、社会不公等问题，或者因为村领导掌握大量资源而强化对村民的控制，削弱了村民应有的权利和权力。当前我国村庄存在三种类型：一种是强村、富村村民有福利而没有参与表达机会，或者村民没有福利、干群矛盾大；还有一种是穷村、空心村，村庄散乱一团，没有凝聚力；最多的还是村庄不穷不富、村民关系五花八门，凝聚力强的不多，大多是各扫门前雪。由此可见，传统村庄的熟人关系越来越弱化，新的具有凝聚力的关系却没有很好地建构，这是否意味着原来的村庄管理或治理面临着重大挑战呢？为此，一些地方开始探索新的治理做法，主要有三个基本创新取向：一是从制度上约束村庄干部行为（如山西阳泉郊区、浙江宁波宁海等）；二是为村民参加村庄公共事务提供机会，激发他们的公共参与积极性（成都等）；三是为村民提供更多的公共服务，如网格化服务（浙江舟山等）。

与农村治理相比，城市社区治理更为复杂，各地的探索五花八门，既有一些共性，也有一些个性。从社区建设和治理层面看，曾有三个模式比较有影响：第一个是沈阳社区建设和治理模式，该模式以鼓励社区自治为特点，厘清政社关系，充分发挥社区自治功能；第二个是武汉社区建设模式，它是在借鉴沈阳模式基础上，强调政社合作，也就是说，政府以契约的方式向社区居委会购买服务，解决社区与政府的行政隶属关系，建立平等的合作关系；第三个是上海的社区建设模式，即"两级政府、三级管理、四级网络"的政府主导型模式，建立街道社区，以党建为核心，与城市管理高度统一，依靠行政力量，发展社区各项事业，推进文明社区建设，解决社区建设缺资源投入、基础设施差、公共服务不到位等问题。这三种模式出现比较早，首先在社会上产生影响，不过它们没有遮蔽其他地方的各种探索。而目前其他地方的探索虽然很多，但是，它们又没有能脱离这三种模式所揭示的三条各具特色的运行逻辑：社区自治逻辑、政社合作逻辑、党建统领整合逻辑。如果还有其他什么运行逻辑的话，那就是贵阳等地探索的撤街道改为社区服务中心的服务运行逻辑。贵阳市可以说是全国最早撤销街道办事处，建立社区综合服务中心，让社区居委会回归社区组织法所要求的自治功能；北京市也在弱化街道行政职能，特别是街道的经济功能，强化社区的自治功能。成都市划小社区，在居民小区推进"微治理"，并引进社会组织进入社区，提供各种社会服务，基本上走的是服务运行逻辑。江苏太仓市倡导"政社互动、三社联动"，力图将政府与社区在责、权、利上划清边界,建立合作关系,被民政部上升为全国性政策,则是遵循政社合作逻辑。深圳市在社区推进"一核多元"治理模式,以党建为统领,建构党务、政务、居委多元运行模式,无疑与上海模式有着异曲同工之处。广东顺德区建立了社会创新联合中心,向政府申请财政支持,也可以向企业申请赞助,还可以向社会募捐,多方筹集资源,然后向社会组织招标,让社会组织牵头推进社区建设,可以说在社会自主运行上走出了一条新路子,即利用社会组织推进社会治理的做法。厦门市在全市范围借鉴台湾社区营造经验,提出"美丽厦门·共同缔造"理念,在各级政府成立缔造办,鼓励企业、社会组织和社区参与社会缔造,遵循的也是政社合作的运行逻辑,其特点是引进企业参与,激发企业参与社会的积极性。

由此可见,全国各地都在探索诸如此类、别具特色的社会建设和治理做法,很像20世纪80年代各地探索本地经济建设和发展模式,可以说,当前我们正处在社会建设和治理模式的探索阶段,当然相比经济建设,落后了二十年左右,这也是我国社会经济不协调的表现之一。

尽管各地有不同叫法、做法,但是在社会治理和社区建设上,当前我国不外乎要处理好四种关系。一是政府与社会的关系。从目前各地的做法来看,有的地方采用政府主导方式推进社区建设,有的地方更多地让社区自治,有的地方则实现政府与社区、社会组织合作等。这些做法无所谓对错、优劣,而是基于本地情况进行的有益探索,因为中国各地差异大,情况复杂,不是一种模式、一种做法所能解决和胜任的。但是有一点非常重要,我们最终目的是造福老百姓,提高老百姓的生活质量和幸福感,实现共享、共乐。就目前而言，我国社会组织还是欠发达，社区自治不足，居民参与不够，因此，在基层社会治理和社区建设中，政府应该认清楚这一点，以多种方式激发和培育社会组织和社区自治的功能和机制。二是企业与社会的关系，或者说市场与社会的关系。在国外，企业的社会责任非常受重视，而我国在这方面刚刚起步。事实上企业在社会建设、社会治理和社区建设中有很大空间和机会，也是有责任的。少数企业目前还只是停留在捐钱的低层次水平上（当然有一些企业已经设立一些基金，如南都基金会，在新市民学校建设上发挥出其重要的影响力），企业内部的社会建设和治理也没有受到关注。在基层社会建设与社区建设中如何发挥市场机制的作用，也是需要深入探讨和实践的。三是个人与社会关系。基层社会建设、社会治理和社区建设需要每个公民积极参与，公众参与既是一种权利，也是一种责任，他们的参与方式对提升社会治理的合法性有着根本性的作用。目前公众参与的积极性并不高，参与渠道比较单一，参与动机和激励不足。志愿者服务、慈善行动、民主协商等都有待发展，各地都在进行多样的探索。我国志愿服务不论从制度还是从行动上还有很多工作要做，希望能更快地推进我国志愿服务发展。四是社会治理、社区建设的专业化问题。专业化服务、治理是社会治理现代化的重要要求之一。我国社会工作队伍虽然发展很快，但是社会工作的职业化建设还比较滞后，社工机构的生存空间比较小；养老服务人才体系建设严重滞后；还有其他诸如社会心理咨询、家庭护理技术等新的社会服务职业发展缓慢等，在很大程度上制约了基层社会治理、社区建设。

总而言之，社会治理、社区建设是一个复杂的、专业化的社会建设工程，其难度不亚于经济建设和政治建设，而且在我国社会转型中有着迫切需要。虽然各地已经取得丰富有益的社会治理和社会建设经验，但是还不足以应对我国社会转型和变迁中所发生的关系断裂、关系缺失和空白、关系扭曲等问题、矛盾和挑战，由此而来的各种社会风险依然在考验着我们。因此，社会治理创新势在必行，党中央已经深切地认识到这一点，提出了"国家治理体系和治理能力现代化"的国家发展战略，为推进地方社会治理创新奠定了政治基础。

第三节 社会治理的价值取向和分析架构

社会治理不同于过去的社会管理以及统治、管制、管控，关键在于其价值取向的差距。随着国家民主发展、社会结构多样化、科技变化以及人们的思想多样化，传统的纯粹自上而下的统治、管制、管控、管理，不足以回应和解决民众、社会的需要、想法，也不足以获得他们的支持和认可。那么社会治理怎么能做到呢？社会治理的目的或者价值取向是什么呢？在我们展开对海沧以共同缔造为活力激发和推进社会治理现代化的深度调查和分析之前，非常有必要对这些问题进行理论的思考和讨论。

一 社会治理价值取向

我们认为，社会治理包含两层含义：一是治理社会，二是社会治理。前者指社会属于治理对象，而主体是政府（代表国家）、企业（代表市场），关键主体是政府。目前讨论最多的是政府如何治理社会，这实际上还是停留在社会管理层面。这个层面当然很重要，特别是在中国的政治体制背景下，政府一直有着主导的作用，而政府做得如何，势必会影响社会治理。当然，政府可以采取与社会管理时代不同的一些方式做法，也可以进行体制、机制改革等以提升管理的效率、效益等。

在第二层含义中，社会是作为主体出现的，又可能是治理对象，也就是社会实现自我治理或管理，同时，社会也可以管理或治理其他对象，即政府和企业，也就是说，社会治理政府和企业。对社会自我治理比较容易理解，在现实中社会确实存在着自我运行、自我协调、自我修复机制、能力；与此同时，社会既具有监督、制约政府和企业的功能，又具有与政府和企业合作的空间和重要性，不论在政府和企业治理上还是对社会治理上，政府和企业都需要与社会开展合作，甚至要借助社会的力量去运作，同样，社会也需要与政府和企业的合作，才能获得资源、政策、技术等方面的支持，增强自身的能力。

这里存在两个学理问题：一是如何判断社会治理的成功或好坏？在治理理论中有一个"善治"概念。"善治"在英文中叫Good Governance，在中国古代有"善政"与之相对应，但是"善政"偏重于政府的治理，是指有个好的政府用好的方式去治理国家，但是"善治"还有另外一层含义，就是社会多元参与，而不限于政府，至于"善"如何体现，有的人认为，"善治"体现在五方面：公民安全得到保证、法律得到尊重、有效的行政管理、责任制、政治透明性。[1] 另有人列出了"善治"的十方面内容：合法性、法治、透明性、责任性、回应、有效性、参与、稳定性、廉

---

[1] 格里·斯托克：《作为理论的治理：五个论点》，《国际社会科学》（中文版）1999年第2期。

洁、公正等。① 这些内容，主要还是针对政府而言的。

就社会治理的两方面内容，如何判断它们属于"善治"呢？应该体现一个好政府和一个好社会。有研究者认为，衡量一个政府是不是个好政府，就看是否具有效率、效益和回应性的能力建设。"效率与产生一个给定结果所需要的时间和资源有关；效益与产生预期结果的行动的适当性有关；回应性则与需求的沟通和处理这些需求的能力之间的联系有关。"② 按此理解，效率高、效益好、回应快是衡量好政府的三要素。效率高，意味着政府浪费现象不严重；效益好，意味着政府做事比较公正；回应快，意味着政府与民众有很好、快捷的沟通渠道。但是，并不是每个政府都有这样的能力，官僚主义、贪污腐败、浪费资源，以及不关心民众疾苦等，都成为政府被经常批评和指责的主要原因。因此，效率高、效益好、回应快的政府意味着不具有这些问题，无疑是个好政府。

好政府自然会促进社会进步，同样也需要有个好社会来支撑和帮助，也就是说有什么样的社会，就有什么样的政府。怎么衡量和判断一个社会才是好社会呢？19世纪末20世纪初、20世纪30年代和60年代，美国曾经发动过美好社会运动、伟大的社会运动和进步社会运动，目的在于消除贫困、饥饿、犯罪、腐败、愚昧等问题，正如1965年就任美国总统的约翰逊在就职演说中所说的，"在一块丰饶的土地上，家家都不会生活于绝望的贫困中。在一块收获丰盛的土地上，孩童不会挨饿受冻。在一块充满进步奇迹的土地上，邻人不至于痛苦、死亡而无人问津。在一块知识普及、学者众

---

① 俞可平：《治理与善治》，社会科学文献出版社，2000。
② 梅里利·S. 格林德尔：《打造一个好政府——发展中国家公共部门的能力建设》，孟华、李彬译，商务印书馆，2015，第12页。

多的伟大土地上，年纪轻的国民必须接受读和写的训练""我们必须努力提供能增加每个公民成功机会的知识和环境"。迄今为止，有各种衡量社会进步或现代化的指标体系，比如美国社会学家英格尔斯在20世纪70年代提出衡量现代化社会的十大指标，还有社会进步指数、联合国开发署的人类人文指数、欧盟的社会质量指标等。这些指数或指标体系都提到受教育水平、预期寿命、经济发展水平等。欧盟的社会质量理论和指数比较系统地探讨了社会质量问题，对于我们认识好社会有着重要的参考价值。欧盟的社会质量体现在四个维度：社会经济保障、社会包容、社会凝聚和自治或赋权，其中社会经济保障解决社会风险和生活机会问题，社会凝聚体现在社会基本关系强弱上，公民权是否得到实施，体现社会包容性，而社会赋权则指不断扩大的人类选择范围。[①] 欧洲的社会经济发达程度远远高于中国，其提出的社会质量要求显然也远远高于中国，而且对它自己也是一个很高的要求，是一种需要通过努力才能实现的目标或计划。当然，好社会也是一种目标或理想，具有标杆性和方向性的指引作用。虽然好社会的衡量和判断还有赖于人们的看法，但是，人们的想法也是依据一定标准和价值作出来的。总括现有的相关理论、指标体系以及对现实的调查和了解，一个好社会必须要实现这样的价值：安全、公正、合作、参与、团结和责任。安全是一个社会得以运行的最基本要求，包含经济安全、社会秩序两方面。公正是一个社会的灵魂，一个好社会，必然是公正得到普遍维护和实施的社会，否则的话，不可能是一个好社会，如果连公

---

① 沃尔大冈·贝克、劳伦·范得蒙森等主编《社会质量：欧洲愿景》，王晓楠等译，社会科学文献出版社，2015。

正都不存在，社会矛盾就会频繁发生，也谈不上安全了。人的根本属性是社会性，体现在其参与社会、与其他人合作上，这也是每个人的责任，如果每个人只关心自己而不顾及他人，我行我素，社会就难以存在，反过来说，人也不成其为人，因为失去了社会性，除此之外，没有社会团结，社会性也就无从谈起。当然社会团结比之合作、参与，会有更高的要求。

好政府与好社会在实践中是相辅相成的，从好政府体现的效率、效益、回应性这三个价值与好社会体现的安全、公正、参与、合作、团结和责任六大价值可以看出，它们彼此之间有着许多相通性。好政府的三大价值都是为好社会的六大价值服务的，否则的话，就难以体现政府的"好"，而好社会的六大价值一方面是自己内在本质的体现，另一方面也是对政府的要求，政府在运行中不但不能破坏这些价值，还要为这些价值的实现而努力。

二　本书分析框架

通过以上简单回溯、分析和讨论可以清晰地看到，社会治理在理论上应该有三方面含义：政府治理社会、社会自我治理、社会治理政府（和市场）。这三方面不仅存在着主体不同，而且在治理内容、治理方式、机制、目标以及效果等方面都存在相当大的差异。三者之间的差异一方面意味着各自优势，另一方面意味着如何将优势发挥从而实现最大治理效用。从中国过去三十多年的改革历史来看，虽然社会、市场和政府都是社会治理主体，但是它们的能动性、发挥的作用是很不一样的，其中政府一直都是强势主体，似乎主导着中国的社会治理运行，市场（企业等经济主体）在社会治理中的主体性不足，处于被治理的地位，而社会则显得非常弱小，或者想有作为而缺乏空间，或者缺乏能力、资源和手段等。这样的治理格局是相当不均衡的，不利于有效地发挥三者的优势和最大效用。政府过于强势，事必躬亲，将行政机制应用于社会领域，取代社会合作、协商机制，导致社会自治"行政化"，出现一种"行政社会"状态。在行政社会状态下，政府忙于承担各种责任，付出很大，甚至到了力不从心的地步，然而这样并没有获得民众和社会的有效认可，存在"吃力不讨好"的问题，许多社会问题依然没有得到很好的解决，民众的期望依然很高，但是民众的配合并不高，更有一种旁观者的心态和想法。显然，这样由政府唱"独角戏"的社会治理变得难以为继，于是各地都有不少创新的做法，虽然做法不同，但目的差不多，都是希望有效地调动其他治理主体的积极性，实现共治合作的社会治理新格局。厦门的"美丽厦门·共同缔造"以及由此衍生出来的"活力海沧·共同缔造"实践，实际上就是想突破原先治理格局、激发社会和市场参与的一次机制创新。在这个创新中，政府依然还是处于主动、主导位置，因为社会本身比较弱小，组织化程度不高，民众对公共事务的热情关注由于长期不受重视而趋于冷淡，靠自己很难激活，而企业更多地专注于经济领域，也没有时间、精力和动力参与社会，反而觉得参与社会将影响它们追求最大利润的能力等。所以，这里是否存在这样一种困局：靠政府来激发社会、企业参与治理活动的做法是否进一步强化了政府主导的行政社会治理格局呢？这里从两个维度进行观察，第一个维度是政府的创新机制：从政策、制度改革，到资源配置变化乃至行为改变等，看政府是否对自己在社会治理中的角色进行调整和重塑。第二个维度是社会和企业的参与程度以及自主性、可持续性：在多大程度上社会和企业被调动起来？它们是否有参与的空间？能力水平是否有了提高？动力机制是否得到建构？当政府退出的时候它们是否还能保持活力、动力和能力？等等。

具体说，"共同缔造"首先是对政府治理社会的行为、机制进行重塑。在社会经济变迁面前，政府的主导性支配地位没有变化，好处是能确保社会稳定，问题是由于效率低、效益差和回应慢，不能有效地满足社会需求，存在诸多越位、错位、缺位问题，让社会的活力和生机得不到有效的激发。这也是作为科层制的政府备受诟病的原因。显然，这对于倡导不断创新的政府来说是很大挑战。所以，从中央到地方，各级政府都想办法去寻找克服自身问题的所谓各种创新做法。海沧区作为厦门下属的一个区，在厦门市倡导的"美丽厦门·共同缔造"的创新中寻找符合本区的定位，提出"活力海沧·共同缔造"，这活力不仅指市场、社会活力，也包括政府活力。通过"共同缔造"，推进"活力海沧"建设，显然需要深入考察政府在"共同缔造"中从制度、政策、机制、行动到观念上做出了哪些改革、哪些缔造以及哪些安排，反过来说这些改革、缔造、安排在多大程度上提升了效率、效益和回应能力。

"共同缔造"的另一个重点还是要激活社会和市场。在社会转型中，最大变化是因城市化、工业化、市场化而来的社会分化和陌生化，社会分化与陌生化又相互强化，结果是个体化越来越明显。在这样的背景下，人们只管自己，而忽视他人、社会公共性。在海沧过去的二十多年历史中，社会分化、陌生化、个体化相当明显，这实际上不合乎好社会的要求：安全、合作、参与、责任和团结。在社会分化、陌生化和个体化的社会，每个人的生存都缺乏安全感、信任感，社会共同体在衰落，公共事务没有人参加，仅仅靠政府是支撑不了的。因此，重燃人们的合作精神和责任心，就需要有好的机制、政策和措施，当然更需要一些有吸引力的价值。共同缔造实际上是通过改革政府运行和资源配置机制，以激发民众的合作精神、意识，使他们加入好社会的建构中来。那么从政府缔造到社会缔造，其传递机制是什么？这种传递机制有没有可能转换成社会内在的、长效的合作、参与和团结机制呢？转换成功背后的社会逻辑、文化逻辑、制度逻辑又是什么呢？如果转换不成功，又是什么原因呢？对这些问题的深度调查和研究，不仅可以为进一步推进海沧的共同缔造找到有效的对策和合理的方向、路径，而且还可以进行理论提炼，为国家治理现代化提供新的视角和方法。

由此看来，我们将海沧的共同缔造实践路径用图1-1来表示，也是我们调查和分析海沧的基本框架和思路。本书就是按照这样的逻辑与历史统一关系展开讨论和分析。也就是说，政府通过共同缔造机制培育社会组织，并激发民众和企业参与社会公益活动的积极性，带来社会福利的自我生产、自我服务和自我管理，从而实现和谐、互助、参与和公平的好社会目标。

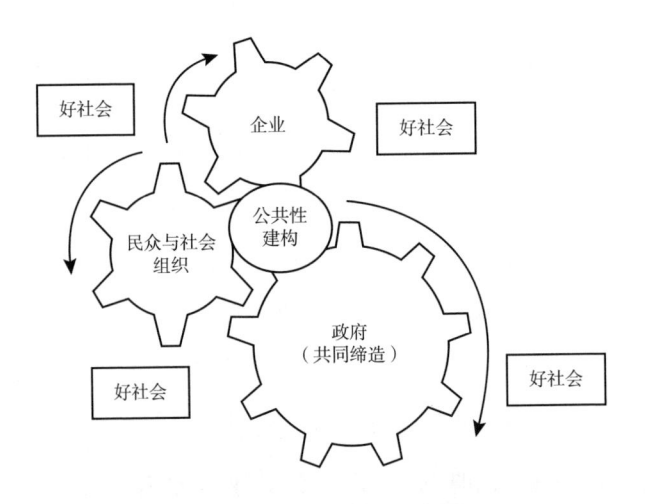

图1-1 海沧的共同缔造实践路径

第二章　海沧的社会演变

　　海沧位于厦门市的西南部，地处闽南金三角的突出部位，历史文化悠久、地理位置得天独厚、经贸发展成绩显著，如今更是全国最早、最大的台商投资区，享受经济特区的优惠政策；是厦门市新港区、新工业区、新市区，东南国际航运中心，海峡西岸先进制造业基地，不断崛起的滨海健康生态宜居城市……不过，历史上，海沧却长期只是一片远离现代文明的落后农业乡镇。

　　作为"扼九龙江出海口之要冲"，海沧很早便是福建拓海贸易的重要港口；而这样一片港口地区和东南海上交通要塞，很长一段时间只是偏僻闭塞的小渔村和远离现代工商业的大农村。

　　据《海沧区志》记载，早在新石器时代，如今海沧的境内即有先民活动，有原始的种植业，先民挖塘筑坝兴修了水利，垦荒围海造出了农田。在漫长的农业社会和海洋文化之下，海沧的发展长期依靠亦耕亦渔的传统农业，当地居民的生产生活也长期以农、渔为主。直至20世纪80年代末，海沧仍只是一个贫穷落后的偏僻农业乡镇，工业和第三产业几近空白。1989年以后，特别是2003年设区以来，海沧的产业格局发生了翻天覆地的变化：传统农业向现代农业快速转变，工业、商贸业也步入快速发展轨道。在不到30年时间，海沧发生了史无前例的巨变，如今已跻身2014年度"全国百强区"第15名、投资潜力百强区第18名，2014年全年完成地区生产总值483.1亿元；城镇居民人均可支配收入35801元；农民人均可支配收入20525元，实现全省"九连冠"；多项指标增长均在10%以上。海沧正日益成为厦门岛外一个冉冉兴起的现代化港口新城。

斗转星移、沧海桑田。从一片大农村到现代化城乡，海沧快速实现了从传统到现代、从计划到市场、从贫穷到小康等的多重转型和跨越式发展。这与我们国家所经历的双重转型升级（即从计划向市场的经济转型与从传统农业社会向现代城镇社会的社会转型）过程基本一致，也同样面临国家在转型中所遭遇的诸多问题，如政府与市场、政府与社会关系的问题，特别是需要解决经济高速发展下的社会发展欠账积累，以及政府单一治理模式下包办社会发展、政府与社会缺乏良性互动、民众对政府不信任乃至相对立等问题。在经济社会发展取得大跨越情况下，面对社会发展的欠账，海沧率先探索并初步实现了社会治理创新的大跨越。对照全国的发展，可以说，"海沧跨越的经验不只是一个地方治理的标准，更是时代的价值"，她的探索为中国升级社会治理、实现治理现代化提供了宝贵经验。

在进入海沧社会治理创新的探索之前，有必要回顾海沧过去二十多年的发展。观察海沧在经济高速发展下的社会发展状况，及其在当前阶段所面临的社会问题和治理压力，能更好地认识海沧发展所取得的巨大成果、重要意义及其未来发展中的问题，也能更好地理解海沧社会治理创新探索的大背景及其时代价值、现实意义。海沧的现代化、城镇化发展建设离不开台商投资区的发展建设和三新建设（新工业区、新港区、新市区），海沧的城镇化以及后来的城乡一体化发展都是依托于此而正式起步；随后，海沧进入新的三新建设（新城区、新社区、新家园）精细化发展建设阶段，正是在这里，面对社会发展欠账和日益激化的社会矛盾，社会治理的重要性才日益显著，而以"共同缔造"为核心理念与方法的"良性互动、多元共治"社会治理创新也便应运而出。

第一节 园区建设阶段：海沧开发初启

海沧东西跨度约 19 公里，南北纵贯 22.75 公里，面积 186 平方公里。全境原处于厦门主岛和繁华城区之外，尽管占据港口和交通要塞等天然优势，但在很长一段时间内相对闭塞、发展滞后，对外只有嵩屿至漳州的一条公路，与厦门本岛之间需靠舟楫往来，城镇化进程起步也较晚。至 1990 年，海沧境域内总体仍为山地、耕地、养殖水域及村庄，基本没有现代化的高楼大厦及学校、医院、街道、公共交通等城市生活配套设施。[①] 这一状况在 1989 年 5 月国务院批准设立海沧台商投资区后开始出现了变化：围绕台商投资区和新港区、新工业区建设，海沧境内逐渐步入了局域基础设施建设和启动工业化的阶段。

一 台商投资区建设

1989 年设立之时，海沧台商投资区 100 平方公里规划开发面

---

① 厦门市海沧区地方志编纂委员会：《厦门市海沧区志》，中华书局，2014，第 5 页。

积内仍以农耕地和养殖水域为主，因此投资区成立初期便主要以区域范围内的开发建设为主。

(一) 基础设施建设

尽管海沧属于厦门市，但在1990年初，厦门市交通图上甚至找不到从厦门主岛直达海沧的标志，仅有一个往海沧方向的轮渡码头标志；陆上则要经过厦门大桥、杏林才能到海沧，交通非常不便。因此，在东与厦门岛隔海相望的台商投资区内，交通是基础工程设施建设的一个首要方面；厦门市政府也提出了实现半小时从厦门岛内到海沧的建设目标，启动了海沧境内及其与境外相通的市政公用道路建设。

根据区志记载，1990年9月1日，连接海沧南部与新阳的海新公路动工，为海沧台商投资区的第一项基础设施工程建设项目；1991年，利用总理基金的3亿元拨款为启动资金，海沧台商投资区启动了东渡疏港路改扩建工程，同时也是厦门市规划的第一条六车道市政道路；相继修建石鼓山立交桥、杏滨路、杏西路，改造马銮海堤。海沧境内外的市政公用道路建设逐步拉开投资区基础设施建设的帷幕。

(二) 投资区初期开发阶段

海沧地区获批为台商投资区后，1989年6月，厦门市海沧地区开发筹建处即与嵩屿电厂筹建处合署办公，着手海沧开发的前期工作，并委托有关部门完成海沧台商投资区的《水资源开发利用研讨》、《投资环境综合评估》、《产业设置和发展对策研究》、《环境保护专题研究》、《海域开发利用研究》和《投资区总体规划》等项工作；7月，厦门市规划局与厦门市规划院共同编制了《厦门市海沧杏林台商投资区总体规划》。1990年，国务院更是组织中央有关部门、福建省和厦门市开始"901"工程相关谈判,并根据《"901"工程生活区总体规划》将海沧地区确定为台商投资服务的新兴城市;此后却因种种原因,"901"工程几经反复,最终也未能在海沧落地。因此,1990~1993年,尽管政府和相关管理部门一直在推动,投资区内却仅仅启动了基础设施建设。

1993年4月,福建省委、省政府通过现场办公会,明确根据形势发展变化,对投资区用地进行重大调整:将投资区100平方公里内除南部20平方公里预留给"901"石化工程外的80平方公里,交由厦门市政府组织开发;同时确定海沧开发的总体目标,即建设一个现代化大工业与多功能、综合性港口相结合的投资新区。6月,投资区管理委员会采取项目审批特事特办,实行土地预征、土地滚动开发等方式,在投资区内采取融资开发、大工程带资开发等办法,征地17平方公里,快速推进基础设施建设,重点放在道路、供水、供电、通信、码头及生活区配套等工程上。7月,海沧境内东孚镇程控电话割接成功,境内城乡电话实现全部程控化;9月,海沧正式通上自来水;建成贞庵变电站送电;快速修筑公路和城市主干道;完成土地平整,实现"三通一平"。辖区内"四通"(通路、通水、通电和通信)的实现,标志着海沧台商投资区由初期开发建设开始逐渐转向全面开发建设。

1994年初,海沧初具整体开发条件。[①] 7月,国务院办公厅明确将此前预留的20平方公里交由厦门市统筹规划、开发建设。11月,海沧投资区管委会召开海沧开发战略研讨会,评审通过了国家

---

① 1994年2月4日,国务院副总理朱镕基率国务院有关方面部委负责人一行40多人视察海沧台商投资区。朱镕基指出,海沧已基本具备整体开发条件。参见厦门市海沧区地方志编纂委员会编《厦门市海沧区志》,中华书局,2014,第19页。

计委投资所和海沧投资区管委会联合研究撰写的《海沧开发战略研究总报告》。海沧地区基础建设进一步推进。

（三）投资区全面开发阶段

1995年，根据厦门市总体规划和发展战略以及海沧投资区的区位优势，针对海沧开发建设在构造厦门大都市、推动闽南三角地区乃至全省经济发展所处的地位和作用，厦门市政府提出"把投资区建设成外向型、多功能、综合性现代化新区；建设成21世纪大厦门的新工业区、新港区和新市区"的发展目标，同时调整投资区的总体规划和功能分区。是年开始，海沧台商投资区进入全面开发阶段。

1995年，投资区全社会固定资产投资累计总额达64.8亿元，其中基础设施建设投资34.4亿元，占总额的53.1%，共修筑一级公路和区内城市主干道累计54.6公里；建成装机容量2万门的邮电大楼，开通程控电话4000门；扩建杏林水厂，向海沧日供水能力达2万吨，铺设供水管网约20公里；新建扩建变电站、变电室5座。1996年，投资区制定《海沧投资区"九五"计划和2000年发展规划》，先后建成新阳大桥、新阳变电站、海沧供水工程、疏港路等基础设施和配套工程项目。1998年，投资区开始实施《厦门海沧台商投资区条例》，并对总体规划、基础设施建设、项目引进等做出明确规定，当年实施兴港路、南海一路路面、滨海大道围堰造地、专利园区、电网建设以及国道改线、马青路延伸段等工程。1999年，重点建设铁路、319国道、污水处理厂等大型基础设施项目；同年底，连接域外的交通主动脉海沧大桥建成通车，实现了厦门岛到海沧半小时以内的目标。2000年，海沧成立市政建设管理中心，主司市政公用设施和园林绿化工程建设、养护、维修管理，市容环境卫生维护管理，工程测量以及中小型工程施工等。1996~2000年，投资区累计完成基础设施和社会事业投资61亿元，完成城市道路总里程70多公里，修成新阳大桥、海沧大桥，建成日供水量8万吨的自来水厂、1座装机容量60万千瓦的电厂、6座变电站及相应电网、2万门程控电话大楼、4个万吨级以上泊位、1个污水处理厂及其他公共服务设施。2001~2002年，投资区更是加大重点项目工程和市政配套建设力度，基层设施和社会事业固定资产投资亦呈现大幅增长。[1]

经过十几年的园区开发建设，海沧台商投资区建设具备了全面对外招商引资的条件。这不仅给区内的新工业区建设、新港区建设创造了条件，也推动了海沧地区的工业化、城镇化进程。

二　新工业区建设

海沧地区历史上以农业产业为主，工业基础极为薄弱，20世纪90年代以前仅有零星几家以石材采掘、加工为主的小型乡村工业企业。1989年海沧台商投资区成立之后，海沧的工业化才得以快速推进，工业格局也发生了翻天覆地的变化。

投资区成立当年，海沧便引入了第一家入驻的台资企业——翔鹭涤纶纺纤（厦门）有限公司（后称厦门翔鹭化纤股份有限公司）。从其动工兴建到1995年正式投产，逐渐打开了海沧的新工业区建设。1995年当年，区内入驻并开业投产的其他企业还有6家，共完成工业产值17.13亿元，创造税收1381万元。

---

[1] 厦门市海沧区地方志编纂委员会：《厦门市海沧区志》，中华书局，2014，第35~37页。

1996年，投资区提出"到2000年基本建成厦门21世纪现代化工业区"的发展目标。投资区管委会随即成立新阳工业区开发建设领导小组，重点开发建设新阳工业区，加大在招商引资、工程配套、项目服务等方面的工作力度，力争新阳工业区实现"三年基本成型"的目标。当年投资区投产工业企业已超过20家，工业产值较之上年度近乎增长一倍，税收更是高逾亿元，实现了翻番。

到1999年，投资区先后成立海沧南部工业区开发建设领导小组、海沧国有企业改制领导小组；2000年，厦门市政府成立厦门海沧出口加工区筹备工作领导小组，不断加大和推进海沧的工业区建设力度和步伐。截至2000年底，投资区累计引进工业项目170个，总投资达260亿美元，设计产值能力约300亿元。其中，建成投产项目的工业总产值从1995年的17.13亿元增长到2000年的91.33亿元，不到6年时间即增长了4倍多；而且区内高新技术企业产值占全区工业产值的比重已经过半（53.7%）。[1]

2001年，投资区制定了《厦门海沧台商投资区经济社会发展"十五"计划纲要》，正式提出将投资区的发展重点从前一阶段的开发建设转向工业经济。此后投资区内工业总产值连年攀升，高新技术企业产值占比不断加重，规模以上工业企业数快速增长，经济外向度进一步提高，工业产销率和盈利面稳定维持在高位。2003年行政区划调整后，投资区工业经济由投资区管委会和海沧区政府共同开发建设，进一步加速了区内支柱产业、规模企业和名牌战略的形成。截至2003年底，投资区已形成新阳、南部两大工业片区，遍布大型现代化工业项目；基本形成化工、电子、机械三大支柱产

---

[1] 厦门市海沧区地方志编纂委员会：《厦门市海沧区志》，中华书局，2014，第41页。

业；全区当年完成工业产值301.5亿元，产销率高达99.8%；高新企业不断聚集；规模以上骨干企业作用更是凸显，年产值上亿元的企业由2001年的13家快速增至23家，更有8家大型企业年产值超过10亿元。[①]

经过十余年的开发建设与招商引资，投资区内工业经济呈现井喷之态势，海沧的产业结构发生极大变化，工业格局亦初步形成。此后，随着海沧行政区城镇化的加快推进，投资区的工业也开始逐渐超越初期的粗放式发展，转而向科技引领、产业集聚的先进工业制造业基地稳健发展。

三 新港区建设

海沧三面环海，海域面积18平方公里，滩涂面积12平方公里，海岸线总长35.4公里，其中水深10米以上的深水岸线逾10公里，港口资源非常优越。故而，投资区在开发建设的同时，按照其发展目标和功能分区，还规划了约10平方公里的海沧港区面积，主要发展港口、能源工业及仓储保税业等。

经过投资区前期的基础开发建设，到1995年，厦门港务局、厦门海沧投资总公司、厦门国贸集团股份有限公司合资成立厦门海沧港务有限公司，海沧港区2、3号泊位正式开工建设，次年简易投产，海沧港区开始正式运作。2000年，海沧港区调整规划10个泊位，完成10万吨航道疏浚工程，建成22公里与港口配套的海沧铁路，码头也一个个相继建设并投入使用。海沧初步建成了一个由

---

① 厦门市海沧区地方志编纂委员会：《厦门市海沧区志》，中华书局，2014，第41~42页。

集装箱等通用码头和煤码头、油码头等专用码头，以及船舶修造业构成的综合性配套港区。

至2002年底，海沧港共开辟8条国际航线，港口货物通达全球40多个国家和地区，海关、边检、海事等口岸单位也陆续入驻海沧，远洋航运仓储业务也不断增多……通过港口建设，海沧打开了海上的大门。孙中山先生在其"建国方略"中就曾提出要把海沧建设成"东方大港"，20世纪初的这一宏伟构想终于在百年后蓝图初成。①

2003年海沧设区后，厦门市政府将港区建设放在更突出的位置，与工业区建设一起，将之定位为海沧加速发展的"两个轮子"。此后，海沧港区建设不断突破，国内国际重要港口航线不断增加，港口货物吞吐量逐年攀升，成为海峡西岸的重要集装箱枢纽港。"突出港口优势，充分发挥保税港区作用，加快发展港口物流，增强集聚辐射功能，打造海西国际航运物流中心"，在此后的加速建设中，海沧港区的定位也进一步明晰。

至海沧正式设立行政区前夕，经过十几年的园区开发建设，海沧台商投资区建设具备了全面对外招商引资的条件。这不仅给区内的新工业区建设、新港区建设创造了条件，也推动了海沧地区的工业化、城镇化进程，海沧的市政公用设施建设也初成规模。随着厦门市行政区划的调整，海沧也从园区开发建设阶段迈向了一个新的发展阶段。

---

① 厦门市海沧区地方志编纂委员会：《厦门市海沧区志》，中华书局，2014，第42页。

第二节　市区建设阶段：海沧城镇化

二十多年前，海沧地区还是一个传统的农村地带，境内以农耕地和养殖水域为主。在1990年代以后，经过十多年的投资区和园区开发建设，尤其是2003年厦门市行政区划调整之后，海沧地区在投资区、新工业区、新港区，以及新市区开发建设的基础上，逐步具备了现代城市的基础设施和生产、生活配套设施；也对海沧原来的传统农村地区分阶段启动并推进了城镇化建设。

一　局部城镇化阶段

（一）经济管理职能：基础开发建设

海沧台商投资区成立初期主要以基础开发建设为阶段性首要任务。

1990年3月，福建省委、省政府在海沧成立福建省海沧地区开发建设领导小组，并设立厦门市海沧地区开发建设管理委员会，主要负责海沧地区开发、建设和管理等日常事务，协调解决项目建设过程中的具体问题。到1993年3月，厦门市海沧地区开发建设管理委员会撤销，成立厦门海沧杏林台商投资区管委会；同年4月，福建省委、省政府正式明确投资区（80平方公里）由厦门市政府组织开发。当年内，厦门海沧杏林台商投资区管委会便开始大面积征用土地并快速完成了投资区内的"四通一平"（通路、通水、通电、通信和土地平整）。至此，以投资区为发展重点，海沧完成了初期的开发建设，逐步转向全面开发建设。

截至 1996 年，投资区全社会固定资产投资累计总额超过 70 亿元，其中一半以上都用于基础设施建设投资，累计修筑一级公路和区内城市主干道约 60 公里，建成新阳大桥、新阳变电站、杏林水厂、海沧供水工程、疏港路以及港区、新阳工业区、邮电大楼、生活区等一批基础设施和配套工程。

在此时期，作为厦门市人民政府派出机构的厦门海沧杏林台商投资区管委会，行使市一级的经济管理职能，其着眼点主要在于地区内的区域性全面基础开发建设，发展社会事务的职能和条件尚不具备。

（二）社会管理职能：社会事务发展

到 1997 年，随着投资区内各项基础设施和配套设施的完备、工业生产的起步和经济的不断增长，海沧投资区的社会事业也逐渐进入投资区管委会的工作范围。1997 年 9 月，投资区管委会在其下增设了社会事务管理局，在继续推进基础建设和配套设施建设的同时，开始将教育、文化、卫生、计生等工作列入议事日程，以此启动了投资区管辖区内的城镇化。

在基础建设和经济发展的带动下，投资区不断加大社会事业投入。在教育方面，投资区在厦门市加大教育投入的支持下，先后建设了石塘中学（现实验中学）、延奎小学、海新幼儿园（现实验幼儿园）、北师大海沧附属学校等一批教育机构，海沧的中小学教育资源得到较大扩充，师资队伍也通过人才引进和公开招聘等方式得以不断优化。在医疗方面，1997 年投资区第一家大型综合性医院厦门市第二医院海沧分院（海沧医院）正式开诊；2002 年，投资区创办了第一家民办医院新阳医院，海沧地区开始逐步推进多元化、多层次的医疗卫生服务体系建设。海沧投资区的社会事业得以不断推进，海沧居民也从中直接受益。海沧的城镇化开始从局域性经济功能逐步转向兼具社会功能。

二 政区城镇化阶段

海沧区设立之前，厦门市便以海沧台商投资区作为厦门市的（新）城区进行了初步的规划建设。2003年以后，海沧成为厦门市辖行政区，海沧的城镇化便从投资区范围推及整个海沧区，以融入厦门岛内外一体化为发展格局和目标，以厦门市新市区、环西海域中心区为城市建设目标，进一步完善城区规划，推进海沧全区的城镇化。

按照城市总体规划，海沧南部为港区，主要安排工业专用深水码头和商港；东部为生活区，确定为海沧的市区中心，主要布置生活居住区和商业中心区等；西南部为工业区，主要用于工业区的成片布局和建设开发；北部为旅游区，主要安排与风景旅游服务业相关的项目。在工业区与生活区、旅游区之间，相应建设适宜的卫生防护林带。

其中，海沧市区作为厦门市环西海域中心区的重要组成部分，按潜在的中等海港风景城市规划，总体分为海沧新城（厦门市规划次中心，海沧区行政、文化、金融和商业中心，规划面积9平方公里）和马銮新城（厦门市规划副中心，规划面积26平方公里）两大片区。

另外，东孚镇和第一农场的发展亦纳入海沧总体规划，并于2005年由中国城市规划设计院厦门分院对东孚镇16个自然村村庄进行规划。[1]

---

[1] 厦门市海沧区地方志编纂委员会：《厦门市海沧区志》，中华书局，2014，第105~107页。

在规划基础上，海沧区不断加大基础设施建设和配套建设力度，通过征地拆迁和土地按用途开发，海沧东部生活区、新阳东区市政配套进一步完善，海沧大道等项目顺利进展，新阳西区开发建设全面铺开……从2003年到2007年，海沧区累计全社会固定资产投资完成530.36亿元，主要用于城市基础建设和各项公共事业、社会事业投入。到2007年，在海沧正式设区五年之际，海沧城区面积已是2000年的10倍，海沧已初步建成了一个特色海湾城市，初具厦门市新市区规模。

在城市建设方面，截至2007年底，海沧区共建成城市道路105条，总长度110.49公里；城区园林绿地面积113.4万平方米，人均5.58平方米，联通了整个城市安全便捷出行的交通路网，彻底一改二十年前境内仅有3条简易公路线以及主要凭借海堤或养殖场堤岸等简易堤路通行的面貌；建成5.4万平方米的海沧行政中心广场和6.8万平方米的海沧市民广场，为海沧居民集中提供便民行政服务，以及观景、健身、娱乐、休闲的场所。在公用事业上，仅古楼水库为海沧日供水9万吨，全区污水管道120公里，雨水管道142.78公里；全区公用变电站9座、公用配电变压器413台，总容量24.19万千伏安，年总供电量215763.8706万千瓦时，总用电量210859万千瓦时；公共交通路线16条，全年客运量3675.27万人次。在园林绿化上，全区共建成道路绿地面积230.62万平方米、居住区绿地面积40.36万平方米、防护绿地面积39.06万平方米，城区园林绿地面积113.4万平方米。在环卫保洁上，从人工操作转向机械化发展，全区共配备垃圾运转车29辆、机械清扫车3辆、电动清扫车3辆、洒水车4辆、吸粪车1辆、装载机2辆、管理工具车7辆，建有垃圾运转站32座、独立式清洁楼1座、三位一体清洁楼6座、城区公厕8座、农村公厕162座,由全区1229名市容卫生人员统一管理和作业,全区生活垃圾做到分区处理、日产日清,等等。① 通过十几年的大开发、大建设、大发展,海沧区发生了日新月异的巨变,建成区面积也不断扩大,从原来海沧镇石塘村和钟山村之间的一小片街区扩展至遍布全区。

在社会事业投入方面,海沧区对教育、医疗卫生和文化体育等不断增加投入,学校、医院、商场等配套设施日趋完善。以医疗卫生为例,至2007年,海沧区共有市属医疗机构1家、镇卫生院1家、社区卫生服务中心3家、民营医院1家、合资合作医疗机构1家、农村卫生所31家(含农场1家)、个体诊所45家;区属公共卫生机构3家;共有各类医师215人,护理人员110人,极大地改善了海沧居民的医疗资源和条件。② 具体见表2-1。

海沧设区之后短短数年内,便已在城区建设和公共事业、社会事业发展上初具新市区规模:学校、医院、街道、公共交通等城市生产、生活配套设施不断改善,现代化的办公场所、生产线和高楼大厦不断建成……传统乡土文明不断转向现代城市文明,海沧的城镇化取得巨大成就。

在经济社会飞速发展、基础设施和各项配套不断改进的情况下,因发展不平衡所引致的一些问题也逐渐浮现,受到海沧政府的重点关注,海沧的城镇化也从这一时期快速的、压缩的、粗放式推进逐渐步入了新的发展阶段,开始更加关注城镇化过程中的社会转型、城乡统筹发展以及人的现代化转型发展。

---

① 厦门市海沧区地方志编纂委员会:《厦门市海沧区志》,中华书局,2014,第107~122页。
② 厦门市海沧区地方志编纂委员会:《厦门市海沧区志》,中华书局,2014,第561页。

表 2-1　海沧区 2003~2007 年医疗资源情况

年份	公立医疗卫生机构(家)					私立医疗机构(家)					床位数(床)	执业医师(助理)医师(人)		医疗设备(经费)投入(万元)	年度校验
	卫生院	卫生服务中心	疾控中心	妇幼保健所	卫生监督所	社区卫生服务中心	(1级)医院	门诊部	诊所				注册人数	合计		
									新设	注销	合计				
2003	2	1	—	—	—	—	1	—	1	—	27	50	38	38	—	—
2004	3	—	1	1	1	—	1	—	6	3	30	70	74	112	628	10
2005	2	—	1	1	1	1	1	—	10	3	37	70	48	160	265.75	15
2006	2	—	1	1	1	1	1	—	8	2	43	100	37	197	485.60	10
2007	1	—	1	1	1	3	1	3	7	5	45	150	76	273	700	30

注："—"表示数据缺失。

资料来源：厦门市海沧区地方志编纂委员会，《厦门市海沧区志》，中华书局，2014，第577页。

第三节　城乡一体化阶段：海沧现代城乡

随着"三新"（新工业区、新港区、新市区）建设的快速推进，海沧辖区内基础设施配套和经济发展的不平衡问题在区域之间尤其是城乡之间逐渐凸显。

面对城乡不均衡的格局，海沧设区之后，随着征地拆迁、城区建设和城镇化的全面推进，尤其是在新城区初具规模之时，海沧区政府将更多的政策和资金向农村倾斜、转移，以城乡一体化、统筹发展为指导思想，以基础建设、社会保障体系和公共服务体系为主要抓手，大力推进农村城镇化，进而推动城乡一体化和公共服务均等化发展。

一　农村基础建设

根据城市总体规划，海沧对区内农村一方面实施了全面老旧改造，另一方面按照近期拆迁、就地安置、规划保留等不同类型，区分重点项目推进了规划村庄的新村建设。

2003年以前，海沧的投资区和农村在基础设施、公共服务、资金投入等方面存在很大差距，且农村经济发展与其基础设施配套也已出现实际的不平衡。海沧设区以后，首先从基础设施上开始加大对农村旧村改造的投入，重点对农村道路、自来水建设、环卫等基础设施和公共设施全面实施旧村改造，主要完成了农村自来水管网改造；实现了村村（包括自然村）通公路、村村通公交、村村通有线电视；建设农村清洁楼、标准化公共厕所，纳入城区统一管理；由市政中心统一管理农村日常环卫并由区财政承担全部作业和维护费用，基本实现城乡环卫一体化；生活垃圾的收集、转运、处理等保洁工作也实施城乡一体化管理并按照分区实现日清。通过这一轮的投入与改造，海沧全区农村的老、旧面貌在较短时间内集中得以统一改善。

在全面旧村改造的同时，海沧区还按照"生产发展、生活宽裕、乡风文明、村容整洁、管理民主"的总体要求，结合城市发展定位，对辖区内新农村建设做出总体规划，并从2004年开始，以村庄改造与搬迁新建项目、村庄经济提升与就业创业促进项目、村庄公共服务平台建设项目、农村社区建设项目等为载体，陆续依照《海沧区村镇搬迁与用地调整规划》、《海沧区农村住宅规划管理暂行办法》（2005年）、《海沧区社会主义新农村建设规划纲要（2006~2010）》（2006年）、《海沧区农村住宅建设管理办法》

(2008年),通过重点工程稳步推进新农村建设和农村城市化进程:按规划逐年启动钟山村、渐美村、山边村、贞岱村、寨后村等的旧村改造和新村建设;完成区内22个村庄的规划编制;提前安排远期搬迁村拆迁户安置统建房项目;实施了一批水库除险加固、村庄排洪渠清淤、排水管沟改造工程,不断完善村庄道路、水、电、厕、照明、环卫、客运等基础设施建设,提升区内农村整体村容村貌。

2012年,东孚镇被列入全国发展改革试点城镇,海沧区对东孚小城镇、临港新城、蔡尖尾山南麓等重大片区编制了发展规划,海沧区的新城建设全面提速,新农村建设也得到大力推进,新一批农村自来水管网改造和农村道路、排污排水设施、清洁楼完成建设,新增14万平方米村道纳入城市保洁范围,东孚镇及8个村建设成为省级生态镇、村。2013年,为响应党的十八大提出的"美丽中国"发展理念,新农村建设升级为"美丽乡村"建设,海沧区在对全区的村庄改造中重点提出环境综合整治;2014年,通过推进千村示范万村整治工程,统筹规划农村雨污分流体系,重点对区内17个村庄进行污水治理,对生态红线区内的保留自然村落编制发展规划,同时启动了24个"美丽乡村"建设;2015年,重点对区内的生态和历史文化保留村和城中村进行改造提升,完成了全区村庄的污水治理,并建设了一批美丽乡村。

与此同时,海沧区还加强了区内村庄的公共服务平台建设,主要包括村级文化活动中心和村(居)民/社区服务中心等,推动公共资源向农村倾斜,推进了基本公共服务的城乡均等化,大大提高了村民一站式办结相关服务或就近使用医疗等公共资源的可及性和便捷性。另外,海沧区还在村庄建设的过程中对有条件的村庄实施"金包银"工程,即在开发工业园区的同时,对区内村庄外围统一规划，利用村庄与市政道路之间的空置地进行改造，建设外口公寓、店面、村民安置房及其他配套服务设施，提供给被征地村民作为经营性收入来源，称为"金边"；同时对村庄内部逐步进行规范化配套改造，包括对道路进行梳理连通，统一规划供电、通信、给排水、垃圾处理等基础设施等，称为"银里"。"金包银"工程一方面实现了村庄面貌的改造提升和规范化配套，另一方面也直接带动村庄集体不动产建设和集体经济发展，盘活了农村集体土地的利用和村庄的集体经济结构、产业结构与可持续发展的活力，破解了"城中村"的发展困境，保障了被征地农民的出路和发展，从而带动农村逐步向城市过渡，促使村民逐步转变生产和生活方式，更好地适应现代城市生活。

经过多年的新农村建设和美丽乡村建设，借助利好政策与公共资源的倾斜，海沧全区的农村一改此前的破败萧条、杂乱无序，在村庄生态环境、人居环境、生产生活条件、基础设施和公共服务设施等方面都有了明显的改善。海沧农村的现代化、城市化取得较大发展。

二 农村社会保障体系建设

社会保障是社会发展的重要方面，也是社会治理的重要手段。在海沧建设现代城乡的过程中，农村社会保障体系也在逐渐形成，主要包括农村养老保险、医疗保险等社会保险，以及农村低保、医疗救助、自然灾害救济等几个方面的基本民生保障和社会救助。

（一）养老保险

1. 被征地农民养老保障

海沧农村城镇化初期大量征拆：1993~2007年，全区累计完成征地面积 15.9301 平方公里，占全区总土地面积的近 10%（9.12%），拆迁房屋面积 24.22 万平方米，安置 712 户 2324 人。据不完全统计，截至 2014 年，海沧区累积征地面积已近全区总面积的 30%（见表 2-2）。随着城市化发展和三新建设的推进，海沧征地拆迁还在继续。

表 2-2　海沧区 2005~2014 年征地拆迁情况

单位：万平方米

年份	2005	2006	2007	2008	2009	2010	2011	2012	2013	2014
征地面积	112.6	626	315.6	512.7	149	314.9	486.7	402.8	338.7	684.6
拆迁面积	—	4.05	4.14	25.7	40.7	74.2	100+	165	170	230

注：数据分别引自各年度《海沧统计年鉴》，"—"表示相关数据尚不确定。

面对征拆，在落实补偿款项和拆迁安置的同时，政府还需解决好被征地农民的养老保障问题。2005 年 12 月起，海沧区全面启动被征地人员基本养老保险工作，规定：以村集体为单位，对所在村土地面积征地拆迁超过 40% 的村民即认定为被征地人员，在村委会公示后可申请参加被征地人员养老保险。按计算方案，参保需一次性缴纳 40677.6 元，其中区政府补贴 1.2 万元（针低保对象再增加补助 3000 元），剩余部分由个人缴纳；当年区财政出资 3300 万元，补助 2762 名被征地人员参保。此后，被征地农民基本养老保险覆盖面逐年扩大、参保率不断提高；同时，跟随社会平均工资的变化，参保缴费基数每年提高 4000~5000 元，到 2008 年增长至 57332.88 元。

考虑到缴费基数不断上调，失地、失海农民和经济困难群体无力参保的问题，2009年，海沧出台《海沧区被征地人员贷款参加养老保险及养老补助实施办法》，从政策层面实现被征地人员养老保障的全覆盖，同时将缴费基数固定为57332.88元，其中，区政府补贴1.2万元。2009年当年投入2492万元财政资金，并为3367名未参保对象发放养老补助。2015年开始，区财政对被征地人员参加养老保险的补贴从此前1.2万元提高到2.1万元，对其中的经济困难人员（低保户）补贴从此前的2万元提高到2.9万元。

截至2015年调研时，海沧全区参加被征地人员养老保险的人数共16939人，其中，14207人已经到龄退养，开始领取养老金。按照缴费基数的一半进入个人账户，分10年120个月按月发放，同时加上基础养老金（245元/月），参保人员每个月最低能领到751.49元，2005年第一批参保人员现在每月养老金已经增长到1700元多，基本保障了被征地人员的老年生活。

2. 居民养老保险

2010年，海沧开始试点新型农村社会养老保险（简称"新农保"），推动农村各类人员灵活参保，实行农村居民起始标准免费参保补贴，基础养老金标准也提至全省最高，新农保参保率达到99.1%。同年7月，厦门市探索合并农村居民与城镇居民养老保险，推出厦门市城乡居民养老保险办法，海沧随之启动试点。2011年，海沧启动国家首批城镇居民养老保险试点工作，参保率达98.3%，新农保参保率达99.7%，城乡居民养老保险转向一体化发展。到2012年，城乡居民养老保险参保率达到100%，实现了城乡居民社会养老保险一体化、均覆盖、全参保。

在缴费方面，对于城乡居民养老保险，海沧一方面通过财政参保补贴实现全民参保，即按照居民养老保险缴费起始标准给海沧城乡居民补贴100元，也即每一位海沧居民参保对象自动进入城乡居民养老保险享受最低缴费档保障。同时，对居民养老保险个人账户，海沧实行市、区两级财政补贴，按照居民参保各档缴费标准对应的不同比例，补贴45~90元不等，即海沧的每一位城乡居民，自己如果不单独缴费，便自动记为财政补贴100元档缴费参保人，每年个人账户自动获得共145元补贴（含起始档100元补贴），其中计生两户等特殊对象另加30元为175元；如果居民自己再叠加单独缴费，则个人账户按居民最终缴费标准（含100元参保补贴）的对应比例获得补贴；缴费标准越高，财政对个人账户的补贴也越高；最高补贴90块钱。截至2015年调研时，海沧全区共有20592人参加城乡居民养老保险。

相对而言，被征地人员养老保险待遇高于城乡居民养老保险。对被征地农民和海域退养渔民，海沧区政府通过补贴方式尽量引导其参加被征地人员养老保险；对于缴费能力受限而无法参保的被征地人员则发放养老补助。对于实在没有缴费能力的，则通过区财政支持纳入城乡居民养老保险，实现全民参保、政府兜底。

此外，海沧打通了城镇职工养老保险、城乡居民养老保险和被征地人员养老保险之间的制度区隔，海沧居民根据自己的实际情况可叠加缴费，并依照规定跨制度择优参保并享受相应待遇。通过几方面的制度建设，海沧农村建立了多层次的养老保障体系。

(二) 医疗保险

设区之后，海沧也大力推进农村合作医疗。2004年，海沧农村基本住院保险参保率达70%，同时在全省率先推出由财政出资为全体村民购买抗大病保险，着力解决农民因大病治疗带来的经济压力问题。2005年，农村基本住院保险参保率达95.3%，抗大病保险参保率达 100%。到 2007 年，海沧通过增加新农合的财政筹资额，提高了新农合的覆盖面和报销标准，参保率达到 100%，海沧农村全民享受医疗保险覆盖。

2008 年，海沧区开始探索由农村新型合作医疗向城乡居民基本医疗保险过渡；2009 年，开始试点建立农村居民健康档案、重性精神病患者社区（含村居）规范管理等工作；2010 年基本形成了城乡一体的基本医疗保险体系。此后，城乡居民医疗保险参保率连年达 100%；医疗保险财政补贴标准、城乡医疗救助水平也不断提高。

截至 2015 年调研时，海沧城乡居民医疗保险每年缴费 600 元，其中，市、区两级财政共同负担 470 元，居民个人自付 130 元。而对于农村居民，其个人自付部分则全部由村财政代缴，海沧全区所有农村均如此，相当于农民个人不用承担任何缴费负担便可享受医疗保险待遇。在报销方面，城乡居民医疗保险的政策也相对优惠。①报销比例：越往下级的医院越高；门诊起付线为 500 元，三级医院可报销 45%，社区卫生院 500 元基药范畴内可以免费；住院起付线按医院等级设定，一级最低、三级最高，三级医院住院报销最低 65%。其中，未成年和大学生享受"0"起付线优惠政策。②基药制度：基药制度从社区卫生院一路延伸至村级卫生所，农民可在海沧全区 29 个村级卫生所开 500 元以内的免费基药，包括做血常规、尿常规检查等，并可直接进行结算。③自付医疗困难补助：针对低保户、"三无"人员、残疾人等特殊群体，一个年度的自付超过 1500 元的部分，可获得超额部分 50% 的补助；超过 3000 的部分，可叠加再获得 70% 的补助。困难补助一年最高可达 1 万元。

另外，厦门市在医疗保险方面有一个特殊政策：本市户籍的城乡居民到退休年龄（女55岁，男60岁），可根据个人意愿以一次性补缴费用，享受企业职工医疗保险待遇。职工医疗保险不仅报销比例较高，且在有结余的情况下（个人账户超过3000元的部分）可建立健康账户并与家人捆绑共用，提高医保资金的使用效率，同时节省一定的医疗费用。

借助城乡一体的医疗保险制度和自付医疗困难补贴等，海沧农村也建立了多层次的医疗保障体系。

（三）社会救助

在低保方面，救助水平不断提高、救助内容不断扩充。2011年，海沧对区内城乡低保进行提标[①]，开始实施一户多残低保家庭生活补助和重度残疾人居家护理补助；2012年，低保再次提标[②]，实行城乡一体、动态管理和"应保尽保"；2013年，在全省率先采用"公建民营、医养结合"的委托承包方式，为城乡"五保""三无"人员开展生活照料和医疗康复等护理工作；2014年，海沧"救急难"工作先后被确定为福建省和民政部"救急难"试点，对生活确实困难的家庭均给予低保生活补助额外的补助，发放物价补贴，增发节日慰问金，有效缓解了低收入家庭生活困难的情况。另外，2012年起，对区内50~59岁未就业的被征地农民和海域退养渔民，"救急难"工程还启动发放保障性生活补贴，每人每月200元，当年共惠及8453人。

在医疗救助方面，2007年，海沧重新修订了《海沧区医疗救

[①] 城镇低保标准提高到1人户350元/（人·月）、2人户325元/（人·月）、3人及以上户300元/（人·月），农村低保标准提高到250元/（人·月）。

[②] 城镇低保标准提高到1人户415元/（人·月）、2人户390元/（人·月）、3人及以上户365元/（人·月），农村低保标准提高到320元/（人·月）。

助试行办法》,对发生重大变故或家庭成员得重病的困难家庭实施临时救助,此后医疗救助人次和总额逐年不断提升。2011年,海沧开始将重点优抚对象及低保边缘户纳入医疗救助范围,实行"零门槛"的救助方式,困难群众申请医疗救助时只需要出具医院的有效票据,最高可申请到2万元/年的医疗救助补贴。2012年,海沧修订了《厦门市海沧区医疗救助办法》,提高了困难群众医疗救助水平。2014年,医疗救助封顶线从2万元大幅提高到5万元,有效缓解了低收入困难群众"看病贵"问题,减少了城乡居民因病致贫、因病返贫现象。2007~2014年海沧区医疗救助情况见表2-3。

表2-3 2007~2014年海沧区医疗救助情况

单位:人次,万元

年份	2007	2008	2009	2010	2011	2012	2013	2014
救助对象	39	85	130	180	175	340	910	663
救助金	10.6	27.16	60	68	82	100.2	248	201.8

注:数据根据海沧各年度统计年鉴数据整理而来,其中2011年数据为非全年数据,统计日期截至2011年12月初。

在自然灾害救济方面,2009年,海沧为全区村(居)民办理了自然灾害公共责任险,为全区农户统一投保农村住房保险;2014年又修订《海沧区民政局自然灾害救灾应急预案》,全区居民投保自然灾害公众责任保险人数增至30万。海沧还连年不断推进危房改造工程,对住房需要改造(修缮或翻建)的困难群众实施危房改造补助,有效改善了特困群众的住房安全和居住条件。

通过农村养老保险、医疗保险、农村低保、医疗救助等社会保障和社会救助体系的建设,海沧农村建立了全方位、多层次的社会保障体系，农民在养老、医疗等方面获得了切实的保障，不仅极大改写了海沧农村的福利供给格局，为农村社会提供了和谐稳定的福利基础，也为海沧的基层社会治理构筑了一层最广泛的社会保障安全网。

三 农村公共服务体系

海沧1997年在投资区管委会下设社会事务管理局，开始将教育、文化、卫生、计生等事项纳入政府职能部门工作议事日程，在农村城镇化和城乡一体化建设中，农村公共服务也得到了长足发展。海沧区主要在资金和政策上加大对农村的投入和倾斜力度，统筹安排城乡教育、医疗卫生管理和投入体系，增加城乡各项公共资源的供给，不断提高教育、医疗卫生等的专业技术水平。在农村劳动力转移再就业方面，海沧区在福建全省率先出台企业招收本地农民工的社保差额部分财政补贴、财政出资购买岗位安排农民工就业等政策，有针对性地加强农民就业技能培训，积极组织农村劳动力就业专场推介会，有效实现农村富余劳动力的转移就业，至2007年底，累积培训农村富余劳动力3261人次，转移就业11325人次。通过就业加快生产、生活方式转变，从而带动农民向市民转变，推动农村向城市转化等。

（一）教育

2003年海沧区成立后，设立区教育局，从管理和投入体制上统筹城乡资源并统一管理。由海沧教育教研中心统筹指导城乡各校开展学科教研和经验交流，在资金和政策上则加大区政府向农村学校的倾斜力度。

在教育督导方面，海沧区成立后即成立领导小组，在全区开展高质量、高水平普及九年义务教育（即"双高普九"）工作；成立专题工作组，对"控辍保学"、教育经费保障、校舍危房改造、师资队伍建设、教学质量等专项工作进行检查自纠，2006年全区高标准通过福建省政府的"双高普九"工作评估验收。在教育资源方面，海沧一方面不断优化整合教育资源，稳步推进农村小学撤并和中学整合工作。将农村小学收归区直属，统一经费标准，努力提高农村办学条件和办学质量；另一方面不断壮大农村师资，海沧区教育局出台了《关于扶持农村义务教育阶段薄弱学校师资力量的几点意见》，鼓励优秀教师到边远学校、薄弱学校挂职任教，通过教师交流、校际走教、跨校兼课、送教下乡等方式，不断缩小城乡学校在师资水平上的差距。[1]

此外，海沧区还在厦门市率先实施农村学生义务教育阶段免费就学、农村低保户子女就学"三免一补"[2]、城乡义务教育阶段免除学杂费及教科书费等政策，同时以公办学校为主保障农民工子女入学，保障就学支持政策上的城乡机会均等。

至2007年，海沧区由区财政出资逾4亿元用于城乡学校的全面修建，共新建、扩建、改建校舍20多万平方米；同时加大现代化教育设施投入，在福建全省率先实现了城乡教室的网络"校校通"、多媒体"班班通"，以及"政校通""家校通"；全区各个学校的办学条件均得到不同程度改善，所有学校的教学硬件设施基本达到省级一类校的标准，[3] 实现了办学设施的城乡均衡。

---

[1] 厦门市海沧区地方志编纂委员会：《厦门市海沧区志》，中华书局，2014，第524页。
[2] 即义务教育阶段学生免学费、课本簿籍费、住宿费，困难寄宿生补助生活费。
[3] 厦门市海沧区地方志编纂委员会：《厦门市海沧区志》，中华书局，2014，第4、503页。

2008年，海沧作为国家级"课程改革实验区"深化课程改革，提升教育质量；2009年，海沧按照"素质引领、均衡发展、管理创新、特色立校"的思路，在城市社区和农村扎实推进学前教育、社区教育、终身教育、扫盲攻坚，逐步形成各类教育均衡发展态势；同时面向社区、农村和中小学校开展科普教育，提升素质教育和教育质量，打造优质义务教育资源，并推进优质义务教育资源在城乡的均衡覆盖。

2010~2012年，海沧先后完成三批校舍防震加固工程，加强校园安全工作；同时深入开展"教学质量年"，2010年有16所学校通过义务教育标准化建设市级验收；2011年在全市率先完成义务教育标准化学校建设任务；2012年高分通过全国义务教育均衡发展区和福建省首批教育强区验收。农村优质教育资源、师资水平和总体教学质量不断提升。

2013年，海沧加大教育资金投入，主要用于义务教育标准化学校"回头看"，立足公平推进城乡的均衡发展；在全区农村学校，实行义务教育阶段学生营养改善计划，为2433名农村义务教育阶段学生提供午餐补助。2014年，作为"全国农村学校艺术教育实验区"优先向农村、薄弱地区倾斜优质艺体师资，开展义务教育发展均衡监测，农村各类优质教育资源得到进一步加强和均衡。

（二）医疗卫生

在大力推行农村合作医疗制度的同时，海沧区也在不断加大医疗资源和设施的投入，统筹城乡医疗卫生财政投入体制，对集体化时期的海沧防保院和东孚、石塘卫生院进行改扩建，对农村合作医疗站进行改制，不断扩充农村卫生所/社区卫生服务所（站）的专业技术人员队伍，提高农村卫生所的基本医疗资源和医疗技术水平。

海沧还对全区各村的乡村医生重新进行资格认定并注册。2005年开始，海沧区开始对全区符合条件的乡村医生发放政府津贴，同时成立乡村医生工作考核委员会，根据工作责任和业务等对全区乡村医生进行考核。至2007年底，海沧全区共有村卫生所31所（含农场1所），注册执业的乡村医生共87人（见表2-4）。

表2-4　2007年海沧区注册执业的乡村医生分布情况

类型	数量	海沧街道	新阳街道	东孚镇
仅有1名乡医的建制村	8	渐美村、古楼村	—	洪塘村、过坂村、山边村、后柯村、凤山村、芸美村
有2~4名乡医的建制村/社区	16	东屿村、钟山社区、石塘村、鳌冠社区、贞庵村、囷瑶村、海沧村、锦里村、后井村、温厝社区	祥露社区	莲花村、贞岱村、寨后村、鼎美村、东埔村
有4名以上乡医的建制村/社区	6	青礁村	新垵村、霞阳社区	东瑶村

资料来源：厦门市海沧区地方志编纂委员会，《厦门市海沧区志》，中华书局，2014，第578页。

2008年，为着力破解"就医难"，海沧启动一批农村标准化村卫生所建设，完善农村公共卫生服务网络；同时加强对村卫生所的规范化管理和业务指导，提升农村医疗质量和服务水平；实行基药零差价政策及社区卫生服务中心就诊免收挂号费、诊察费，减轻群众看病负担。另外，组织辖区乡村医生进行有针对性的规范化再教育培训，全年进行4期312人次乡村医生培训，把乡村医生补助标准从原来的150元/（人·月）提高到300元/（人·月），巩固了农村三级医疗预防保健网络，稳定了乡村医生队伍，推进了农村初级卫生保健工作的落实。

2009年，海沧在全省率先实施孕产妇免费产前检查和产后访视，在岛外率先实施基本药物目录内的药品零差率、其他药品优惠差率销售政策，并于2010年落实参保人员享受统筹基金报销500元基本药品费用等医药惠民政策。2010年，海沧建成寨后、东瑶、芸美、祥露、鳌冠村5个标准化村卫生所，继续推进石塘、古楼、凤山、山边、鼎美、青礁等村的标准化村卫生所建设，初步形成了较全面完整的农村公共卫生和基层医疗服务网络；同时试点开展建立农村居民健康档案，推动城乡基本公共卫生服务均等化。2011年，海沧率先实现农村和城镇居民起始零缴费参保，免费公共卫生服务内容不断扩展，农村医疗卫生服务日益多元化，基本形成城乡一体的医疗卫生服务体系。2012年，海沧从管理上也开始实施镇村卫生服务一体化管理，同时加快推进全方位、多元化、多层次的农村医疗卫生服务体系建设。

2014年，海沧建立"救急难"平台，依托已设立的区政府办事服务大厅及各镇（街）服务大厅的民政救助平台，各村（居）建立救助窗口，形成区、镇（街）、村（居）三级"救急难"平台，缓解了农村贫困家庭就医的经济负担；同时，还在全市率先开通村级卫生所医保服务，实现村内可刷医保卡结算，提高了农村就医的便捷程度，改善了农民"就医难"问题。

（三）养老

随着农村传统家庭养老功能的逐渐弱化，海沧区开始不断拓展农村养老服务体系。

（1）落实老年优待政策。在元旦、春节期间和敬老节慰问各类困难老年人及90岁以上高龄老人，开展敬老爱老活动，在全社会营造敬老氛围；向90岁以上高龄老人和百岁老人足额、及时发放高龄津贴或敬老金；区老年福利协会还不断筹措资金助养特困老人。2009年，为全区城乡70岁以上老人办理乘车优待证；将城乡低保老人列入困难老人助养对象，每人每月发放100元助养金；由区老龄办向全区村（居）拨付老龄事业活动经费。2012年，提高高龄补贴标准，同时将80~89岁老人纳入高龄补贴发放对象[1]。

（2）加强老年服务和活动设施建设。2007年，海沧区规划分局完成养老设施建设规划的制定，海沧积极争取福利彩票补助资金，在全区农村不断推进老年协会及老年学校规范化建设，为老年人提供文娱活动和终身教育的场所，鼎美村和祥露村的老年学校获评"区级老年学校示范校"；2009年，争取市级福利彩票公益金57万元，用于资助5个村（居）老年活动中心的建设及民办养老机构的运营；2014年投入近200万元改善基层老年活动场所服务设施，增加两个省级农村幸福院，村庄老年福利服务设施不断完善。

（3）探索居家养老服务。2009年，海沧开始积极探索居家养老服务的新路子，在渐美村、鼎美村和钟山社区建设市、区级居家养老示范点。2010年，在鼎美、渐美、钟山、海兴、兴旺等5个村（居）开展居家养老试点工作，包括建设适老活动硬件及提供

---

[1] 90~99岁老人高龄补贴标准从原来的每人每月60元提高到120元，百岁老人补贴标准从原来的每人每月200元提高到300元；同时新增80~89岁老人高龄补贴，标准为每人每月50元。

家政服务、上门理发、代购生活用品、配餐送餐、家电维修、医疗服务、临终关怀以及组织老年文体活动等养老服务项目。2011年，逐步扩大居家养老服务站点和服务功能，继续完善"三无"、空巢困难老人居家养老帮扶制度，加强了居家养老业务培训和志愿者队伍建设，对全区的"三无"、空巢老人基本情况进行登记，全面掌握了"三无"、空巢老人的健康状况和服务需求，对服务内容进行深度挖掘。2013年以来，通过开展"15分钟服务圈""无围墙无门槛型志愿者服务"等活动，进一步深化了20多个试点村（居）的居家养老服务。

（4）提高农村五保供养及农村敬老院管理水平。2011年，海沧对区内农村敬老院进行安全逐项排查；对全区农村五保老人建立个人档案，开始实行信息化管理；对五保老人因病发生的医疗费用实施全额报销；2012年，建成区社会福利中心并投入使用，为收住的农村五保老人提供更为优质的养老服务。

通过落实各项优待政策、不断完善村庄老年福利服务设施、深化村居居家养老服务及提高农村敬老院管理服务水平，农村家居、散居和集中供养老人的养老服务都得到较大改善，农村养老服务体系初步建立。

（四）就业

在大量征拆阶段，海沧主要通过社保补差、购买岗位等政策，推进被征地农民、上岸渔民转移就业推介工作常态化，如在一些国有企业挖掘公益性岗位，由政府通过向企业支付本外地人员用工上的社保差额（包括养老、医疗、失业保险等，每人每月600~700元），以及工资性补贴（厦门市上年度最低工资的50%）鼓励企业招用本地被征地人员①；同时，被征地人员去企业上班后，还可在社区申请两年的就业补助，第一年300元/月，第二年150元/月。海沧通过社保补差和工资性补贴等，积极开发就业岗位，引导农村富余劳动力转移再就业。截至2015年调研时，海沧共有1000多名被征地人员享受公益岗位就业政府补贴政策。

海沧人社局还组织区内企业面向农村人员开展专场招聘会，并采取订单式培训直接挂钩匹配企业需求。①针对被征地人员：组织企业到被征地的村居开展专项招聘会，根据企业的技术人才需求，由政府出资直接培训被征地人员，之后再送去企业直接使用。目前，海沧区已经与厦门公交集团合作进行了订单式培训人员的对接。②针对农村未升学初高中毕业生：引导其进入职业技术学校学习，同时加大职业教育的"校企共建"，加强与用工企业联系，根据企业需求对职校学生进行就业岗位专项技能培训。

同时，海沧不断完善农村就业服务体系，配齐村（居）就业协管人员，有针对性地实施多种技能培训提高农民就业技能，鼓励失地、失海农民自主创业，截至调研时已实现农村富余劳动力转移培训786人次、转移就业2487人。

此外，海沧还不断落实各项灵活就业、自主创业的优惠政策，推动商业银行提供小额担保贷款，落实税费减免、社保补贴、免费服务等再就业扶持政策，完善困难群众就业援助制度，扩大"4050"人员就业渠道和就业面，努力消除城镇"零就业"家庭。2010年，海沧开展"创业型城市"创建工作，实行免费的创业辅

---

① 后扩展至包括低保人员、被征地农民、城镇"4050"人员和失业1年以上的城镇职工等困难群体。

导、就业培训，同时落实税费减免、社保补贴、创业贷款等政策，举办255场招聘会，超额完成农村富余劳动力转移目标任务，实现"零就业"家庭动态归零。2012年，海沧出台《促进就业和民生保障十大措施》，加大投入促进就业资金，促进下岗失业人员再就业和农村富余劳动力转移再就业等。

通过大力推进农村教育、医疗、养老、就业等公共服务，海沧初步形成了城乡一体、农村适度倾斜的公共服务体系。同时，海沧区还不断推进城乡环卫一体化，实现村村通公路、村村通有线电视、村村通公交、村村改水改厕、村村建文化活动中心（室）和"农家书屋"等，较大程度改善了农村公共资源的配置和服务的供给。

诚然，经过几个阶段的大投入、大发展，在经济社会飞速发展，城乡各项基础设施建设和公共服务供给不断改善的基础上，海沧一改传统面貌，城镇化和现代化的进程不断推进，发生了翻天覆地、日新月异的变化：从原来闭塞落后的大农村发展到如今开放多元的现代城乡，拔地建起了一座现代新城，原来散落凌乱且日益空心化的村庄也焕发了新的蓬勃生机，环境越来越好、生态越来越美、百姓越来越富、生活越来越甜。不过，作为一个年轻又有活力的新兴城区，尽管海沧的城乡基础建设、公共服务、社会保障体系等都获得了较为均衡的推进，为其城乡基层社会治理、社区发展提供了良好基础、有利抓手和平台保障，但在过去三十年的飞速发展中，海沧的社会发展也面临一些历史欠账和新的社会问题，给海沧的城市发展带来了挑战。当然，挑战与机会并存。海沧新城建设与发展的核心与重点也正在于此。2013年，随着厦门市提出"美丽厦门·共同缔造"战略部署，海沧也围绕"共同缔造"这一核心，开始进入更为重视社会发展质量和人居幸福感获得的社会治理阶段。

第四节 社会治理阶段

海沧如今的发展皆得益于最初全国首个台商投资区的设立。经过二十多年的投资区发展以及十多年的行政区建设，海沧的工业化、城镇化和现代化发展格局几乎可以说是经历了一个从无到有、从少到多、从弱到强的急剧变化过程。在此期间，经过了城镇化和城乡一体化发展，从历史上偏僻的大农村＋小渔村到如今繁华的现代化滨海新城，海沧的经济社会环境在不断变化，战略地位也在不断调整提升，整体经济发展水平已经跻身全国百强县之列；社会结构、人口结构、区位结构等也都发生了显著变化。但是，在这种经济上的跨越式发展中，我们也能看到海沧在社会发展上的欠账与不断涌现的新问题、新风险。

作为一个新兴城区，海沧在城市建设与治理上主要存在下述问题。第一，有区无城、有城无市。海沧的功能定位和发展规划依旧不够清晰，由于是从原来的海沧镇、东孚镇加一片农村、两个农场，依托台商投资区工业园区等发展起来的，海沧的整体产业布局配套不够紧密、合理，商贸业发展不足；城区在定位、规划、城乡基础设施配套和公共服务供给等方面不够完善，城市社会发展水平仍滞后于海沧近年的经济发展水平。第二，海沧人口增速快，现实需求多元化。20世纪80年代末90年代初，海沧境内才仅有不到8万人；2003年设区之时，海沧也仅有9万多人；而今海沧的总人口已逾40万；截至2014年底，海沧全区总人口429159人，其中本地人口155765人，暂住人口273394人，暂住人口接近本地人口的2倍①。现代化产业聚集带来人口的大量聚集，但是产业经济功能区的地位并不能弥补生活功能的不足，这就给海沧城市发展和治理带来较大挑战。大量涌入并快速激增的人口，给海沧的交通出行、义务教育、医疗卫生、文化娱乐等诸多方面都带来较大压力；特别是本外人口倒挂等结构性变化的出现，导致社会分化加剧，区内居民对城市认同感低，外来人口融入度差，不同群体的社会关系复杂化、利益诉求多样化、社会矛盾也益发凸显并不断激化，这就要求不同群体融合共生、不同社会主体多元共治。第三，政府单一治理模式的效率、效度面临挑战，基层组织自治不断弱化，政府职能转换和群众工作方式调整的地方现实需求强烈。2007年，海沧区发生了全国闻名的PX散步事件，政府与民众的隔阂越来越深，民众对政府的抱怨也开始逐渐浮现，而地方的社会治理还是停留在小规模的、零星探索上，这就要求地方从社会管理转向社会治理，亟待探索与海沧的经济跨越式发展相匹配的社会治理创新跨越式发展。②

依托新阳工业区而设立的新阳街道就是这种城市急速扩张过程中社会矛盾激化凸显的一个典型代表。

"早期的社会治安、环境卫生等（都存在很多问题）……跟全国其他城镇化进程类似，随着城镇化、工业化的进程，（新阳街道辖区内入驻的）企业非常多，带来大量外来人口涌

---

① 《厦门市海沧区统计年鉴2015》。
② 结合访谈资料归纳整理。访谈对象：海沧区缔造办工作人员；访谈人员：课题组成员；访谈时间：2015年7月7日下午，访谈地点：海沧区行政大楼。

入,买得起房的都在兴旺社区买房,买不起的大部分(属于)流动性非常强的,就在当时边上的3个村庄租房,原来的村里人也就乘势大量盖房。然后就出现了大量的治安和社会问题,包括房子建得密密麻麻,存在一些安全隐患,(而且)环境卫生也很不好,等等。(这样一来,)原来的一些村里人干脆就做甩手房东,搬离本区到城里去住;而早期(来这里)的一些外地人,和本地村民慢慢熟悉起来,就把村民闲置的房子购入或者租入,收(拾)起来当起(了)二房东,甚至有的人还在建房的时候就入股,参与了一开始的投资建房。所以说(当时)整个社会治理面临很多问题,如治安问题、外来人口和本地人口的矛盾和融合问题、城市文明行为习惯问题,等等。包括厦门要建文明城市,但很多人骑自行车、摩托车从来不看路;过年、过节放鞭炮不遵守当地要求,等等。新阳街道一度还被省里综治(部门)挂牌督办,在社会治安上是问题街道。(这一块)政府也是费了很大劲(来进行整治)。这是一个过程。"①

"找企业不如找政府,找政府不如堵马路",面对不断凸显的社会治理问题,"政府管理的路径依赖阻碍社会管理,单一的管理主体难以满足多元化的需求,流沙式的个体难以形成共同体意识"。海沧开始思考政府执政方式的转变和基层社会治理的创新。

---

① 访谈资料。访谈对象:海沧区新阳街道办副主任;访谈人员:王春光、王晶等;访谈时间:2015年7月;访谈地点:新阳街道办。

从中国地方治理的实践来看，治理方式主要有运动式治理、维稳式治理、给予式治理和参与式治理等几种模式。运动式治理和维稳式治理主要是在应对突发事件、社会危机等时较多采用的治理方式，前者胜在能够在短时间内充分调动各方资源，以"集中力量办大事"，但这种"高效"往往不完全有效，也难以保证其可持续性；后者则以"稳定压倒一切"，将社会治理片面地异化为社会控制。给予式治理则主要是在地方经济取得较好发展之际，政府为快速改善社会民生或是避免社会冲突而采取的一种"包揽式"治理方式，但往往容易忽略广大群众的主体性，抑制他们的公开表达、社会参与和能动性发挥。海沧在不同发展阶段，应对不同的社会问题或事件，均采取过上述几种治理方式，短期内也取得了一定的成效，但长远来看，也埋下了不少社会发展的隐患。随着经济和社会的双重转型，社会结构发生变化，公民主体意识不断强化，新的社会问题不断涌现，不论是运动式治理、维稳式治理还是给予式治理，这些政府单一主体的治理模式已经难以适应新的社会形势、难以解决新的社会问题，也难以满足日益增长的新的社会需求和要求。地方政府开始尝试从政府单一治理转向社会多元共治的参与式治理。在此过程中，海沧也从开发初期的粗放式发展进入了精细化发展阶段，重点转向新城区、新社区、新家园建设，社会建设更多从管理转向服务基础上的社会治理，更加追求社会质量、民众获得感与幸福度的发展目标。以"共同缔造"为核心的基层社会治理创新便是这样一种参与式治理的地方有益实践。

任何一项社会创新，特别是涉及体制改革的创新模式都需要一定的政策支持才有可能顺利开展，海沧区的共同缔造治理模式到

2013 年终于步入正轨。2013 年，王蒙徽担任厦门市委书记，将广东云浮共同缔造的治理理念和治理经验带到了厦门，厦门市委、市政府提出了"美丽厦门·共同缔造"的战略，以共同缔造的理念来进行社会治理创新。2014 年 3 月，厦门市正式出台了《美丽厦门战略规划》；同年 7 月，厦门市做出开展"美丽厦门·共同缔造"的战略部署，着力从社区公共空间、社区服务体系、社区公共文化、社区管理体制、社区自治能力等五个方面优化提升，实现社区居委、物业与居民"共谋、共建、共治、共管、共享"的多元参与、有效自治。

建设"美丽厦门"，方法在坚持共同缔造，充分发挥群众的积极性、主动性、创造性，让人民群众更多更公平地共享发展成果。美丽厦门要靠全市人民共同缔造。共同缔造，核心在共同，基础在社区，关键在发动群众参与、凝聚群众共识、塑造群众精神，根本在让群众满意、让群众幸福。在建设中，要树立群众的观念，践行党的群众路线，充分相信群众，紧紧依靠群众，发挥群众的主体作用。要坚持以群众参与为核心，以培育精神为根本，以奖励优秀为动力，以项目活动为载体，以分类统筹为手段，以完整社区建设为基础，从群众身边的小事做起，从与老百姓生产生活息息相关的项目做起，从房前屋后的实事做起，发动群众共办好事实事、共推改革发展，做到决策共谋、发展共建、建设共管、效果共评、成果共享，切实把群众和政府的关系从"你和我"变为"我们"，变"要我做"为"我要做"、变"靠政府"为"靠大家"，实现让发展惠及群众、让生态促进经济、让服务覆盖城乡、让参与铸就和谐、让城市更加美丽。①

海沧作为试点先行区,从 2013 年 11 月启动试点,并于 2014 年开始全面探索"活力海沧·共同缔造",由此开启了海沧社会治理现代化的探索,拉开了基层社会治理创新的序幕。在亟待改善社会治理、疏解各类社会问题的现实需求面前,共同缔造的提出可谓是恰逢其时。

共同缔造,从正式的话语来讲,是一种社会治理创新的路径。按照当地干部的话语来讲,"共同缔造就是一个方法论,而我们实际上就是在做社会治理,只是一开始做的时候并不知道它是归在社会治理大的范畴里面。共同缔造的基础在社区,核心就是把百姓动员(搅和)起来,实际上就是群众路线,只不过是党的群众路线在新的历史时期给它一个新名词。不是政府单边的管理,而是社会多元的、全方位的治理,尤其是让社区的居民和农村的村民觉得,我的社会、我的社区、我的制度、我的环境,我要参与"。这种思路与当下参与式社会治理的逻辑是一致的,转变政府的治理理念,变被动治理为主动行动,使整个社会都能参与到治理行动中来。

海沧区的共同缔造,可以说是从理念到行动层面的一个有益探索。而这种社会治理创新的模式探索,既有自下而上的治理需求,也具有自上而下的规制引领;这两股力量合二为一,使海沧区率先在厦门市开展了一场"共同缔造"的社会治理创新实验。在这场实验中,海沧区通过"让政府强化服务、让社会参与治理",促成

---

① 《美丽厦门战略规划》,http://news.xmnn.cn/a/xmxw/201403/t20140304_3734736.htm。

了政府与社会的良性互动，并从日常生活着眼、从城乡社区着手，强化"共同性"和"行动性"，在"网格化"与"微自治"中，重塑了活力海沧共同体，调动了城乡居民自治和社会多元共治，在将自治从"墙上挂挂"真正请入日常生活中，激活了群众作为治理主体的主动担当及其参与自治的意识、空间、机会和能力，进而推动了人的现代化转型发展，改善了社会治理，提升了社会发展质量。

在海沧的精细化建设和社会治理阶段，通过"五以"的工作目标和"五共"的工作方法，共同缔造在基层社会治理现代化以及社区治理探索与创新中发挥了非常积极的作用，对于解决基层社会问题尤其是城乡社区建设和社区自治起到了重大的推动作用。同时，以培育自治为核心，共同缔造还为海沧搭建了基层社会治理体系，从理念到行动方法上都较大提升了地方社会的治理能力。仅2014年，海沧全区便召开281场群众征求意见会，发放征求意见表8600多份，征求意见建议5200多条，群众投工投劳3840个工作日，捐地让地50078平方米，农村房前屋后环境整治等原来一批难点问题得到破解；在平安海沧建设中，村居群众自发组建平安志愿者义务巡逻队多达144支，共有9179位群众自觉参与……从目前的推进情况来看，活力海沧的共同缔造社会治理创新取得了明显的成果和社会效益，在理顺政社关系、改善干群关系、增进社会信任与团结、强化自治与社会多元共治等方面也取得了关键性和根本性转变。而这种作用的发挥，不仅在于共同缔造理念、方法的内在体制机制的保障，也在于海沧经济社会发展中社会问题和基层社会治理困境的倒逼，还在于海沧历史文化传统、地方性知识和独特对台优势等外部因素的支持。

本书后续章节将从市级、区级、街道、社区/村居（包括城市社区和农村社区）等不同视角，探讨基层社会不同层级单位以"共同缔造"理念和方法撬动的社会治理创新，包括行动策略、运作模式、保障机制、个案分析、效果评价、经验总结等内容，全方位理解共同缔造理念和方法之于社会治理创新的贡献、意义及其挑战。

参考文献

《厦门市海沧区统计年鉴》，2003~2015。

邓大才等：《海沧跨越：在共同缔造中提升社会治理》，中国社会科学出版社，2014。

厦门市海沧区地方志编纂委员会编《厦门市海沧区志》，中华书局，2014。

《美丽厦门战略规划》，http://news.xmnn.cn/a/xmxw/201403/t20140304_3734736.htm。

第三章 "共同缔造"的治理框架及其实践

在中国治理转型的背景下，地方政府围绕"社会建设"议题开展了各种形式的治理创新，其核心在于通过放权来调整国家与社会的关系，从而有效回应地方治理中面临的困境和问题。厦门作为一个位于东南沿海地区的副省级城市，在地方治理创新方面进行了积极的探索，提出了"美丽厦门·共同缔造"的发展口号，并将下属的海沧区和思明区作为试点。"共同缔造"是一种由地方政府主动发起的治理创新，我们需要考察它是如何从抽象的施政理念转变为具体的政策实践。值得关注的主要有两个关键环节，一是观念形成的过程，新的理念如何在政府行政体系内部传递，涉及上级政策意图的传递以及对下级政府的有效动员；二是实践层面的转型与改革，新的理念对原有的政策实践带来哪些改变，涉及政府内部以及政府与社会关系的重构。在这一章中，我们将在具体的社会背景下对"共同缔造"的理念及其实践进行解读，首先讨论"共同缔造"产生的动因及其试图回应的问题，进而讨论"共同缔造"的内在逻辑及其可能性，最后结合海沧区的实践案例来解读"共同缔造"何以成为一种治理创新，并对其运作机制和问题做进一步的分析。

第一节　治理转型与社会建设

20世纪90年代,"治理(governance)"的概念被引入中国,它虽然是源自西方的一种新理念,但是在日益全球化的今天,治理也同样为我们回应中国社会的问题提供了诸多启示。值得注意的是,如今有关"治理"的讨论不再限于学术体系内部,它越来越频繁地出现在官方的政策表述当中,并成为引导和推动政府改革和转型的核心理念。党的十八届三中全会将"推进国家治理体系和治理能力现代化"作为全面深化改革的总目标。这一目标反映了一种新的政治理念[①],也在很大程度上推动了地方层面的治理创新。厦门市政府提出的"共同缔造"正是发生在这样的背景之下,它一方面是中央层面理念转型的结果,另一方面也是为了回应地方层面的现实问题。这一节,我们主要阐述"共同缔造"产生的基本背景及其所要回应的问题。

一　从经济建设到社会建设

在传统的政治"统治"的观念下,能力是一个核心概念。王绍光和胡鞍钢在《中国国家能力报告》中,把国家能力定义为,"国家(中央政府)将自己的意志、目标转化为现实的能力",并将其分为:汲取财政能力、宏观调控能力、合法化能力以及强制能力,认为国家汲取财政能力是最重要的国家能力,也是实现其他国家能力的基础。而从中国的现实政治来看,改革开放之后"以经

---

① 俞可平:《推进国家治理体系和治理能力现代化》,《前线》2014年第1期。

济建设为中心"的政策取向也反映了能力至上的发展观。其逻辑是，通过经济增长来增强国力，同时也强化政府的财政实力，把经济发展视为终极的解决方案。实际上，"以经济建设为中心"是对"以阶级斗争为纲"的一种修正。经济领域的改革是以放权为核心的，即国家逐步放弃通过计划和行政命令来控制经济的方式，让市场发挥资源配置的基础性作用。按照治理的理念，经济市场化改革本身就是一个治理过程。因为国家不再是掌管所有领域的唯一主体，市场也成为一个重要的治理主体。但是，伴随着 GDP 的持续增长，各种社会层面的问题日益凸显、各类群体性事件不断增加。有学者指出，中国正面临一场国家治理危机，它是由于各种利益冲突和治理能力滞后所产生的危机。[①] 正如孙立平所说，"一个健康的社会取决于权力、市场和社会三种力量的平衡"。[②] 社会已经成为中国发展的短板，因而改革的推进和深化就要求将重点由经济转向社会领域。社会建设的核心则在于，将社会建构成治理的主体，而不是仅仅将它视为治理的对象。从治理主体转变的角度来看，以社会建设为核心的改革也是一场治理革命。

正是在这样的背景下，从关系的角度来理解治理显得尤为重要，关系的调整与重构成为治理能力提升的基础。我们从狭义和广义两个方面来对国家治理中的关系进行解释：首先，狭义的关系指向的是政府体系内部，比如通常所理解的中央地方关系，涉及施政理念如何落实为政策实践等问题；其次，广义的关系则要放在国家与社会，或者国家、市场与社会的大框架中讨论，涉及不同主体之间的

[①] 徐湘林：《转型危机与国家治理：中国的经验》，《经济社会体制比较》2010 年第 5 期。
[②] 孙立平：《走向社会重建之路》，《经济观察报》2009 年 10 月 12 日。

互动规则与边界的问题。实际上,我们也可以从关系的维度来理解中国的改革开放进程,一方面,以分税制为代表的改革重新调整了中央与地方关系,另一方面,随着市场化改革的启动,国家逐渐从许多经济领域退出,从"全能政府"向"有限政府"转型。① 改革开放本身表现为一个国家不断放权的过程,国家与市场关系的重构包含了治理的意涵,市场逐渐成为治理体系中的重要一极。但是,问题在于,在经济导向的改革逻辑中,社会问题被遮蔽了,并使社会成为经济的附属。面对这样的状况,很多学者提出应该将发展的重心从"经济建设"转向"社会建设"。② 这种转向的核心是,为社会的发展创造条件,使其成为治理主体而非治理对象。那么,社会建设的现实可能性究竟在哪里?如何理解政府在社会建设中的地位与角色呢?

本章将对地方政府的一个治理实践案例进行考察,在"能力-关系"的框架中讨论"政府造社会"的逻辑及其可能性。讨论的主体是地处东部沿海的一个区县政府,该政府通过一系列话语和政策动员,试图去培育社会的自主性,进而推动政府与社会关系的重塑。我们将在具体的社会语境中讨论,地方政府在社会治理中究竟面临着什么样的问题与困境?进行治理转型的动力来源于何处?分析的重点在于"政府造社会"的路径与手段,既涉及政府体系内部的关系与协调,如何将理念转化为政策实践,又包含政府与社会之间的协商与互动,如何对边界与责任进行划分。在案例分析的基础上,本章最后将对地方实践案例进行反思,进一步指出"政府造社会"的局限,以及社会在治理中的主体性问题。

---

① 俞可平:《中国治理变迁 30 年(1978~2008)》,《吉林大学社会科学学报》2008 年第 3 期。
② 陆学艺:《社会建设就是建设社会现代化》,《社会学研究》2011 年第 4 期。

二 厦门政府治理中的"强政府"困境

王绍光借鉴了迈克尔·曼对国家权力的区分,通过国家的基础性权力去讨论国家的治理能力问题。他将国家的基础性权力分为八项,认为"没有基础性的国家能力,就谈不上国家治理"。[①] 作为基础性权力的重要组成部分,国家汲取财政能力也构成了国家治理的基础,比如公共物品的供给就是以国家财力为基础的。无论是在经济还是社会层面,中国都面临着整体发展不平衡的困境,这也就意味着,在中西部与东南沿海地区面临着不同的治理问题。以中西部落后省份为例,很多县市经济发展滞后,地方财政收入不足,甚至只能依靠中央的转移支付才能维持基本运转。在这样的情况下,地方财政很难充分履行医疗卫生、教育等领域的政府出资责任,因而在实践中常常出现政府卸责的行为。在另外一些案例中,基层政府则表现了很强的发展经济的冲动,甚至作为谋利的主体直接参与到市场当中,由此导致的问题是国家与市场的边界被践踏。这些现象经常被认为是由地方的财政困境引发的,也可以说国家基础性实力不足造成了各种治理问题。其潜含的预设是,中西部地区的治理困境能够通过国家或者地方政府能力的提升得到改善。

然而,如果把东部地区作为中西部地区的参照,则会发现"经济发展"抑或"政府能力提升"并不会自动化解地方的治理困境。王春光针对东南沿海某发达工业县的案例,讨论了政府"陷落"社会的可能,其背后反映的是一种不同于"市场社会"或者

[①] 王绍光:《国家治理与基础性国家能力》,《华中科技大学学报》(社会科学版)2014年第3期。

"总体性社会"的新逻辑——"行政社会",即由于政府过度干预而导致政府陷进社会而不能自拔的状态。他概括了行政社会的两个特点:一是政府具有强大的主动干预性和万能性,认为自己具有解决一切问题的最终能力,存在各种主动干预的冲动和动力;二是当干预到一定程度和范围后,政府想脱身都没有了理由和机会,最终导致政府"深陷"社会。① "行政社会"反映的是强政府的困境,在国家和社会之间的边界以及责权明确的情况下,国家或政府能力的增加能够起到改善治理的效果;但是,如果国家与社会关系不能纳入一个制度性的框架当中,彼此的边界和责权处于模糊的状态,那么国家或政府能力的增强也可能伴随政府权力的滥用或者政府责任的无限扩大。

李强对王绍光的国家能力论进行了批评,通过对"国家能力"和"国家权力"的概念区分来对中国现实进行解释。他指出,中国国家能力的危机是政府权力过大的制度后遗症,强调深化政府职能的转化,在实行单位制向现代企业制度转化的同时,逐步削弱淡化政府,特别是各级地方政府管理、组织经济活动与社会生活的职能,使单位转变为比较单纯的私人产品的提供者,使地方政府从一方"父母"转变为提供公共产品的权威机构。② 这种论述涉及的也是国家与社会关系,即国家治理能力的提升是以关系的调整和重构为基础的。因此,无论是讨论宏观层面的国家治理问题,还是在具体的社会语境中讨论地方的治理困境,都应该突破单一维度的能力

---

① 王春光:《城市化中的"撤并村庄"与行政社会的实践逻辑》,《社会学研究》2013年第3期。
② 李强:《国家能力与国家权力的悖论——兼评王绍光、胡鞍钢〈中国国家能力报告〉》,http://www.aisixiang.com/data/47341-2.html。

观，通过"能力－关系"这一更加综合性的视角来进行分析与解释。

厦门作为东南沿海的一个副省级城市，经济发展态势良好，相应的政府具有较强的财政实力。在中央推动治理转型的背景下，地方政府也逐渐将竞争从经济领域扩展到社会治理以及公共服务等领域。从厦门的市一级政府来说，它的职责是管理与城市发展有关的政治、经济和社会事务。在政府体系内部，它又是处于一个承上启下的位置，一方面要接受省和中央的领导，另一方面它又是地方治理的主体。因此，自上而下与自下而上都构成了理解地方治理创新的两个重要维度。其一，厦门的"共同缔造"顺应了中央和省委提出的政策理念，并将之具体化为地方实践。省委对厦门提出了"在加快推进投资环境国际化、治理体系和治理能力现代化、区域发展同城化和服务祖国和平统一方面当好排头兵"的要求。厦门市委则根据地方实际，在《中共厦门市委关于贯彻党的十八届三中全会和省委九届十次全会精神全面深化改革的决定》中，明确提出了全面深化改革、建设"美丽厦门"的"两个百年愿景"、"五个城市"发展目标和"三大战略"。而"共同缔造"则是作为推进"美丽厦门"的路径与手段，它标志着厦门市政府对地方治理转型的深刻理解，因而也可以说它是一种认识论和方法论层面的突破。具体来说，通过对"共同缔造"的倡导，政府不再将自己视为地方治理的唯一主体，而是开始认识到改善政府与社会关系的重要性，并尝试推动政府与社会之间的新型合作关系。其二，作为一种地方治理创新的"共同缔造"当中还包含着自下而上的维度。厦门市政府并没有完全依靠传统的行政指令的方式去推动"共同缔造"，而是充分调动区、县级政府的积极性，从而使基层政府、社区和普通民众也能成为治理的主体。

在上述讨论的基础上,我们结合海沧区的实践案例来进一步理解"共同缔造"的基本背景与动因。作为厦门市"共同缔造"的试点之一,海沧区的治理创新自然首先要贯彻上级政府的精神与理念,但值得注意的是,地方政府推动治理转型同样也是为了回应实际的治理困境。自上而下与自下而上两股力量的合流及其改善治理的效果,才是地方治理创新得以成功的关键。因此在这一部分,我们将"共同缔造"置于海沧的具体社会背景中,通过地方治理中所遭遇的"强政府"困境来解释改革的内在动力。正如上一章所介绍的,海沧作为厦门市历史最短的一个新区,在短时间内跻身全国百强县、百强市辖区第15名,人均GDP、人均工业产值、人均财政收入、农民人均可支配收入四项指标均为全省第一。2011年以来,海沧区连续四年将财政收入的七成以上投向民生事业,该区在城乡居民收入、城乡公共服务一体化水平等方面都居全省前列。但在社会评价、群众满意度方面并未得到积极反馈。在访谈中,海沧的官员也提到了地方治理中的一种困境:"经济越来越发达,但是社会越来越冷漠;政府投入越来越多,但是群众越来越反感。"另一重问题则更是直接指向国家、市场与社会的关系,百姓当中流传着一种说法"找企业不如找政府,找政府不如堵马路",这背后所反映的是常态的治理制度与规则的失效,并有可能使局部性的治理问题演变为总体性的治理危机。

因此,"强政府困境"使地方政府逐渐认识到,单纯依靠经济增长或者财政实力的提升并不能带来改善治理的效果。在这样的背景下,地方政府有了进行治理创新的内在动力,即创新的动因不仅来自政绩冲动,也是为了回应现实的治理问题。以国家与地方关系的调整为例，我们看到不同地方倾向于从不同的角度进行切入，地方治理创新呈现很多差异性。以国家和社会关系的调整为例，地处长三角的太仓市倡导"政社互动、三社联动"，旨在以重新划定政府与社区的边界为突破点；深圳市强调"激发社会活力、形成社区治理体系"，核心在于培育社会组织，动员社会力量参与基层治理。而海沧区则是在"共同缔造"的理念之下，从"关系"的角度去破解地方治理困境，既包括政府体系内部的关系梳理，也涉及国家与社会关系的重构。"求新求异"本是创新的题中之义，在地方治理创新的议题上，不同地方之间的竞争关系能够部分解释施政理念与政策实践的差异性，但是更核心的解释应该从地方政府实践面临的治理问题中去寻找。对海沧区来说，"强政府困境"是地方治理中的一个现实问题，它也为改善治理提供了内在动力。

第二节 "共同缔造"的基本意涵

从治理的视角来看，20世纪80年代以来市场化导向的经济改革本身就表现为一个治理的过程，因为它涉及国家与市场关系的调整与重构。在计划体制下，国家几乎全面地控制了国民生产的各个领域，在市场化的过程中，国家逐渐从竞争性的经济领域退出，市场成为资源配置的主导方式。与经济领域的改革相比，社会层面的制度改革明显滞后。孙立平更是指出了权力与市场的结合容易形成一种相对稳定的权贵体制，这种既得利益格局将会成为进一步改革的阻力。[①] 在这样的格局下，进一步推动整体意义上的治理转型就

---

① 孙立平：《撬动新一轮改革的历史进程》，《改革内参》2014年第6期。

意味着，要努力构建一种多元共治的格局，引入社会力量来打破权力与市场的结盟。

一 "政府造社会"的逻辑

"强政府困境"使地方政府逐渐认识到引入社会来改善治理的可能性，并通过各种形式的治理创新来探索重构国家与社会的关系问题。在海沧的案例中，地方政府所推行的"共同缔造"，实际上反映了一种"政府造社会"的尝试。我们需要在"强政府、弱社会"的宏观格局之下，结合当地的具体语境来理解海沧区"共同缔造"背后的基本政策意涵。

首先，"强政府、弱社会"是对地方治理创新进行解释的基本起点。改革开放以前，中国是一个总体性社会，国家通过一竿子插到底的方式对经济、社会生活的方方面面进行控制。在城市社会，单位制是一种基本的组织形态，也是国家进行社会控制、资源分配和社会整合的组织化形式，承担着包括政治控制、专业分工和生活保障等多种功能。[①] 而农村的人民公社则是一种政社合一的组织形式，它以强制的方式将农民组织起来。随着农村联产承包责任制的推行以及城市单位制的解体，社会性的空间才逐渐形成。但是，国家从一些社会性领域的退出，并不必然意味着社会力量的成长。我们可以通过社区这一基本单位，来理解城市和农村各自面临的问题。城市社区的核心问题是行政化倾向，居民委员会作为基层群众性自治组织却承担着各种行政性的职能，未能成为一个自治的主体；步入后集体主义时代的农村社区也面临着集体行

---

① 李路路：《"单位制"的变迁与研究》，《吉林大学社会科学学报》2013年第1期。

动的困境，村庄合作与团结受到诸多挑战。把"强政府、弱社会"作为讨论地方治理转型的出发点，实际上也意味着转换视角：不应该将政府与社会理解为一种对抗性的关系，而要讨论如何构建一种伙伴型的合作关系。社会的发育是以一定程度的政府放权为基础的，但同时政府也可能作为一个培育社会的积极主体。

其次，作为一个经济发展态势良好的新区，海沧区的治理创新旨在回应现实的治理问题。人口总量以及结构特征在很大程度上决定了海沧社会层面的基本挑战。海沧区在2003年设立行政区，当时人口不到10万，到2014年总人口增加到47万；其中流动人口近32万，是户籍人口的2倍。但是社区调整的进度远远滞后于人口的变化，结果导致了基层社区管理的难题。2004～2014年，海沧区的社区数量只增加了6个，城市社区从下辖2～3个小区、三四千人，变为10多个小区、两三万人；一些农村社区的人口甚至达到七八万（含流动人口）。从政府管理的角度来看，全区城乡社区工作人员总共175名，相当于每人要负责近3000人。由此造成了政府管理与服务的"最后一公里"问题。另外，从社区自治的角度来看，上述人口结构特征也不利于社会本身的团结与发育。作为一座快速城镇化的新区，海沧区经历了大规模的旧城改造与征地拆迁，这一过程使一些传统的村落共同体在地域上被打散，进而打破了原有的社会关系与纽带；即便是那些保留传统格局的农村社区，也受到工业化和城镇化的冲击，村民之间的交往频率减弱、信任关系降低。而城市社区面临的主要问题是社会融合，既包括本地人与外地人的融合问题，也涉及不同社会背景、阶层的融合。

二 "政府造社会"的路径及其可能性

那么,以改善治理为目标的地方治理创新,是否有可能通过"政府造社会"的方式来构建一种"强政府、强社会"的治理格局呢?我们在服务型政府建设的基本背景之下,结合海沧区的具体实践,从三个不同的维度讨论国家与社会关系的重塑问题。"放权"是关系重塑的核心议题,它涉及政府体系内部的关系,以及政府与社会的协商和互动。

第一,关于政府体系内部的权力关系与行政流程梳理。从简政放权的角度来看,海沧区作为基层政府,重点不在于行政权力的下放,而是在权力梳理的基础上如何进行权力整合与行政流程调整。在访谈中,海沧区组织部的官员指出,经过权力梳理,区一级共有3100多项行政权力,通过整合、取消、下放、转移和保留等处理方式,最后对外公布的行政权力是1528项。其中主要的做法是整合与转移,"把一些行政权力转成公共服务事项,原来的比如备案,有些属于审批的,有些属于权力的,有些属于服务的,我们就转成公共服务事项。最后的话,取消的行政权力是3项。以前权力清单很多权力是分散的,通过整合以后,把几个整合成一个大项,这样大概能简掉50%吧"。[①] 内部权力关系的梳理为政府服务体系的改革创造了条件。改革的核心方向是,简化百姓的办事流程、提高政府服务的效率。海沧区打造了政务综合体,全面整合了行政机关、党群部门、事业单位等各类资源,实行"一个窗口受理、一站式审批、一条龙服务、一个窗口收费"的运行模式。这样一种

[①] 海沧区组织部官员访谈,2015年7月8日。

社会管理模式创新改变了原本社会管理类事项办理零星散落在不同部门、不同地点的状况，并通过镇（街）便民服务中心和村（居）便民服务代办点的设立，实现了政府服务向下延伸。此类改革不仅改善了政府在社会管理方面的效率，更重要的意义则在于提升了社会满意度，政府与社会关系的改善将会助力后续的改革进程。

第二，围绕政社互动进行的改革实践，它涉及政府与社会之间边界的协商。核心在于政府与社会责权的划分，"社区"成为理解这种关系调整的关键场域。城市居委会的法律定位是自治组织，但在实践中，居委会往往被视为政府行政体系的最末端，承担着各种行政性的职能。因此，改革的基本方向是逐步剥离居委会的行政职能，强化它的自主性。这就意味着城市社区层面的改革要修正政府"越位"的问题，消除过度行政化的倾向。需要强调的是，强调改革的放权取向并不意味着忽视政府的责任，政府"缺位"同样是一个重要的改革议题。在传统的城乡二元格局下，政府的基础设施和公共服务投入往往存在严重的城市偏向，造成了城乡之间的差距与不平等。对海沧区来说，随着地方财政实力的不断增强，政府有能力也有意愿推动城乡一体化进程，比如增加对农村基础设施的投入。农村"雨污分流"是海沧区近年来重点工程，最初采取政府包办的模式推行，从工程设计、招投标到实际施工等环节都没有村庄社区的参与，结果施工中遇到各种阻力。比如，村民经常为管道走向问题与政府扯皮、因公共建设发生一些占地产生纠纷和争议。类似的政策实践中的问题，逐渐使政府认识到仅仅承担出资责任未必能够有效回应社会层面的需求，只有引入实质意义上的社会参与才能化解僵局。因而，政社互动实际上包含了抽象的责权划分之外的内涵，履行政府责任的制度与机制同样构成了一个核心问题。

第三，社会自治性领域内政府的角色与作用问题。有关"放权"改革的讨论，往往从禁止性的角度去设定政府的行动领域，比如经济的市场化改革本质上就要求政府退出竞争性领域。而在"强政府、弱社会"的基本格局之下，政府与社会关系调整的最终目标不应该是争夺地盘式的"驱赶"政府，更应强调的是如何构建一种合作关系。海沧很多社会层面的问题与传统的政府"统治"思维不无关系。在过去的征地拆迁实践中，政府缺乏社会性的思维，不注重维护传统村落共同体的社会关系，甚至为了方便政府管理刻意在回迁时将村庄进行拆分安置。由此导致的结果是，传统的社会联系纽带被打破，也为搬迁之后的社区融合设置了障碍。因而，在当前的社会条件下讨论社会自主性问题时，识别政府的作用与影响具有关键意义。社会的生长与发育需要一个良好的政策环境，政府在很大程度上设定了社会发展的基本条件。从政府的角度谈社会发展，核心在于推动政策转型，从"压制型"向"社会友好型"进行转变。

第三节　从理念到行动：共同缔造的实践过程

上文所讨论的"强政府、强社会"格局是地方治理创新所要追求的目标，它主要表现为一种愿景，因而需要进一步探讨的是如何将理念转变为行动的问题。回到海沧的案例当中，我们看到海沧围绕"共同缔造"这一理念进行了一系列治理创新，其中既包含了一种重塑政府的努力，也试图在过程中调动社会的积极性。可以从话语和实践两个层面来进行分析：一方面，通过自上而下的话语动员来凝聚共识，调动基层政府以及社会的积极性；另一方面，引入自下而上的反馈机制，主动回应社会层面的需求，重视发掘地方性实践经验，并使之系统化和制度化。海沧区的"共同缔造"实践，反映了地方政府在观念层面从"管理"朝向"治理"的转型，也表现为一种通过关系的调整来实现治理能力提升的努力。

一　自上而下的话语动员：抽象话语如何植入现实语境

"共同缔造"实际上是2013年由厦门市政府发起的，海沧区入选成为两个试点区之一。因而，"共同缔造"从一开始就带有自上而下的特征，海沧区被放在整个政府体系当中，它实际上扮演着双重角色，既是上级政策理念的接受者，又是实践创新的发起者。并且，将海沧区作为考察的主体，同样需要重视政府层级体系内部的关系。政府体系内的上下级关系常常成为重要的研究议题，学者通过"共谋"和"变通"等概念解释了实际政策过程中的各种偏差与不一致，也就意味着政府上下级之间的关系不能被简化为"命令与服从"的关系。[1] 那么，在"共同缔造"的案例中，应该如何理解一个政策理念在行政体系内部的传输过程呢？这种自上而下的动员实际上也是一个观念建构的协商性过程，也就是说，上下级政府之间不是一种僵化的关系，各自都具有一定的自主性空间。围绕"共同缔造"的内涵所进行的话语分析，有助于帮助我们理解不同层级政府的行为策略，以及依托既有的行政体系来推动改革的可能性。

在海沧区的案例中，"共同缔造"是传统的自上而下的动员

---

[1] 周雪光：《基层政府间的"共谋现象"——一个政府行为的制度逻辑》，《社会学研究》2008年第6期；应星：《大河移民上访的故事》，三联书店，2001。

政治的产物，因为试点的实质在于将市一级政府提出的新理念进行落实。我们分别对抽象话语的构成以及话语传递的过程进行考察。

首先要讨论政治动员的起点，即抽象话语的生产过程，"共同缔造"理念最初是以一种什么样的面目出现的。海沧区有关"共同缔造"的政策文本提供了一种最正统的解释。"共同缔造"理念是由两个部分构成的。一是抽象的关系性表述，"把群众和政府的关系从'你''我'变为'我们'，变'要我做'为'我要做'、变'靠政府'为'靠大家'"。① 这段话强调的核心是政府与社会的关系，从政府作为单一的治理主体向政府与社会共治进行转变。值得注意的是，它选择了非常口语化的表述形式，与常规的正式、刻板的政府官方语言截然不同。二是相对具体化的原则论述：

"以完整社区建设为基础，深入践行党的群众路线，充分相信群众，紧紧依靠群众，从群众身边的小事做起，从与老百姓生产生活息息相关的项目做起，从房前屋后的实事做起，以群众参与为核心，以培育精神为根本，以奖励优秀为动力，以项目活动为载体，以分类统筹为手段，发挥群众的主体作用，实现与群众决策共谋、发展共建、建设共管、效果共评、成果共享，推进社会治理现代化。"

这段话的开头响应了党和中央的基本原则和理念，并通过列举的方式对具体的政策实践做了方向性的指引，最后把"共同缔造"

---

① 海沧区政府：《厦门市城市治理体系和治理能力现代化海沧实践》。

落到"五共"原则,丰富和拓展了概念的内涵。

其次,考察政策理念的传递过程,谈论如何在自下而上的体系中凝聚共识。在海沧区的访谈中,各级官员经常用"洗脑"一词来描述政治动员的过程。我们引用其中一位街道官员的说法:

> "我们这边区里的先被市里头的洗脑,然后他就是一级一级往下。我们先读文件、读政策,因为我们这些在体制内的,上面的这种东西布置下来,是一定要去执行的对不对?所以我们要尽量大量去消化这些东西,那消化完了以后,我们就让村干部、村两委这些在体制内的人先来洗脑,先来宣传,把他们洗得能跟着我们走。洗完了以后,可能当时他们还没完全接受这种理念,但是他们不会反对,跟着我们走。之后再开始洗另外一拨人,然后洗老龄会的。这些当然叫洗脑,新的东西要能接受就要先洗脑,不然怎么弄?这些人把他们讲通,就是说通了以后,大家就是说'可能政府就是真的想帮助大家做一些事情',那有些人就开始带动,比如说这些老党员,肯定要找一些突破口,那大家就先做一做。"[①]

这段关于过程的叙述反映了"共同缔造"理念传播的动力来源于自上而下的行政体系,但是"洗脑"不同于一般的命令政治,它包含着劝说以及凝聚共识的意涵。在海沧区访谈的时候,我们注意到区各部门、镇街的政府官员以及社区干部,常常以相似的话语来阐述"共同缔造"的内涵,而在介绍实践案例时,又能够很快

---

① 海沧区东孚街道缔造办官员访谈,2015年7月8日。

将"共同缔造"理念落实为一种更加具体的话语形式。自上而下的话语动员其实也是一个观念建构的过程,"共同缔造"理念经历了从抽象到具体的转变。在市一级的最初政策文本中,"共同缔造"只是对政府和社会关系作了一种简单而直白的表述,而海沧区在进行创新试点时,又尝试将其转变为相对具体的施政原则;镇街与社区在行政体系中处于末端的位置,在政策实践中也主要扮演着执行者的角色,更由于他们直接面对普通老百姓,因而需要在作为一种新理念的"共同缔造"与常规化制度之间寻找衔接点,并以更加具体化的方式进行理念阐释。正是在概念阐释与具体化的过程中,基层政府不断地发挥主体性与能动性,而行政体系中的上下级关系又确保了概念核心内涵的稳定。

二 自下而上的反馈:合法性传输与制度化

制度与机制层面的探索才是地方治理创新的灵魂,这就涉及"共同缔造"理念如何实质性地重构政府与社会关系的问题。通过话语层面的分析,我们看到"共同缔造"是依托自上而下的行政体系推行的,但其中也包含了行政体系内部的自下而上的概念阐释过程。"共同缔造"这一理念试图将垂直的关系扁平化,因而它也在一定程度上使得政府层级间的关系变得更加民主化、更具协商性。需要进一步讨论的问题是,"共同缔造"理念如何改造现实的治理过程,它所引发的变化又会对常规的治理体制产生何种影响。

我们围绕一个社区层面的"共同缔造"案例来进行讨论。社区是社会的基本细胞,并且在现有的治理格局下,社区又是政府行政性力量与社会性力量直接交锋的场域,它成为我们观察和理解

"国家－社会"关系调整的最佳切入点。

西山社位于海沧区的远郊,是海沧区开展"共同缔造"最早确定的试点,项目主要的内容是村容村貌改造。在推行"共同缔造"之前,海沧区每年也都有新农村建设的资金,旨在对村庄的基本环境进行改造与提升。原本项目的内容与实施都由政府包办,引入"共同缔造"之后,政府仍然承担了主要的财政责任,但是项目的很多决定权交给了村庄,也就是说项目做什么、如何做等问题都由村民说了算。这种改变依托的是政府层面的财政投入机制创新,通过"以奖代补"的机制,将"共同缔造"变成一种可操作、可落地的原则。海沧区的政府文件中,是这样来定义"以奖代补"机制的:

> "'以奖代补'是以奖励代替补贴的一种财政激励方式,即项目由原来财政直接进行补助,改为由村(居、场)、企业、社会组织等以出资出力让地的方式先行实施(财政可先给予一定的启动资金),待验收合格后再给予一定额度的奖励。"[1]

"以奖代补"机制的成功很大程度上源于财权与事权的下放,一方面使镇街这一级政府的财权与事权更加匹配,从而提升了基层政府的治理能力;另一方面也调动了社会层面的积极性,为社会性的力量开辟了制度化的参与空间。我们可以从"需求与利益"这两个维度来进一步解释,为什么放权或者引入自下而上的维度具有

---

[1] 《海沧区"以奖代补"项目操作实施办法》,2014。

改善治理的效果。传统的政府管理模式遭遇的最大困境在于，它缺乏自下而上的纠错与反馈机制，使政府很难掌握社会层面的需求，这就导致服务供给与需求之间的偏差。其实，权力的较低层级更接近社会，因而也对需求更加敏感，但是基层政府在行政体系中的无权状态又使它难以撼动体制的弊病。"以奖代补"通过对基层政府以及社会的赋权，则能够使政府更好地回应社会需求。此外，这种机制明确了社会在项目中的投入与出资责任，使社会成为实质意义上的项目实施主体，政府与社会之间的利益捆绑强化了彼此合作的可能性。

除了政府在财政机制创新层面的努力之外，我们也应该看到社会本身的自主性与活力是如何得到发挥的。"以奖代补"机制对社会层面的团结与共识提出了很高的要求，这也成为一个潜在的问题，即当政府不再对社会施加强制时，社会成员内部的合作就自然能够达成吗？答案自然是否定的，"搭便车""公地的悲剧"等概念揭示了集体行动面临着诸多困境。在西山社的案例中，政府在促成社会合作方面发挥了巨大的作用。西山社被选为"共同缔造"的试点，原因在于村庄相对较小、村民团结、村干部也比较实干。村容村貌改造的项目模式是基层官员与普通百姓共同探索出来的。西山社的"共同缔造"项目大致可以分为三个阶段。

（1）基层政府官员的政策宣传与社会动员。镇街一级的政府官员在推动"共同缔造"理念落地的过程中发挥了重要的作用，他们扮演了上传下达的中介性角色。为了便于跟群众沟通，他们需要把抽象的政策话语进行转述，使它更接地气。又由于"共同缔造"本身所具有的开放性特质，在最初的试点阶段，项目并没有形成一种固定的模式,因此基层官员在模式探索方面也承担了重要的责任。正如一位街道干部所回顾的那样,项目最初阶段充满了艰辛:

"我们花了大量的精力,不停地去宣传、去发动、去跟老百姓讲这些东西。记得当时我们的区领导、我们的镇领导、镇干部,一直在一线这边,我就跟他们交流、交谈。一线的事情就是不停地说,村干部也是这样,我们的村两委就把西山当成村部,都到那边去办公,全线都压在那边,如何去,怎么样老百姓才能习惯,因为它属于一个试点,其他地方都没做,要第一个去做。"①

(2) 社区自组织的形成。在确定申报"共同缔造"之后,村庄社区内部需要在项目内容与实施方式上形成共识。但是,以村民大会的形式进行决策组织成本过高,讨论也缺乏效率。在镇里组织村干部对其他地区进行考察学习之后,村庄组织成立"三会",即乡贤理事会、道德评议会和村小组议事会,使村庄社会行动具有了组织保障。进而,在"三会"的带动下,西山社探索出了一套将民意转变为行动的社区内部协调机制。核心在于构建村庄舆论,用说理、利益协调等方式化解个别的反对意见,最终实现村庄环境的改善这一公共目标。

(3) 试点模式的总结与提升。"试点"本身就具有探索性的意涵,因而试点成功与否不仅取决于个案的成效,更关键的则在于它

---

① 海沧区东孚街道缔造办官员访谈,2015年7月8日。

的可复制性。因此,作为一个试点的西山社实践的核心意义在于它所探索出来的模式。政府官员追求模式创新或者经验总结,很大一部分原因自然是出于自身政绩的考量,但我们并不能因此而忽视这种"试点模式"所具有的其他意涵。试点模式是对实践经验的总结与提升,它构成了基层实践制度化的核心环节,也就是说模式总结使基层实践得到政府的承认,这种承认表现为一种合法性授权。并且,模式化也意味着基层的创新实践对正式制度的改造,从而使个案中的政府和社会关系调整深入整体制度层面。

第四节　结论与讨论

本章在中国的治理转型背景下讨论了海沧区"共同缔造"的案例,目的并不在于据此总结出一种最佳治理模式。中国社会存在着巨大的复杂性和差异性,因此即便是一个地方的成功经验也未必适用于另一个地方,更何况海沧区的实践也存在诸多局限。但是,作为一种地方治理创新实践,海沧区的案例揭示了构建一种良性的国家与社会关系的可能性。个案的讨论也有助于我们把握中国治理转型的核心议题,通过增进对经验现象的认识与理解来更好地回应现实问题。

在前文的讨论中,我们一直强调中国治理转型的基本问题是国家与社会关系的调整与重构,并通过"强政府困境"阐述了引入社会力量或者让社会成为治理主体的必要性。因此,从改善治理的角度看,改革的核心议题应该是放权,即解决政府越位的问题,让政府从社会自治性领域退出。然而,从地方层面的治理创新实践来看,虽然放权是改革的重要组成部分,但是地方政府显然没有止步于政府与社会的边界重构,并且常常试图以"政府造社会"的方式积极作为。"政府造社会"是一个吊诡的命题,它成为理解中国治理转型的关键。我们将围绕两个问题来进行讨论。

第一,政府为什么要造社会?这也可以转述为地方治理创新的动力机制问题。中央提出的"推进国家治理体系和治理能力现代化"目标,构成了地方层面治理创新实践的基本背景,这就是说,地方的治理创新首先是层级政治的产物。在"锦标赛体制"下,治理创新表现为地方政府之间的一种竞争,政绩是创新的内在动力。并且,正如我们在海沧区"共同缔造"案例中看到的那样,从理念的传递到实践的开展,都是通过自上而下的方式推动的。但是,"共同缔造"之所以构成一种治理创新,又必须通过其成效来确立自身的合法性,即实质性地推动了政府和社会关系的重塑。正因为这样,这种自上而下的改革中具有了自下而上的维度。就海沧区的"共同缔造"来说,从市、区到镇街逐级强调社会自主性与社会参与,因此当理念最终以项目落实到基层的时候,"社区参与"本身就变成了项目考核的一个重要维度,从而使得"社会参与"获得制度化的确认,或者说使一定意义上的"放权"成为正式制度的一部分。此外,地方政府推行治理创新也是为了回应现实的治理困境,这就使自上而下推动的共同缔造也能回应自上而下的需求。

第二,政府造社会的成效及其局限。海沧区"共同缔造"确实展示了通过"政府造社会"来改善治理的可能。比如,"以奖代补"通过改革财政投入机制,使政府和百姓变为利益共同体,从而改善了财政资金的使用效率、也提高了群众的满意度;并且,项目实施方式的改革促进了社会自组织的发展,增强了村庄社区的凝聚力。但是,正如前文所指出的那样,改善治理只是创新的目标之一,我们更要强调的是国家与社会关系的重构。原因在于，过分强调现实的治理成效有可能使地方治理创新沦为一种"为创新而创新"的形式化努力。在"强政府、弱社会"的格局下，"政府造社会"的实践具有内在的脆弱性。以"共同缔造"为例，在模式探索的初期，一项创新的合法性很大程度上取决于是否调动了社会的积极性。而一旦模式相对成熟、进入推广期之后，由于政绩竞争等原因，政府往往倾向于以指标化的方式进行评价，这就有可能导致创新偏离最初的目标，转向对可量化的数字的追求。在海沧区的某些试点社区，我们也看到政府为了树典型而过度投入的倾向，"拔苗助长"式的支持也可能窒息社会成长的空间。

在实践中，"政府造社会"有可能成为一把双刃剑，它的确具有培育社会的潜能，但如何避免坏的可能性呢？我们认为关键在于确立目标层面的共识。按照治理的理念，理想的格局应该是"强政府与强社会"，它强调的是从一元治理向多元治理的转变，其中国家与社会的关系不是"治理与被治理"，而是良性互动的伙伴关系。良性互动的伙伴关系又是以彼此之间责权和边界的明晰化为前提的。因此，治理转型应该是以"放权"为核心的改革。对政府来说，就是要处理"越位"与"缺位"的问题。"强政府、弱社会"的历史成因正在于国家对社会边界的侵蚀和践踏，因而国家与社会关系的重塑是以政府退出社会自治性领域为前提的。"缺位"讨论的是国家责任问题，涉及的不仅仅是有形的公共物品或服务提供，更需要重视国家在规则体系和制度建设方面的作用。上述这些条件有助于保障治理转型以一种"制度化放权"的方式进行。制度改革是一个相对漫长的过程，不可能一蹴而就，强调"制度化"的面向就是为了使改革的成果能够在一个确定的方向上累积。

本章从较为客观的视角对海沧区"共同缔造"的治理框架进行了分析,也讨论了其实践逻辑与可能面临的问题。后面几章将从更具体、更微观的层面来讨论海沧的共同缔造实践,分别涉及区、镇街、社区等不同层次,这些讨论将更具体地展现"政府造社会"的逻辑,并在社会语境中分析其成效、问题与局限。

第四章　海沧区的社会治理变迁与延续

关于共同缔造，从正式的话语来讲，是一种社会治理创新的路径。按照当地干部的话语来讲，"共同缔造就是一个方法论，而我们实际上就是在做社会治理，只是一开始做的时候并不知道它是归在社会治理大的范畴里面。共同缔造的基础在社区，核心就是把百姓动员（搅和）起来，实际上就是群众路线，只不过是党的群众路线在新的历史时期给它一个新名词。不是政府单边的管理，而是社会多元的、全方位的治理，尤其是让社区的居民和农村的村民觉得，我的社会、我的社区、我的制度、我的环境，我要参与"。这种思路与当下社会治理的逻辑是一致的，转变政府的治理理念，变被动治理为主动行动，使整个社会都能参与到治理行动中来。海沧区作为厦门共同缔造的试点或先行区，显然从理念到行动，都是按照厦门市委和市政府的要求和设想进行的，但是，海沧区也不是纯粹的执行者，实际上与其他区会有一些差别：首先，海沧区设立时间很短，不可避免受原来的制度设置影响；其次，海沧区的人口结构不同于其他区，外来常住人口超过户籍常住人口等，这些因素在一定程度上会影响海沧在共同缔造上的做法和要求。本章从"区级"的视角，分别探讨以"区"为单位的社会治理的经验现象、区级政府的行动策略、基层社会各种主体对这种共同缔造模式的评价，最后对海沧区共同缔造的试点经验进行总结。

第一节 以"区"为单位的创新治理路径

一般情况下，"区级"的行政地位虽然与县一致或稍高半个行政级别，和县级政府在自主权限上却有很大不同。区级政府一般是市级政府的直管单位，直接执行市级政府的一些政策法规，由于在行政隶属上距离市级政府近，所以自我创新的政策空间也相对有限。而县具有完整而独立的行政管理职能，比如在财政、人事、规划等具有独立的决策权限。行政级别与县相同的市辖区的行政管理职能相对来说则并不完整，只能依附于市一级，其财政、人事、规划等都是由地市级来决策。区的很多机构都相当于市级的派出机构。所以海沧区的改革很大程度上是在厦门市宏观政策环境的引导下逐步开展起来的。除了自身的改革需求之外，具有很强的自上而下的改革驱动力，这一驱动力既来源于厦门市整体社会治理创新的需求，也来源于海沧区政府自身的社会压力。这一点正如海沧的政策文件中所言，共同缔造的总体目标为着力建构成"纵向到底、横向到边、纵横交错、多元共治"的治理体系，实现"党委领导、政府主导、社会协同、群众参与、法治保障"的共同缔造新格局。

一 改革行政体制

在长期的实践中，行政体制会出现不适应变化的问题，在有一些方面，存在着互相推诿责任、办事效率低现象，使得居民办事遭遇困难。这些都是当前各地在社会治理中寻求解决的问题。厦门提出的共同缔造，在一定程度上，首先也要解决行政体制中一些不适应、不合理、效率低的问题。海沧区也把改革行政体制作为共同缔造优先解决的问题，尤其要解决目前强政府的一些困境。只有解决这些问题，才能更好地调动居民的参与积极性。

1. 简政放权

所谓简政放权，就是通过精简政府行政事项权力，把市场能办的放给市场，把社会可做的交给社会，政府约束权限，构建一个有限的、服务型的、高效率的政府，彰显效率和公平的价值导向。各级政府明确职责、厘清工作规程。通过简政放权，政府、市场与社会职责清晰、边界清晰、流程清晰，提高政府行政的效率，提高"基本公共服务"的质量和效率，为民众提供更好的公共服务。

在海沧区的社会治理创新中，海沧区政府在简政放权上进行了实质性的改革。首先，将街道和社区的职责进行了切割，将涉及行政职能的部分收归街道，强化区及街道的统筹职能；将涉及社区自治和社区服务的事项划归社区。将行政职能剥离之后，社区仅承担公共服务的职能，社区居委会恢复自治功能。不仅如此，海沧还在外来人口集中的街道进行试点，在现有机构编制和人员身份的情况下，推进"部门改革"，将街道原来的"五办三中心"（"五办"即党政综合办公室、经济发展办公室、社会事业办公室、综合治理办公室、村镇建设办公室，"三中心"即乡镇社会事业服务中心、农业综合服务中心、经济建设服务中心）改为"一办两中心"，即党政办、经济事务中心和社会事务服务中心。其次，将便民服务中心下移到社区，直接面对群众。在其他地方政府中，乡镇街道的归口设置一般严格按照上级的规定设置，县区级政府无权突破这一规定。海沧区能够在组织机构设置上进行大规模的调整是一项很大的突破。海沧区政府将行政管理职能上收，同时将政府的经济职能进行剥离，经济事务中心和社会事务服务中心总体上还是以服务百姓需求为核心。政府进行行政管理机构改革，其目的是通过"一办两中心"，实现政府职能设置的扁平化，优化机构设置，改善基层政府人浮于事的局面（见图4-1）。

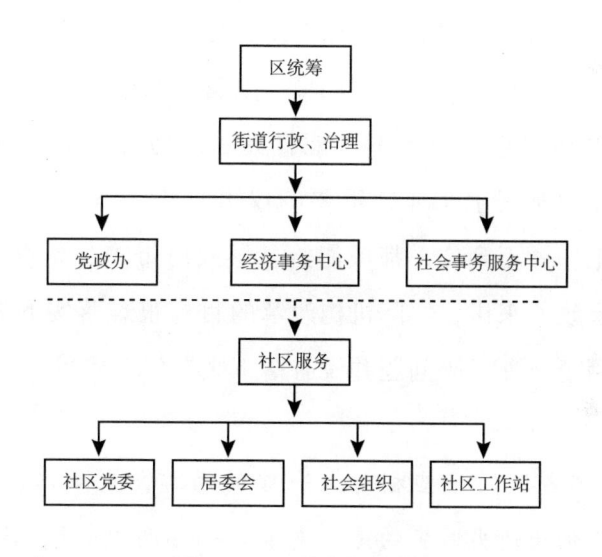

图4-1 区社会治理结构

新阳街道是第一批共同缔造的试点街道，此次调查我们着重访谈了新阳街道主管共同缔造的干部。"一办两中心"的机构改革在街道具体如何推进，改革之后具体的行政工作如何分配，是否如制度预期的那样能够提高行政效率呢？通过访谈，实际情况可能与制度预期的还是有一定的出入。虽然机构改革形式上将街道变为"一办两中心"，但是街道本身所面临的区级行政任务没有变，街道仍然是区政府的派出机构，承担着具体而微的推进城市化进程的工作，比如征地拆迁就是街道不可能不承担的一项重要工作。如果按照机构改革的要求，街道逐渐弱化经济和拆迁的职能，强化社会治理职能，但是在拆迁刚性任务的约束下，街道还是需要将大量的人力、物力和财力投入到这项工作当中。因此，按照街道副主任的话来说，"即便改为'一办两中心'，目前基本还是按照'五办三中心'来运作的，因为一旦改了，各条口的工作上下之间都无法对接，工作量只做了加法，没有做减法，对不通"。在社会治理上，经济方面的工作和治理方面的工作也很难彻底拆分，比如在农村社会治理中，农民既有改善环境、改善公共服务的需求，更有发展经济的迫切愿望，两者不可能择其一。即便当下"社会治理"在政府工作中被提上了非常重要的议事日程，但是经济工作抓不好，拆迁工作做不到位，都可能给基层政府带来一票否决的风险。所以对基层政府来讲，实际机构改革的目标很难落实下去，"涉及的人员、帽子、凳子等问题并没有落下去"。

"街道做的一些相对大一些的动作，先从体制机制上来讲。我们街道当时定的是，要推'一办两中心'，传统街道是'五办三中心'。实际上到目前我们还是按照'五办三中心'来运作，但当时给我们定的是要做社会治理，要求改成'一办两中心'，即党政办，以及经济事务中心和社会事务服务中心。大概就是往社会治理方面去扭转。毕竟街道是区政府的派出部门，但是又承接了大量的征地拆迁、经济等职能，把大量的人力、物力、财力放到这一块。实际按照改革，是要逐渐弱化经济和征拆职能，强化社会治理职能。按照这个目的，要求我们街道层面，先从'五办三中心'调整为'一办两中心'。报了很多稿，但是我们目前基本还是按照'五办三中心'来运作的，因为一旦改了，各条口的工作上下之间都无法对接，工作量只做了加法，没有做减法，对不通。社会治理这方面也按照经济和社会治理两大块在做，实际上机构改革涉及的人员、帽子、凳子等问题并没有落下去。但是方向是提出来了。像上海，今年开始1号工程，所有的街道通通不做征拆、不做经济，街道有企业的，全部收到区里去做，区里再直接把经费拨下来。街道全部都做社会治理。按要求给我们定的方向是'一办两中心'，但是挺难的，还停留在方案阶段。"[1]

在街道和社区的关系上，社区重新回归自治，不再承担街道行政工作。原有的社区工作站的职能由街道来承担，由社区发展办直接管理，而街道面向所有群众的行政工作和社会服务全部下放到社区工作站，换句话说，工作站变成一个为群众服务的节点，而工作站站长由原来社区发展办的干部直接担任。在社区层面，组织架构是以社区党委、居委会、社区工作站和社会组织四种主体为核心的组织架构。其中，社区党委在社区服务和治理中起着领导性的作用，社区党委对社区居委会和其他主体进行执行、监督和协调。居委会从原来的行政职能中跳脱出来，主要承担一些与群众日常生活相关的行政代理和社区服务事项，同时协助网格员开展活动。按照共同缔造的框架，社区发展协会及其他组织既可以是非营利性的NGO，也可以是市场化主体，只要是群众需要的社区服务都可以被社区所接纳。居民自治的功能就落到了更下一级的网格身上。

2. 网格自治

目前，在全国范围内，社区的人口规模都在膨胀，从几百人到

---

[1] 引自新阳街道副主任访谈资料，2015年7月。

几万人，大的社区甚至都相当于一个街道的人口规模。社区是陌生人的社会，不可能依赖传统的"伦理规范""无为而治"来自我管理。这也是前文海沧之所以在快速城市化进程中频繁出现问题的症结。基于此，海沧区依托"共同缔造"这个契机，将居民自治目标也纳入进来。在具体方法上，将大的社区细化为小的网格，将居民小区（农村为居民小组）与网格合二为一，建立网格的组织框架，提升"网格"范围内的自治能力。在网格管理上，建立网格党支部，作为网格自治的领导核心，发挥党员在网格自治中的模范带头作用。"建立网格自治理事会，主要由社区干部、网格员、居民代表、物业、业委会代表、社会组织代表等组织。[①] 自治理事会作为网格议事决事机构，接受社区党组织领导和监督，接受居委会的指导和协助，主要发挥其议事决事功能，协调社区和网格之间以及网格内部不同组织之间的关系，开展网格自治。在小区网格，鼓励和引导小区居民建立业主委员会，完善业委会的监督职能，发挥业委会在物业监督、利益保障、事务商量等方面的作用。"这样的治理模式可以向下继续延伸，延伸到楼栋，在楼栋内生成居民自治的氛围。具体方式上，比如，选举楼栋自治小组、制订自治方案、楼栋公约，实现楼栋内的公共事务自我管理。

"2012年，海沧全区推行网格化管理，先是在海虹社区。网格化以道路、空间区域为单位，按多少户划分一个网格，每个网格1~3名网格员，负责网格内所有的人、地、事、物、情，就是人口情况、建筑情况、市政设施配备情况，以及特殊

[①] 资料来源于"美丽厦门共同缔造城市治理海沧实践"范本。

人群的情况；要求要入户走访、掌握情况；同时做一些行政事项的初审和简单办理；原来的 6 大员（计生员、综治员等）后来统一为网格员。原来是按 500 户为基础。但是在新阳，按户怎么去算？大量外来人口居住在里面，按户算肯定也是不够。我们也是建议按人口算，但是按人口算又超多。实际操作中，其他传统社区，只是户籍人口的，是按户算，300～500 户一个网格；我们新阳街道这边外来人口多，要掌握出租屋信息、老弱病残妇幼信息、变动信息、井盖消防安全等，基础信息多，而且大量外来人口还不断在变动，情况复杂带来工作量的增加，在户数一样的情况下，我们这边一个网格的网格员就适当比其他街道的多，但也不超过 3 个。事实证明，现在区里讲网格化，什么都靠网格员、什么都往网格员头上压，网格要变成全能的，这样的配比还是远远不够的。"①

2012 年，网格化在全海沧推行，与网格化相伴随的是信息化。为了配合网格化管理（即纵向到底、横向到边），海沧在全区范围设立了一个网格化社会治理联动中心（见图 4-2），在区网格化社会治理联动中心平台之下是街道网格化社会治理联动分中心。网格员每个人手里都握有一个手持的手机终端，依托于信息化平台，将人口基础信息、变动信息、突发事件等进行上报、拍照、留档等。同时，部门上有很多垂直的联动部门，这些单位有些就是原来"五办三中心"的工作人员，由各个垂直条线派驻在街道，直接对派出单位负责。如果网格员发现情况、上报信息，联动中心会把信

---

① 引自新阳街道副主任访谈资料，2015 年 7 月。

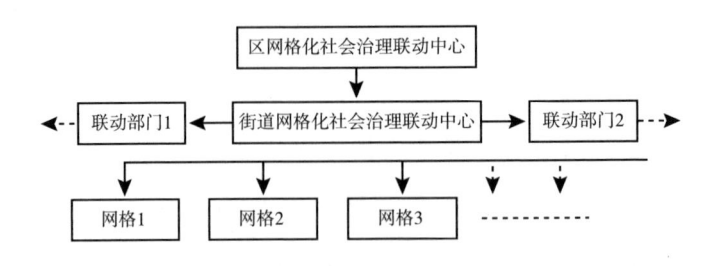

图 4-2 自上而下的网格化治理结构

息分流出去，联动部门处理完成后，再将结果反馈给联动中心。

从调查访谈的结果看，这套以"网格"为中心的治理模式实际上与"自治"的目标也有差距。特别是网格化的管理模式，似乎也没能摆脱行政化的趋势。从区一级网格化社会治理联动中心到最基层的网格，实际上是平行于街道、重新构建一个垂直管理的网络。从基层的角度讲，网格员虽然遍布于各个网格中，但是网格员的任务仅仅是上通下达，最后实际处理问题还是要归口到各个部门。打个比喻，相当于体外循环一周，最后还是要归到各个实质器官来消化具体的问题。所以网格化社会治理联动中心这个新生的机构需要协调与具体的联动部门的关系。实际运作中，很多信息沟通渠道并不是特别顺畅，网格员的优势是第一时间发现问题，但是最后反映到具体的联动部门可能并不一定有效率。

"但事实证明，这个做起来挺累的。假设，街道把某个事件派出去给条口上的某个联动部门，他们如果不出勤，街道也没有办法，没有那么大权力，管不了联动单位的绩效。实际上，在街道一级设联动中心，感觉是又多了一道手续。本来老百姓碰到一些紧急情况、突发事件，直接拨打110、120、119，这些很好记，而且本身它们也都还是在发挥作用，很快就能出警出勤。比如说哪里发生中毒、出现险情什么的,老百姓第一反应肯定是110这些,而不是我们这边,也不会想到网格员。反而现在在街道这么一个联动分中心……只是说类似可能哪里井盖坏了,这些非紧急状况可能会报到联动中心。成立了这么一个中心肯定也是要做大量的宣传,但是电话号码很奇怪,58687898,全国都有类似这样的,58是'我帮',98是'就拨'(黄主任:6898580,要帮就拨我帮你),我自己都记不住。这种情况下,多数紧急、突发事件,老百姓还是会直接拨打110,非常便捷,也不可能两头都打,打了也没有用。这就制造了一个问题,很多时候紧急情况报警,没有打我们街道联动直接市里出警,而新阳街道可能对有些情况其实就不能了解。反过来有的时候也会追责到区里、街道,甚至网格员身上。有些情况很不科学的,我们都非常紧张。"[1]

二 改革财政体制

在以往的基础设施建设项目中,比如新农村建设、旧村改造等,大多采取政府先拨款、社区后建设的模式。这种模式通常是以政府的意向为主导,群众参与度较低,即便政府投入了大量的资金,最后建成的项目也难以持续。2013年,课题组在贵州调查时,很多乡镇、村级公路质量欠佳。在投资、建设过程中,地方政府直接委托地方城建单位,地方公众基本没有参与的空间。在道路修建过程中,道路的质量缺乏监控;在道路铺好之后,由于前期质量不

---

[1] 引自新阳街道副主任访谈资料,2015年7月。

佳，硬化路面很容易被破坏，群众也认为"这个是政府投资兴建，自己没投入，也没有监督义务"，所以最后陷入了一个无人管的烂尾项目。政府下大力气投资兴建基础设施，最后项目的经济效益、社会效益都不理想，还招致百姓的怀疑和埋怨。

海沧区在"共同缔造"思路上希望突破这种传统的政策思路，用"以奖代补"的财政激励方式来撬动社会力量的参与。具体地说，项目由原来财政直接补助，改为由村（居、场）、企业、社会组织等以出资出力让地等方式先行实施（财政可给予一定的启动资金），待验收合格后再给予一定额度的奖励。按照"决策共谋、发展共建、建设共管、效果共评、成果共享"要求，发动群众主动参与到共同缔造项目中来。为了使"以奖代补"项目更具规范，海沧区先后出台了《海沧区"以奖代补"试点项目操作实施暂行办法》《海沧区"以奖代补"项目资金管理办法的通知》《海沧区"以奖代补"项目操作实施办法》等一系列制度。区财政资产科主要负责共同缔造项目，区缔造办每年会根据群众自己申报的项目进行审核，确定可操作性强、群众受益明显的项目作为"以奖代补"的试点项目。待"以奖代补"项目确立以后，区财政、街道、村居再根据自身的财政能力承担"以奖代补"项目的相应比例，一般情况下，"以奖代补"项目投资总额一般不超过100万元（村建类不超过200万元），村居筹集30%~40%，区和街道按照4∶6进行配资；东孚街道比较特殊，在海沧区属于发展滞后的街道，区和街道按照6∶4进行配资。

在这种制度背景下，"谁的积极性高，谁能最大限度集合群众力量，谁就能获得财政补贴"，社会主体内部通过民主协商，达成一致，才能获得财政资金的补助和奖励。这样，社区居民、社会组织及企业都会有动力参与到社区建设的项目中来，社区内部在这种力量驱动下,也有可能在互动参与中从陌生人社会变成半熟人社会,重新建构起社区共同体;同时,原来单独依赖政府投入的低效益也可以得到缓解,群众的积极参与,不仅可以解决政府的财政压力,也可以监督具体城建单位的质量,使公共投资变得透明、可监督,特别是群众会把它当成自己的事情,乐于监督,形成一个良性的循环。

兴旺社区位于海沧区新阳街道,共有人口 1.5 万,其中本地人口约 3000 人,外来人口约 1.2 万。社区内原有一处居民休闲场所,因风吹日晒,逐渐出现掉漆、天花板落灰等现象,成为社区居民闹心、烦心的一角。"美丽厦门·共同缔造"活动开展以来,兴旺社区作为试点社区,通过"四民家园""同驻共治理事会"等自治组织的带动,辖区居民共同缔造美丽社区的意识更强、意愿更大、行动更加积极,开始自发地组织对休闲场所进行改建翻修,共同把"烦心亭"改造成"知心亭"。

"知心亭"最初是供居民聊天谈心的一处普通休闲场所,由于无人整治,不仅导致居民没了聊天休闲场所,还形成了小区环境死角,让居民十分烦忧。"美丽厦门·共同缔造"活动开展后,社区居委会积极征求群众意见,多位居民提出要对亭子进行翻修。住在小区的包工头李明军积极参与,主动提出自己对翻修工程在行,且工程花不了多少钱,愿意自己承担。居民们一听纷纷响应,在亭子名称、颜色、风格方面提出了很多意见建议,居委会召集网格员、小区物业公司和居民代表在"民智议事厅"开会讨论,经过四五次协商后形成了最终翻修方案,并将亭子命名为"知心亭"。

确定翻建方案后,小区居民参与热情更加高涨,包工头小李提出自己负责全部翻建资金，再同小区两名粉刷工一起完成；其他居民有的提供油漆、木料、刷子等工具，有的提供石桌、石凳；建造过程中，街道、居委会实时关心关注，询问并提供建设所缺物资，并在建成后邀请建设质监部门对工程进行验收，确保居民安全。社区居委会牵头，组建"知心亭"管理小分队，参与"知心亭"日常维护，明确小分队管理义务，如定期清扫地面、亭柱，发现破损情况及时上报、及时维修等；通过在社区内张贴宣传通告、倡议书等，号召居民共同管理、禁止乱涂乱画；还有居民从家里搬来花草盆栽美化"知心亭"；同时，"民心服务站"定期在"知心亭"设咨询台，为群众答疑解惑、解决困难，社区居民共同治理的氛围愈加浓厚。

建成投用一段时间后，"民情调查队"对"知心亭"改造工程及效果开展调查，绝大多数居民表现出对该项目的极大支持和满意，纷纷表示今后有类似活动也将积极参与；街道、居委会请"同驻共治理事会"对该项目进行评估，将其纳入"以奖代补"项目范围，在年底开展文化走廊"最美项目"评比后，根据居民反馈给予适当奖励。"知心亭"还设置了"知心亭记"，上面记录着每位居民为修葺亭子做出的努力，出资的、出点子的、投工投劳的，都一一在案。①

第二节　社会创新的结果——居民对共同缔造的回应

本部分所用数据为"2015年厦门市海沧区共同缔造与社会

---

① 海沧典型案例汇编。

治理调查数据",调查采用四阶段PPS抽样方案（按概率比例抽样）。抽样范围包括海沧区辖4个街道，17个社区和20个村。在海沧区所有社区和村中进行随机抽样。农村地区样本选自行政村（村），城市地区以社区作为首选抽样单位（PSU），一共抽取20个PSU（社区/村），每个PSU抽取50户。由于海沧区已经全部实现网格化管理，我们在网格内部随机抽取5个网格，每个网格抽取10户家庭作为调研对象，最后总抽样1032户。

一 居民对共同缔造政策的了解

从统计数据看，本地人口和外来人口对共同缔造的了解还是具有差异，本地人口对共同缔造制度了解的众位数出现在"一般了解"上（42.96%），"很了解"和"一般了解"合计的人口占本地总人口的51.66%；而外来人口对共同缔造制度了解的众位数出现在"不太了解"上（41.21%），不太了解和不了解的人数合计达到了外来人口总数的68.05%。本地人口对共同缔造制度的了解程度更高。虽然同居于海沧区内，但是身份的差别还是影响到对制度的认同，外来人口在共同缔造制度参与和受益程度上与本地人口存在差距，或者说，有些制度可能潜在地存在一些门槛，外来人口不太可能知晓或享受到制度带来的好处。干部讲解之后，公众对共同缔造的了解是否有所增强？统计结果显示，本地人口中"很了解"的人口为2.76%，低于外来人口比例（4.53%）。"一般了解"的人口比例高于外来人口比例，为52.87%。外来人口中"一般了解"的比例也比较高，为47.74%（见表4-1）。

表4-1　公众对共同缔造的了解

单位：%

选项	访问对象对共同缔造的了解		干部宣传之后对共同缔造的了解	
	本地人口	外来人口	本地人口	外来人口
很了解	8.7	2.24	2.76	4.53
一般了解	42.96	29.39	52.87	47.74
不太了解	31.11	41.21	12.31	4.53
不了解	17.22	26.84	8.92	11.52
不好说	0.01	0.32	23.14	31.68
总　计	100	100	100	100

注：本地人口是指厦门市户籍人口，外来人口指厦门市户籍以外的人口。

落实到具体的共同缔造项目时，了解项目的群众比例有所上升：59.59%的受访者了解所在社区具有环境整治项目，62.32%的受访者了解所在社区开展了道路改造项目，39.92%的受访者了解所在社区具有景观节点项目，6.43%的受访者了解社区有社区大学项目；42.94%的受访者了解所在社区有社区微治理项目。但是，仍然有较高比例的群众对社区内的共同缔造项目缺乏了解。21.91%的调研对象对社区内是否有环境整治项目不清楚；相应的，对道路改造项目、景观节点项目、社区大学项目、社区微治理项目不清楚的调研对象比例分别为15.48%，19.77%，25.71%和25.51%（见表4-2）。

表4-2　您所在社区是否有具体的共同缔造项目

单位：%

项目	有	没有	不清楚	合计
环境整治项目	59.59	18.40	21.91	100
道路改造项目	62.32	22.20	15.48	100
景观节点项目	39.92	40.21	19.77	100
社区大学项目	6.43	67.87	25.71	100
社区微治理项目	42.94	31.55	25.51	100

综合来看，对共同缔造的理解，本地人口好于外来人口，这可能与共同缔造的项目设计和地方社会融入强烈相关。公众对具体项目的了解好于对抽象的共同缔造理念的理解。目前的共同缔造项目较多设计以社区和村集体为单位的环境、公共卫生等项目，在地人口对这些项目的接触和受益程度可能要多于外来人口。

二 公众对共同缔造的参与

共同缔造的目标是"决策共谋、发展共建、建设共管、效果共评、成果共享"，那么在"共谋"这一主题上，群众的参与度如何呢？我们在调查问卷中着重询问了公众是否通过某种渠道反映过对共同缔造的看法，统计结果显示，群众对共同缔造提过意见和想法的比例非常低，仅有少部分群众参加过关于共同缔造的座谈会，比例为4.2%；其他参与渠道，如市长热线、听证会、信访、通过媒体或网络、利用私人关系等，比例均在2%以下。而没有表达过任何意见的群众比例达到89.98%。从这一点上看，宏观层面推行的共同缔造政策，群众参与的积极性和主动性还是很有限的（见表4-3）。

表4-3 居民对共同意见的看法和参与情况

单位：%

是否通过以下渠道表达对共同缔造的看法	是	否	是否参与到下列项目中	是	否
市长热线	0.58	99.42	投工投劳	7.36	92.64
听证会	0.82	99.18	出让土地	1.47	98.53
信访	0.23	99.77	项目设计	1.77	98.23
参加座谈会	4.20	95.8	监督项目执行	3.24	96.76
通过媒体或网络	1.99	98.01			
利用私人关系	1.99	98.01			
没有表达过	89.98	10.02			

三 居民对共同缔造项目的评价

目前,厦门共同缔造试点实施已经一年有余,居民对共同缔造的评价结果如下:对共同缔造项目评价"很不错"和"不错"的比例49.54%,"一般"的比例为27.39%,"没什么用"和"挺差劲"的比例分别为2.92%和2.62%,"不好说"的比例为17.32%。与共同缔造之前相比,受访者认为"社区变得更好"及"略有好转"的比例为62.1%,"没有变化"的比例为18.85%,"略有下降"和"下降很多"的比例为2.46%。综合来看,大部分受访者认为共同缔造对于社区治理还是起到了一定的功效,仅有少部分受访者对共同缔造持否定或者不认可的态度(见表4-4)。

表4-4 居民对共同缔造项目的评价

单位:%

您对这些项目的评价如何	占比	与共同缔造之前相比,社区的变化	占比
很不错	10.27	好很多	18.66
还不错	39.27	略有好转	43.44
一般	27.39	没变化	18.85
没什么用	2.92	略有下降	1.28
挺差劲的	2.62	下降很多	1.18
不好说	17.53	不好说	16.59
总　计	100	—	100

四 共同缔造的效果:社区内部的信任水平

共同缔造项目的核心目标就是为了调整大至政府与社会,小至社区内部的社会关系,增强社会凝聚力,从政府治理转向社会内部的良性自治。在社区内部，随着市场化、城市化的推进，征地拆迁、城市规划使得居民与政府机构的关系变得很微妙，原则上村委会和居委会应该是村民和居民的自治组织，但实际上由于行政力量的强化，居委会和村委会在过去一直承担着政府部门条线上的很多职能，即便有针对村民、居民的服务功能，也主要涉及行政管理职能，而失去了自治的味道。所以居民与村居委的信任关系在很多地方都出现了危机，甚至在涉及征地拆迁等问题时，还会衍生出一些冲突性的利益关系。那么共同缔造项目之后，村委会、居委会与居民的关系是否发生了一些变化呢？特别是上文中我们提到政府职能转变之后，村委会和居委会自身也在调整职能，将便民相关的服务直接下沉到社区，而行政性职能上收到街道。统计数据的分析结果表明，城市的居委会和农村的村委会所面临的形势还有所不同：从选择"不信任"的居民比例看，城市居民对居委会持"很不信任"的比例为12.44%，高于农村社区（9.2%）；城市居民对网格员"很不信任"的比例为18.21%，也高于农村居民。从选择"信任"的居民比例看，农村村民对村委会和网格员的信任程度远高于城市，农村村民对村委会持"非常信任"的比例为12.2%，而城市居民为7.06%；农村村民对网格员持"非常信任"的比例为17.03%，而城市居民为9.93%（见表4-5）。综合来看，大部分调查对象处于中间状态，村民对村居委和网格员的信任程度高于城市居民。城市社会与农村社会本就存在差异，农村社会内部的熟人社会关系虽然经过城市化的洗礼，依然在一定程度上维系着。特别是在闽南地区，大部分地区还有宗族传统，部分社区还保留宗祠，因此村庄内部的非正式社会关系还在一定程度上维系着，村庄内部的信任关系与这些非正式规范具有很强的关联。而在城市社会，由于外来人口的大量涌入，人口结构复杂，人与人之间的关系纽带比较脆弱，城市社区的信任程度很难像农村那样长久地建立起来。即便共同缔造希望通过机构职能调整、提高公共服务质量、鼓励社会组织参与等途径改善城市内部的社会关系，还是需要一个长期的过程。

表4-5 共同缔造项目对社区内部关系的影响

单位：%

选项	很不信任		一般		信任		非常信任	
	村民	居民	村民	居民	村民	居民	村民	居民
您在多大程度上信任村委会/居委会	9.2	12.44	37.56	46.31	37.56	37.11	12.20	7.06
您在多大程度上信任网格员	14.63	18.21	28.06	37.42	40.05	34.27	17.03	9.93
您在多大程度上信任小区里的居民	3.58	3.96	41.29	46.70	46.30	44.06	8.83	5.28

第三节　区级社会治理创新的可持续性

在全国社会治理创新中，海沧区可以说是走在前列的。在共同缔造试点中，海沧区在政府、社会和社区功能上都进行了一些实质性的改革。从积极的方面看，社会治理创新确实使社会动起来，使群众在公共项目中积极地参与进来，提高了公共项目的效率，也得到了群众的认可，一定程度上改善了民众对政府的评价，后文的问卷分析结果中，群众认为共同缔造后社区变得更好的比例超过了60%，这也说明海沧的共同缔造确实从理念到实践，踏实地践行了"以群众参与为核心"的原则。总结来看，海沧区的共同缔造治理实践有以下几方面值得推广和借鉴。

第一，改革行政体制，简政放权。传统的政府管理体制，核心在于"管"；而共同缔造的理念，核心在"共治"。如何实现共治是基层政权面临的一个难题。在传统行政框架下，村居两委的干部更看重的是如何完成上级交办的任务，无暇顾及居民自治和公共服务的事项。在这种行政框架下，让居民参与到社会治理中来非常困难。海沧的共同缔造实践首先打破了传统的行政体制藩篱，将行政事项上移，而将与群众相关的服务落实到最基层的社区，同时将一些由政府提供效率较低的事项转向社会组织购买服务。这些行政体制的变动实际上为基层自治腾挪出了空间，使基层的社区、社会组织有精力和动力来从事与群众相关的一些社会工作。

第二，建立财政激励机制。经济基础决定上层建筑。社会治理创新离不开地方的经济支持。在海沧社会治理创新中，初期的社会治理项目主要还是集中于公共基础设施，比如房前屋后的环境、雨污分流的管道等。通过财政激励的方案，社区主动在先、政府补贴在后，这就激励了一部分社区或社会组织投入到这样的社会活动中来，同时也保证了项目的可持续性。同时，"以奖代补"财政补贴机制，区别于以往的被动补贴，使政府的财政资金更有效率，促使社区集体为了公共项目聚集到一起共商共议，有助于社区社会资本的重建。

党的十八大以后，社会治理在全国各地如雨后春笋不断地萌生出来，这种治理创新究竟是运动式的改革还是可持续性的制度创新，从目前来看没有一个确定性的答案。海沧的社会治理创新由于刚刚起步，在是否可持续上还存在一些风险和变数。

第一，机构与人员的暂时性。在其他地区的社会治理创新中，"人走政息"现象非常普遍。海沧的共同缔造创新最初由厦门市副市长专门主抓，成立临时性的"共同缔造办"，所有人员都是临时从各部门抽调而来。虽然海沧区在共同缔造项目实施前即已出台了《"美丽厦门共同缔造"试点工作实施方案》，但是并没有建立独立的行政实体。在社会治理创新的最初阶段，由于时间上的紧迫性和内容的复杂性，采取了非常规化的制度安排，借助主管领导的权威和影响力来自上而下地推动项目的开展，特别是排除部门之间协调的阻力。在这个过程中，仍然缺乏明确的、常规性的制度规范。这在我们调查中也有感触，乡镇、村干部在执行共同缔造项目时，有些试点乡镇、社区尝到共同缔造的甜头，积极性较高；而有些乡镇、社区积极性较低，对共同缔造的执行就大打折扣。主要负责的领导和缔造办是自上而下协调各方力量的关键。所以，如果主要领导升迁调动，下任领导对于共同缔造的理解可能就会有偏差，具体协调和执行的力度可能会受到一定程度的影响。目前，社会治理从创新性试点走向常规化管理，不仅需要政府的强制推行，更需要自下而上的认可，这样才有可能使项目持续下去。

第二，地方行政化的惯性。网格化社会治理联动中心及其下属的网格、网格员是社会治理的核心力量。随着现代社区人口的膨胀，社区居委已经不足以满足治理的需求，于是寄希望于更下一级网格能实现自治的功能。在厦门，这一力量已经正规化，财政上也予以支持。从我们调查访谈的对象看，无论社区还是网格，很大程度上还是围绕上级交办的任务，其工资也是上级部门发放，网格员成为替代社区居委完成上传下达任务的新生力量。至于村居民自治，老年协会、乡贤会确实在一定程度上发挥了功能，比如监督水污分流管道的质量、动员房前屋后的环境整治等，这些社会组织凭借传统社会的威望在社区中发挥了一定的作用。

第三，地方部门之间协调困难。社会治理创新通常会涉及多个部门之间的协调。从我们的调查看，目前至少涉及民政、财政、计生、公安、社保等部门。现在，在区缔造办的统筹下，各部门的协调以区缔造办为枢纽。同时，由于市、区对共同缔造试点给予充分的重视，目前协调部门的利益尚能达成一致。即便如此，有些问题仍然难以解决，比如网格化社会治理联动中心与公安、城建等部门的联动目前还有待进一步理顺，联动中心作为一个信息集散终端，最终还是需要职能部门来处理具体问题。

第四，创新中公众的参与不足。相较于以往的政策创新，海沧区从细微处入手，通过一个个微小的项目鼓励群众献计献策，有其积极性的一面。但是以"项目"促参与和群众自发的、常规性参与还是有一定的差别。从我们的数据分析看，居民对共同缔造项目的发声空间不足，电视、媒体、市长信箱等都不是居民参与共同缔造的主要渠道。对社区内的公共事务，比如雨污分流、景观节点，地方公众参与的比例较多，但是也主要限于试点社区。另外，由于行政惯性，社区在有些项目中，可能会有意识地发动群众；但是在另外一些项目中，则会按照上级的指令向下推行。换句话说，由于缺乏对共同缔造的理解，也缺乏对于政府公共项目的信心，实际参与到共同缔造的人群还是有限。另外，政府强调"赋权于民"，地方公众对于有些项目的分配和安排还是颇有异议，特别是随着共同缔造第一轮结束之后，第二轮共同缔造的走向如何？即便第一轮参与试点的社区也存在一些困惑。在我们调查的某社区，共同缔造开始着手于改善村庄居住环境，获得补贴的家庭主要位于村庄道路，有些公众有意见而欲言又止。从这种背景上看，鼓励居民对于政府项目的参与还需要进一步向居民赋权，政府、基层社区的角色也需要不断地进行调整。

第五章　乡镇街道治理现代化

乡镇政府和街道办事处是中国最基层的政府或政府机构，既是执行上级政府政策和意志的最基层行政力量，又是基层独立的政府单元。它们在中国政府治理和公共服务中担当着"最后一公里"的任务。在海沧的共同缔造中，乡镇政府和街道办事处起着非常关键的作用。其自身能力、可获得的资源，以及相应的体制都会影响到它们在共同缔造中的作用和角色。本章从乡镇和街道层面去讨论共同缔造和社会治理的落实情况、面临的困境以及可能的出路等问题。

第一节　基层治理的困境

一　基层政府面临的普遍困境

作为最基层的政权，乡镇政府和街道办事处[①]始终面临着上下

[①] 随着城镇化的推进，大量的乡镇政府改为街道办事处，成为区县的派出机构。从法理上来讲，乡镇政府的权力是乡镇人大授予的，对乡镇人大负责，而街道办的权力是上级政府赋予的，对上级政府负责。但是实际中，大多数情况下，两者的管理职权比较接近，许多街道办事处也与乡镇政府类似，都有一定程度的财政、人事自主权，有经济功能，两者通常会被看成一种类型的机构，即基层政权组织。因此，本文中将街道办事处与乡镇政权做同一认定，将其看作类似的基层政权组织。

两方面的压力。自2000年农村全面税费改革开始，到2004年粮食直补政策实施和2005年全国减免农业税，中央政府通过压缩乡镇的财政收入来制约乡镇基层政权。从这个角度上看，这个改革确实从某种程度上减少了乡镇干部与农民直接互动的机会，也相对减少了基层干群矛盾的产生空间。但是，很明显，这样的改革大幅度压缩了乡镇政权自由政治空间，造成了广大乡镇干部不断诉苦的"权力有限、责任无限"的现象。他们一方面要完成上级政府安排的各种任务，虽然20世纪八九十年代广泛引发农村矛盾的"要粮、要钱、要命"这几个任务或不复存在或有所减缓，但是新增了诸如促进本地区经济发展、项目推广、农村低保、综合治理（维稳）等其他任务，而且属地负责制让发达地区流动人口聚集区域的乡镇街道政府无比头痛，尤其是具有所谓"一票否决"性质的综治和计生任务，占用了基层政府大部分的精力；另一方面，基层政权能够发动群众和行使权力的治理手段却大幅度减少，随着财权和司法权、人事任免权等权力的上移，基层党委和政府的正常权力运作高度依赖上级党委和政府，只能看上级的脸色行事，越来越成为上级政府的派出机构，能够调动的资源和部门越来越少，不能调动派出所、法院等部门的力量协助工作，更不能像20世纪八九十年代那样采用"牵牛扒房"等强制手段。这种"权力有限、责任无限"的困境表面上反映了事权、财权与责权不匹配的现象，但背后还有社会治理方式和需求的变迁及基层政权角色变迁等深层次的原因。

随着社会治理理念的传播和发展[1]，面临困境的中国社会治理

---

[1] 〔法〕让-皮埃尔·戈丹：《何谓治理》，钟震宇译，社会科学文献出版社，2010。

结构也在转型。在国家层面，党的十八届三中全会，将"推进国家治理体系和治理能力现代化"作为全面深化改革的总目标，很多学者提出应该将发展的重心从"经济建设"转向"社会建设"。①但是在现实中，由于政府过度干预，有可能导致政府陷进社会而不能自拔的状态"行政社会"。② 这一提法反映了强政府的困境，不仅给政府带来无限的责任和负担，还会激发更多社会矛盾。这种强政府逻辑以及政府与社会的矛盾集中体现在基层政权的日常工作中，就是上文提到的"权力有限、责任无限"的困境，处于最基层的乡镇政府也就变成了"救火队员"。

随着税费改革的深入，在"分灶吃饭"的财政体系下，基层政权的财政绝大部分改由上级政权转移支付，再加上项目制的资源配置体制，基层财政基本依赖上级的划拨，从"汲取型"政权变为"悬浮型"政权，③ 上下级之间建立起"共谋现象"，④ 基层政府更多地充当了上级政府代理人的角色，为了完成上级下派的任务和项目而忙碌，上级政府变得更加强势，行政逻辑在基层不断增强。行政力量不断增强、行政压力不断增大与日益高涨的民众力量和日益多元化的社会需求之间的矛盾，让基层政权在上下两级的夹缝中挣扎。面对这样的困境，乡镇政府和街道办也在主动或被动地发生改变，改变的动力可能来自上级政府的推动，也可能来自基层民众和社会的倒逼。

---

① 陆学艺，"社会建设就是建设社会现代化"，《社会学研究》2011年第4期。
② 王春光：《城市化中的"撤并村庄"与行政社会的实践逻辑》，《社会学研究》2013年第3期。
③ 周飞舟：《从"汲取型"政权到"悬浮型"政权：税费改革对于国家和农民关系之影响》，《社会学研究》2006年第3期。
④ 周雪光：《基层政府间的"共谋现象"——一个政府行为的制度逻辑》，《社会学研究》2008年第6期。

二 厦门市海沧区街道办事处的独特性

海沧区成立的时候下辖海沧、东孚两个镇,随着人口结构的变化和人口的聚集,逐渐改为4个街道,分别为新阳街道、海沧街道、嵩屿街道、东孚街道。镇改街道之后工作职能变化并不大,依然要应对上级布置的任务,将任务落实,直接与民众打交道。对于直接与老百姓面对面打交道的街道办来说,海沧的特殊性在他们的日常工作中展现得淋漓尽致。海沧区的流动人口多,社会构成复杂,需求多元化,如新阳街道办副主任介绍的:

"新阳街道下辖4个村居和1个纯社区,就是兴旺社区,它是2007年才成立。兴旺社区它并不像老的城市社区那样,(大部分人员)不是本地城市人口。在人口结构上,新阳街道总共18万多人口,外来人口有17.6万。外来人口和户籍人口(不完全是本地人口,也有买房落户的外来人口)的比例严重倒挂。当时新阳工业区主要以工厂为主,居民还是住在岛内或者海沧城区,来这里就是工作。新阳的商品房价格在整个海沧区基本是最低的,在兴旺社区买房居住、落户的,100%都是原厦门市以外的人;而且购买力都不是很高,所以当时的兴旺是"有厂,有人,没城"。除了兴旺社区之外,新阳街道的村居中另外3个是城中村,还有1个还是纯农村……

早期的社会治安、环境卫生等(都存在很多问题)……跟全国其他城镇化进程类似,随着城镇化、工业化的进程,(新阳街道辖区内入驻的)企业非常多,带来大量外来人口涌入,买得起房的都在兴旺社区买房,买不起的大部分(属于)

流动性非常强的,就在当时边上的3个村庄租房,原来的村里人也就乘势大量盖房。然后就出现了大量的治安和社会问题,包括房子建得密密麻麻,存在一些安全隐患,(而且)环境卫生也很不好,等等。(这样一来,)原来的一些村里人干脆就做甩手房东,搬离本区到城里去住;而早期(来这里)的一些外地人,和本地村民慢慢熟悉起来,就把村民闲置的房子购入或者租入,收(拾)起来当起(了)二房东,甚至有的人还在建房的时候就入股,参与了一开始的投资建房。所以说(当时)整个社会治理面临很多问题,如治安问题、外来人口和本地人口的矛盾和融合问题、城市文明行为习惯问题,等等。包括厦门要建文明城市,但很多人骑自行车、摩托车从来不看路;过年、过节放鞭炮不遵守当地要求,等等。新阳街道一度还被省里综治(部门)挂牌督办,在社会治安上是问题街道。(这一块)政府也是费了很大劲(来进行整治)。这是一个过程。"[1]

从谈话中可以看出,街道办事处面临自上而下的项目落实和社会治安综合治理的压力,以及自下而上的社会治理和公共服务需求,因此,对于乡镇政府来说,"共同缔造"战略是社会治理战略的一个很大的转变。"共同缔造"的理念切实符合他们面对多元化群众需求的局面受到了他们的热烈欢迎。用新阳街道办副主任的话说,"共同缔造就是一个方法论,而我们实际上就是在做社会治理,只是一开始做的时候并不知道它是归在社会治理的范畴里

---

[1] 引自新阳街道办访谈,2015年7月8日。

面……共同缔造的基础在社区，核心就是把来百姓动员起来，实际上就是群众路线，只不过是党的群众路线在新的历史时期给它一个新名词。不要是政府单边管理，应该是社会多方的、多元的、全方位的，尤其是让社区居民和农村村民觉得，我的社会、我的社区、我的制度、我的环境、我要参与"①。"共同缔造"将街道办一直在做的社会治理提升的同时更加具体化，让街道干部们恍然大悟的同时，在具体实践中有了更深刻的理解和更具体的指导。

作为直接与老百姓打交道的最基层组织，街道办在贯彻"共同缔造"精神的过程中真正领会了"共同"的精神，区分了"你"和"我"的责任，做到了重新明晰政府与社会各自的责任，重新构建了政府与社会的边界，把"你"和"我"变成"我们"。他们在落实"共同缔造"这一新理念和新战略时主要从两方面入手：一是理顺政府责任，做好政府管理体制改革，也就是将政府该承担的责任做好，二是调动社会积极性，把社会能做好的事情还给社会，用项目的方式推动典型村居社区建设。厦门市海沧区的各个乡镇、街道也是在这样的困境中把握住"共同缔造"的战略机会脱颖而出，闯出一片天地。

第二节 "共同缔造"中的街道办

一 街道办在共同缔造中的角色

共同缔造不仅要调动民众参与公共事务的积极性，而且还要改

---

① 引自新阳街道办访谈，2015年7月8日。

革、创新政府职能，理顺政府与社会的关系，更好地服务民众。在这里，街道办的角色变化就显得非常重要和关键。这里从三个层面去观察和分析街道办的角色变化。

1. 理顺关系

"美丽厦门·共同缔造"强调的"共同"，就是要破除过去政府主导的一元治理模式，将社区自治重新发动起来。长期面对众多行政压力，社区居委会已经逐渐变成行政部门向下延伸的办事机构，法律赋予的自治功能逐渐被挤占，更像"准政府部门"，我们也经常能听到居委会干部抱怨"每天做台账就做不完"。在"美丽厦门·共同缔造"开展之后，街道办开始重新思考政府与社区居委会的关系："理顺街道和社区的关系，社区居委会回归自治，不再承担街道的行政工作。社区工作站的职能街道承担，由社区发展办直接管理，街道所有面向群众的行政事项全部下放到社区工作站，最大限度方便群众，让群众在家门口就能办成事。工作站站长由街道社区发展办干部直接担任。原便民服务中心人员全部下沉到社区工作站办公，直接服务群众，加强服务力量。"[1]

设立社区工作站，将行政职能从居委会中剥离出来，让居委会完全回归自治，新阳街道办事处的这次改革在体制上将政府的行政管理和服务职能与居民自治之间的关系进一步明晰，在给社区居委会简政放权的同时，强化了社区的自治服务功能，政府的行政管理和服务职能也能得到更好的贯彻。新阳街道又特别梳理了社区工作站的工作事项清单129项，社区居委会自治清单23项，居委会协

---

[1] 引自《海沧区新阳街道社会治理创新方案》，2014年5月。

助服务事项清单6项，建议社区工作站向社会服务购买清单16项，让这一举措在基层有可操作性，受到基层工作人员的欢迎。

除此之外，新阳街道办还试图理顺与海沧区的关系，对区、街道和社区的行政事项进行分类梳理，探索制定《社区组织协助政府工作目录》和《社区组织依法履行职责事项》等任务清单，并在理顺与区、社区关系的过程中更加明确街道办的责任。根据《海沧区新阳街道职责梳理情况》的统计，街道保留原有负责事项中的110项；回归区级有15项，主要包括原来协助经济、计生、民政和综治等条线方面的工作；下放社区22项，主要涉及民政、计生、经济方面的登记和补助发放等工作以及社区社会组织登记工作，这些职能下放到社区之后更方便群众办事；特别是还分离出7项购买社会服务的工作，主要包括专业性较强的如社会调查、培育社会组织、开展文体活动等，将这些较为专业的工作改为从社会服务机构中购买，不但减轻了政府负担，明确了政府职能，还促进了社会组织的发展，将政府、市场、社会放在了合适的位置。通过清单的梳理，街道与区级的责任分工更加明确，明确了街道"守土有责"的责任范围；推动了对社区居委会的"简政放权"，强化了社区的自治服务功能；特别是购买社会服务，推动了政府职能转变和社会组织的发展，并在其中加入了市场因素，丰富了多元治理格局。

2. 街道管理体制改革

在贯彻"共同缔造"战略之初，街道办首先"拿自己开刀"，从自身做起，调整体制机制服务群众。新阳街道在不改变街道现有机构编制、领导职数和人员身份的情况下，将街道机构整合成"一办两中心"，即"党政办+经济事务中心和社会事务服务中心"。街道办的眼光从"对上"转向了"对下",从面向上面各条线的下派任务,转向面向服务百姓。在实际运作中,体制机制上的改革却不是那么容易完成的,由于还要承担上级的很多行政任务,以及大量经济发展工作,街道办的职能并未发生实际转变,距离实际转变职能还有很长的路要走,"改革挺难的……但是方向是提出来了"。[①]

随着镇街"一办两中心"改革方向的提出,社区层面的行政服务体制实实在在的"动了大刀子"。早在 2012 年进行网格化管理的时候,街道和村居都设立了便民服务中心,区里也设有便民服务大厅,全部进行窗口式服务。在简政放权改革中,街道办将街道层的办事中心全部下沉到村居社区,"总共 98 项行政事项,分三批先后下放权力,包括暂住证、准生证、计生证等。我们街道去年 8 月份把便民服务中心撤销,连人带事全部都下沉到各个村居"。[②]原来各村居的便民服务中心是代办点,由村居主管,具体由网格员做事,而现在村居直接成立村居工作站,承接下沉的各类行政服务事项,站长由街道的在编干部兼职,副站长有 2 名,1 名行政副站长是原来村居主官,1 名业务副站长是提拔的网格员中的业务骨干,街道、村居、网格员共同组成了立体化服务群体,下沉到社区直接面向群众。用街道干部的话说,"社会治理说到底是为老百姓提供便捷的服务,把街道设在联动中心大厅的便民服务中心撤掉,让老百姓在家门口就能办成事,有个别盖章盖不了的事项,网格员拿到街道来代办,这在街道层级节省了行政资源,也不需要场所了。人员下去以后力量加强,每个网格员的综合能力也得到了提

[①] 引自新阳街道办访谈,2015 年 7 月 8 日。
[②] 引自新阳街道办访谈,2015 年 7 月 8 日。

高，精神面貌、团队建设都得到了提升"。①

3. 服务群众导向的网格化管理

在对社区的管理上，集中体现在以服务群众为导向的网格化管理和联动机制。2012年网格化在全海沧推行，网格化以道路、空间区域为单位，按300～500户划分一个网格，每个网格1～3名网格员，负责网格内所有的人、地、事、物、情，就是人口情况、建筑情况、市政设施配备情况，以及特殊人群的情况；要求入户走访、掌握情况，同时做一些行政事项的初级初审和简单办理；原来的六大员（计生员、综治员等）统一为网格员。也就是说，原来以应对上级资源分配和检查为原则的"条条为主"的"六大员"机制改为以应对百姓需求和综合治理要求的"块块为主"的网格化管理机制。从面向上级，到面向群众，体现了"美丽厦门·共同缔造"战略对街道社会治理理念的改变。同时对网格员的要求也越来越高，要做的事情从原来的管理变成了服务，尤其是在村居社区工作站建立之后，网格员进入工作站直接承担便民服务：

> "如果网格员在窗口，每个人要会办所有的98项事务，原来单单做计生、社保的，现在要求做综合，'一岗多责，一专多能'。如果网格员上午要坐窗口，下午就要入户，上午入户的就换上来坐窗口。假设一个社区有30个网格员，这些网格员要像孙悟空一样，什么事情都得会，要会坐窗口也要会入户，坐窗口要会做计生，也要会办社保"。②

---

① 引自新阳街道办访谈，2015年7月8日。
② 引自新阳街道办访谈，2015年7月8日。

特别是网格化管理与信息化平台的联动机制的建立,体现了"责任网格化、平台信息化、管理精细化、服务人性化"[①]的"四化"社会管理服务新模式。网格员每个人手上都有一个手持的手机终端,在信息化平台里面做基础信息、人口变动信息、突发事件上报、拍照等工作。同时,在街道层面成立网格化社会治理联动中心,社会上的联动单位、垂直部门驻在街道的单位都进入社会治理的联动体系。如果网格员发现情况立刻上报信息,联动中心会把信息分流出去,联动部门处理完后又把结果反馈给联动中心。联动部门有联络员或值班室在街道,可以及时、快速地反馈。新阳街道的网格化社会服务联动中心在2013年3月18日成立,是全福建省街道层级建成的第一个联动中心。在其获得了很大的成功之后,全海沧区的区、街道、社区都已经覆盖了联动中心,社区也设有服务点。"纵向到底、全员联动、全面联动、全街联动。"[②]

发挥网格员深入基层的能力,建立信息化平台联动机制,联合一切能够联合的力量,从需求出发、有针对性地服务群众,从面向上级检查变为面向群众服务,这是"美丽厦门·共同缔造"战略对网格员机制的改变,更是政府治理思路从"管理"的单向思维到"治理"的多元思维的转变。虽然网格员越来越辛苦,但是社会信任在提高,与居民的关系也越来越好。

"现在什么事情都要做,居民的家长里短几乎都参与了。我们是'万能胶'……有一天那个居民推着小孩进来,说媳

[①] http：//zt.xmnn.cn/a/mlxmgtdz/qbxw/201310/t20131014_3539533.htm.
[②] 引自新阳街道办访谈,2015年7月8日。

妇去上厕所,他又急着出去,说小孩可不可以放我们这……这就是一种信任,这种信任的感觉会让你很感动。每个网格员都有自己的小网格,大小事务都由网格员负责。如果碰到一些必须执法的东西,我们只能通过工作手机上报。我们在信息方面是第一手的,因为站在最前线。"①

二 释放空间和资源、培育参与动力和能力

"美丽厦门·共同缔造"对街道办工作方法改变最大的方面就是"该放手的大胆放手",而这种放手不是简单的撒手不管,而是想方设法调动群众参与的积极性,并且对产业和自治能力发育不足的社区、社会组织进行有针对性的培育。

1. 用反向项目制管理方式调动群众参与积极性

(1) "以奖代补"共担的财政投入

"共同缔造"项目强调调动群众参与的积极性,在财政支持方面施行"以奖代补",各级政府与群众共同筹资共同建设。对于"不差钱"的海沧区和各个街道办来说,让群众出钱共同搞建设并不是最终目的,"以奖代补"是手段,目的是调动群众参与的积极性。

"我们的'以奖代补',最大的好处就是共同缔造,我们把老百姓,或者叫作群众也好,把他们的积极性调动起来,因为我们的资金返还到以前的工作模式。以前我们说没钱,叫作补助,到后面经济发展了,大家都自己出了,要多少给多少,

---

① 引自兴旺社区网格员访谈,2015年7月13日。

很多人都说习惯了，什么事都是政府的责任，必须政府来投，到后来我们又返回来，以这种'以奖代补'方式，把大家的积极性调动出来，所以才提出这种'以奖代补'、共同缔造。应该说也是要完成百姓跟政府互惠的这种关系。很多时候政府花钱，做了半天做到半死，但是群众不理解，说得难听点，我们目前也把走群众路线这块工作丢掉了，想怎么做就怎么做，可能也不用征求百姓意见，后来觉得这么两年以来做共同缔造，真正说做到把百姓跟政府这种关系牵个线搭起来，通过共同缔造，政府要改变，百姓也要改变。"[1]

共同缔造将政府与社会的边界梳理清楚，以往一直是政府在做，百姓在看，甚至呈现冷漠的态度。但通过共同缔造和"以奖代补"，政府在做项目方面尊重百姓的意见和建议，百姓理解到做的项目是为了自己好，是自己真正要做的事情。政府行为方式转变的同时，政府与百姓的关系也在发生变化，政府与社会的边界被重构。

在具体做法方面，政府具体并不规定哪几个项目可以参与，而是让居民先去投入，先主动去讨论、去做，然后根据村居自己的申报，政府再给予相应的奖励性支持。一般来说，建设项目大多是房前屋后的美化绿化、公共景点的提升、小公园的打造等，具体的比例是政府投入60%，群众自筹40%，政府出的60%中，相对偏远的东孚街道与区里的比例是区里出60%，街道出40%，而另外三个街道则反过来，区里出40%，街道出60%。而群众自筹的40%一般并不让群众真金白银的出钱，而

---

[1] 引自东孚街道缔造办工作人员访谈，2015年7月8日。

是按照出让土地建设道路、公园，投工投劳，富裕户捐赠等方式来投入。

比如寨后村西山社通过"财政奖一点、村里筹一点、社会捐一点、村民出一点"的方式配套资金，大大激发了群众参与建设的热情：

> 西山社的村民主动让出房屋及房前屋后的土地2058.41平方米，果树73棵，茅草屋一间（10平方米）、猪舍一间（127.5平方米）、旱厕一间（6平方米），加上出工出力累计折价达46万元。村乡贤理事会、道德评议会、社区发展协会，也就是"三会"联系企业福建实华油运捐赠5万元，村小组代表会议通过村集体经济投入30万元，东孚镇也把西山社改造列入首批"以奖代补"项目，最终项目筹集到250万元（其中村民自筹部分81万元，占32.4%）。项目建设启动后，村民和社会支持热情高涨，池塘承包户刘菊花在承包合同未到期的情况下，不计个人得失，主动将鱼苗提前捞出卖掉，让施工队进场清淤整治；绿之源园艺场捐助价值3万元的苗木；附近的青龙寨主动让出百平方米的空地给村里建设停车场；吴水源等村民为在自家附近施工的施工队提供用电、用水，不少村民还主动将自家的土炮（3辆）、钩机（2辆）、抽水机（2台）、小型推土机（1辆）等设备提供出来支持村里"美丽西山"项目建设。[①]

---

① 周景迁：《寨后村西山社群众评议推动"美丽西山"改造提升——以寨后村西山社"猪舍变凉亭"为例》，载《厦门市海沧区"美丽厦门共同缔造"社会治理实践案例汇编》。

西山社通过"共同缔造"项目,发动群众从房前屋后做起,共谋、共建、共管、共享、共评,对村容村貌进行整改整治,有效提升了村庄的生态环境,并利用生态环境反哺经济发展,为探索社会治理体系和治理能力现代化提供了有益经验。村民之所以这么积极,一来因为政府不再从自身角度出发设计项目,而是听取群众的意见,由村居自主申请项目,做的都是老百姓愿意做的事;二来成立了群众自组织——"三会",由在机关、银行、学校等单位工作或退休的乡民组成乡贤理事会,由有威望的老人会成员组成道德评议会,由村里"工青妇"成员、村民代表等组成村小组议事会,充分利用"三会"成员对村情熟悉、在村民中威望高等优势,挨家挨户帮助宣传规划,做通群众思想工作,推动项目有序开展,由群众来做群众的工作,以往政府做不成的事,群众自己就能做成,还发生了"猪舍变凉亭"这样脍炙人口的故事。三来群众的利益可以得到保障,谁家让出多少地,由"三会"签字确认后,不仅要登记造册,而且在这块地上插牌示意,这样一来既表扬了村民的让地义举,又鼓励更多人参与其中,同时还能让村民的土地归属不变,使用权明晰,打消了村民的顾虑,让村民放心地将自己家的土地腾退出来,让给村庄公共使用。可见,"以奖代补"是杠杆,成功撬动了群众的参与。

(2) 村居社区自主决定项目

"共同缔造"所蕴含的让村民自主决定做什么项目确实调动了村庄的积极性。在青礁村院前社的村民,也是院前社济生缘合作社理事长的陈俊雄看来,"共同缔造"是政府帮助村民做环境整治的项目,是个好机会:

"'共同缔造'的政策就是政府跟居民共建，采取的经费拨放方式是'以奖代补'。但并没有规定说是哪几个项目，要居民先投入去做，然后政府觉得不错，以奖励的方式让你持续经营。起先政府大部分经费投入在硬件设施上，比如说道路整修、排水系统、房前屋后规划……借助合作者来整治村庄的卫生不可能，所以政府来给我们整治房前屋后，我们一定要抓住这个机会，用村民的话是'千年等一回'……因为我们是拆迁村，政府就不再投入一些公共设施，当时这个村庄非常脏乱差，李（佩珍）老师来的时候，要卷起裤管才能走进来。后来村长组织我们去东孚镇看共同缔造，我们觉得人家可以，我们也可以做。我跟村庄去争取，街道还说不可能，因为我们已经被列入拆迁村。后来我们又到区里面去找包片领导，他说如果村民热情高涨我们也不能忽视，你们先行整治房前屋后吧。"[1]

就这样，院前社的村民主动争取项目，将院前社的环境改造得焕然一新。

而对街道办来说，这种治理方式虽然麻烦了一些，要逐个审阅村居报上来的项目，还要去实地考察，甚至要出面发动群众参与，但是收效相当不错。用海沧街道工作人员的话讲：

"我们讲共同缔造，讲实在一点，跟我们以前做的旧城改造美丽乡村在内容上很大程度都是一样的，不一样在理念上，

---

[1] 引自青礁村院前社济生缘合作社理事长陈俊雄、台湾大学建筑与城乡研究发展基金会规划师李佩珍的访谈，2015年7月11日。

就是我们市委王书记讲的,以前叫作花钱找骂,政府想补助,自己闷头在会议室里决定,也不跟老百姓商量,就去做了,老百姓也不知道你在干嘛,就是对政府印象不好,就做不下去,原因就是这个,老百姓这也不让你做那也不让你做,那你就做不下去,老百姓还要骂你,街道这一层就更是挨骂多。而共同缔造就像市委王书记讲的,不是你政府想要做什么就做什么,老百姓想要做什么事情我们就做什么事情,老百姓想怎么做我们就怎么做,当然有一定的引导在,谁家愿意先做谁家就先做,不愿意做的就以后再说……就是你政府要和老百姓共建,你要共建那也要你政府来跟群众共建,共评也是你政府和社会组织共评,这些都需要街道的干部社区的干部传达到社区里面去。对于街道干部,我的感受是第一要和社区发展协会这帮人还有共同缔造这些人打成一片,(群众)不认识你就不会认可你……你要做共同缔造,你就确实需要深入群众中去,听他们的意见,跟他们一起商量跟他们一起做事。"[1]

这段话很好地阐释了"共同缔造"的精髓,是从政府主导的建设变成群众需求的建设,从"要我做"变成"我要做";更说出了基层一线干部的心声,从简单贯彻上级意图到挖掘群众需求,虽然"群众意见不好收集,工作难度加大",但是这样的工作方式成就感更强,更顺畅也更舒心。我们可以看到,"共同缔造"给基层治理打开一扇制度上的窗口,让基层治理模式发生了很大的转变。

---

[1] 引自海沧街道办访谈,2015 年 7 月 8 日。

在具体做法方面，第一要得到群众认可，要多与群众接触，相互增进了解和理解；第二要讲究方式方法，依靠群众力量，贯彻少数服从多数的民主原则，利用村庄"三会"，利用村里威望较高、得到大家认可、又愿意为村里做事的人去推动。比如西山社的"猪舍变凉亭"案例就是群众的压力在起作用。

  项目启动阶段，村里"三会"组织大家到各个项目节点上实地察看，听取社情民意，在风水池塘改造项目现场，村民反映池塘因十多年来淤泥堆积，同时村民陈益兴在池塘边养猪已有六年多，养着40多头猪，养猪的污水随意排放到池塘，臭气熏天严重影响周边群众生活和健康，村"两委"和村民代表也多次上门做思想工作，但都协商未果。了解情况后，"三会"决定把这个群众呼声最高、反映最强烈的项目作为"第一枪"。8月27日中午，"三会"组织村民代表、乡贤、老人等40多人到猪舍旁边开现场"批斗会"，烈日当空，臭气熏天，村民你一言我一语，七嘴八舌，陈益兴本人作为村小组议事会成员在现场马上就脸红心虚，在大家的舆论压力下，他立马拍胸脯承诺主动拆除127.5平方米的猪舍，无偿让出来给村里建"古村水塘"，第二天就开始联系把未出栏的猪提前卖掉，自己动手拆除了猪舍。[①]

有热心群众，有将群众组织起来的村庄自组织，才能发挥群众

[①] 周景迁：《寨后村西山社群众评议推动"美丽西山"改造提升——以寨后村西山社"猪舍变凉亭"为例》，载《厦门市海沧区"美丽厦门共同缔造"社会治理实践案例汇编》。

的最大力量，就像海沧街道办的干部说的："如果在一个大的场合里面，很多人在开会，只有一个或者两个街道的干部，剩下的都是群众，那50个群众里面48个都同意了，剩下两个他也不敢。除非你讲得非常有道理，你把大家都说服了，那我们应该听你的，那如果说你两个人要出来闹事，为了反对而反对的，那就不用我们街道出面，剩下的48个人就去围攻他们了。"① 事实上在西山社，我们的确看到了群众主动性的发挥。我们2015年3月在西山社调研的时候看到一户人家门口的道路上有鞭炮屑，这时一位在旁边晒太阳的老太太赶忙过来解释，她说由于本地风俗的缘故，放鞭炮之后不能马上打扫，要让鞭炮屑在地上留几个小时之后才能扫开。她想表达的是，地上有纸屑是有缘故的，西山社不是脏乱差的村庄，我们可以看到，在"共同缔造"的环境整治项目实施之后，村居民对于公共地域更加爱护、更加珍惜，自主意识也更强，相应地，政府要操的心变少了。

我们看到"共同缔造"理念在项目实施过程中得到了很好的展现，所实践的"反向项目制"模式让我们对项目制的研究有了新的视角。以往的项目研究只注重自上而下的项目配置过程以及自下而上的应对和反馈，但是海沧区的"共同缔造"实践表明，项目制也可以存在另外一种自下而上的开放的申请方式。这种模式的实质是将以往的政府包办变为基层自己做主，让社会可以主动表达需求、争取权益，是社会空间的拓展，必然带来政府行为改变以及政府与社会边界的重塑。

2. 指导群众发展产业，培育群众自治能力

"该放手就放手"并不意味着政府将要"大撒把"，更不是政

---

① 引自海沧街道办访谈，2015年7月8日。

府推卸责任,而是明晰政府与社会的责任,发掘社会责任和能力,建成"大社会"。但是已经习惯了被政府包办和依赖政府,老百姓的自我发展和自治能力严重不足。因此"共同缔造"并不是简单将社会该做的还给社会,而是在"共同缔造"项目的施行过程中,不断引导、培育、帮助社会培养自我发展和自我治理的能力。

(1) 指导村庄发展产业

海沧区处于城乡接合部,有着比较广大的农村辖区。与城市社区不同,农村社区除了是村民生活共同体、文化共同体之外,还是经济共同体,担负一定的经济功能。同时,农村地区多地处偏远,经济水平不高,村庄社区也担负着经济建设的任务。村庄产业是村庄发展命脉,"无工不富"是 20 世纪乡镇企业大发展期间的经典说法。而现在,传统的乡村工业随着全球化和产业升级已经逐渐没落,而乡村产业却有了更为广阔的空间。海沧区在实施"美丽厦门·共同缔造"过程中不仅将其赋予美化居住环境的任务,更是通过"共同缔造"的精神帮助农村地区形成持续发展的动力和能力,"在农村这个层面,怎么样共同缔造能够持久和长效,可能更重要的是要做产业"。[①]

虽然由"镇"变成了"街道办事处",但是街道办依然承担着帮助村庄发展经济的功能,尤其是拥有大片乡村地区的海沧街道和东孚街道。海沧街道工作人员一直在为青礁村院前社发展献计献策,并且引以为豪:"农村这一块我认为做得最好的还是院前,不是我们自己夸自己,院前这个地方好就好在它有产业"。[②] 在海沧

---

① 引自海沧街道办访谈,2015 年 7 月 8 日。
② 引自海沧街道办访谈,2015 年 7 月 8 日。

街道工作人员眼中，院前社的成功之处在于首先通过共同缔造成立了产业合作社：济生缘合作社。合作社的成立一方面能将土地流转、蔬菜种植和城市菜地的产业发扬光大，另一方面，更重要的是，合作社将年轻人凝聚在一起。原来村庄比较富裕，年轻人"在村里无所事事的，白天睡觉晚上唱歌打牌，现在把这些年轻人推到这个合作社来，凝聚起来，这是我们最认可的，到现在为止它的产业我认为是有了初步成效"。[①] 用合作社理事长陈俊雄的话说，"当时我们调整了一下脚步，让'生态美'和'百姓富'一起进行"。[②] 由此，青礁村院前社在产业发展的道路上一骑绝尘，先后搞起了凤梨酥观光厂、民宿等一系列经营项目。凤梨酥观光厂在2015年6月试运营，是街道和村里共同努力用一个半月打造出来的，受到前来参观的俞正声常委的表扬，"他还说，'你们的凤梨酥比台湾的还好吃'"[③]，同时受到省、市各级领导的赞许，也受到游客的认可，销售量居高不下；定位在"亲子、科普"上的民宿在2015年7月4日装修完成，7月5日正式对外营业，节假日一屋难求。

在打造院前社产业的过程中，街道办的工作人员帮村民出谋划策，政府与村庄社会的关系也逐渐发生了转变。政府街道办工作人员说：

"院前现在做到这个份上，要怎么继续下去，我跟那帮小年轻讨论了两三次，有了基本的方向，其中非常重要的一点不

[①] 引自海沧街道办访谈，2015年7月8日。
[②] 引自青礁村院前社济生缘合作社理事长陈俊雄、台湾大学建筑与城乡研究发展基金会规划师李佩珍的访谈，2015年7月11日。
[③] 引自青礁村院前社济生缘合作社理事长陈俊雄、台湾大学建筑与城乡研究发展基金会规划师李佩珍的访谈，2015年7月11日。

急，就是你的产业发展一定要等着你的理念，你的服务，你的人才一定要跟上来，那么我刚才说为什么感觉没以前好了，就是他的服务人才没有跟上，这个说实话都是必然要经历的，而且总的来讲我们已经觉得他们非常了不起了……我们都在推这帮小年轻，这帮小年轻也是文化程度不高，高中毕业就出来了……也没有经验，多多少少还停留在老的观念里面，觉得是我在帮政府做。从去年11月份我们共同缔造有了一定的成效，到现在至少接待了400位以上的客户……我们想的是这个村庄家家富起来，要整个村庄都能尽快富起来，大家一起共同致富，而不是村庄极个别人或者说少部分人发展起来，只要带头人做得好其他人就会自然而然跟上了"。①

对于街道办来说，推动乡村产业发展的主要目的是让整个村庄富起来，用"共同缔造"推动村庄致富，而院前社发展产业主要依靠的是干劲十足的年轻人。作为政府，要帮助年轻人成长，和他们讨论村庄发展需求和方向，特别是政府与村庄之间的关系，在"共同缔造"对发展产业的推动中也有所改变，街道干部所说的"依靠政府"的老观念逐渐转变为"共事"的关系。院前社济生缘合作社陈俊雄对此有着自己的解释：

"我跟政府也是互相办事的。我为政府做的是接待、门面；政府为我做的，比如产业发展方面的帮助……我跟政府合作不会无厘头要求政府怎么样怎么样，（我们）让他觉得跟我

---

① 引自海沧街道办访谈，2015年7月8日。

们共事很舒服。我每次都很配合他,不会抵触。有的村民是,你要给我怎么样,我才给你怎么样,我都是尽量帮政府做。我经常说'麻烦你帮我做'"。①

在用"共同缔造"的原则指导村庄发展产业的过程中,基层政府不但完成了原本应完成的任务,还在发展产业的过程中更加明晰了政府与社会的关系和边界,"共同缔造"出村庄产业的繁荣发展和政府与社会的亲密合作关系。

(2)培育社会组织与"公益创投"

社会组织是社会发育的载体。目前,海沧区的社会组织蓬勃发展,全区有 283 个社会组织,每万人已经到 5.6 个,还不包括社区里面的民间组织、趣缘组织、乡贤理事会等。

"十八大以后,'激发社会组织活力'这八个字出来,社会组织像滚雪球一样,我们这里有组织太极拳协会,请赵世太保的老师来教;闽南人爱喝茶,也会成立茶协会、茶研究会。包括前一阵子在社区成立武术馆,兴旺社区旁边的兴垵村,早些年是五祖拳,但慢慢地海沧海阳武术馆出来了,东孚也成立武术馆。"②

飞速增加的社会组织与"共同缔造"是契合在一起的,"当时我们一直想的是把群众发动起来。但是千百户居民,一个一个挨家

---

① 引自青礁村院前社济生缘合作社理事长陈俊雄、台湾大学建筑与城乡研究发展基金会规划师李佩珍的访谈,2015 年 7 月 11 日。
② 引自海沧区民政局访谈,2015 年 7 月 10 日。

挨户去敲门，一趟两趟三趟，等第四趟的时候人家就烦你了。真正来讲，把我们社区的骨干发动起来，让他们再通过趣缘类的组织发动群众，它就一呼百应"。① 甚至可以通过引导社会组织发展而化解矛盾，比如某社区的登山协会，原来有几名骨干经常上访，与政府有对立情绪，后来在区、街道帮助下解决了办公场地，在社区活动中心给了他们一间小小的办公室，还用"以奖代补"的方式解决了一点点活动资金，并鼓励有对立情绪的老人家们参与到市容卫生、交通督导等活动中，通过开展活动建立联系，通过建立联系加深理解、化解矛盾。

基层政府在重构与社会的关系过程中，加大培育社会组织的力度，特别是以"美丽厦门·共同缔造"为引领，以开展"公益创投"活动为平台，以实施社区公益活动项目为载体，为初创型或中小型社会组织积极引导辖区企业和社会力量参与社区公益事业，扶持、培育和发展具有创新服务理念、自我发展能力及可持续发展的社会组织，探索激发社会力量参与公益事业新机制的做法成效，推进社区治理和服务创新。"公益创投"的开展不但满足居民日益多元的服务需求，更创新了社会治理方式，吸引企业、社区、社会人士等诸多社会力量参与到社区公共事业中，促进了社会组织的发展，提高了居民自治水平。新阳街道摸索着做过6个"公益创投"项目，主要发动企业来捐资，比如新阳街道"阳光成长空间"新厦门人子女服务项目，就是针对新阳工业区的新厦门人随迁子女融入厦门的问题而开展的。

新阳街道在此前"新厦门人社会服务综合体"成立阳光公寓

---

① 引自海沧区民政局访谈，2015年7月10日。

团总支、建立"社企青春联盟"的基础上,借鉴团市委"希望小屋"项目模式,结合海沧区"四点钟学校"运作方式,打造了"阳光成长空间"项目。此项目主要设有"故事小屋"和"助学超市",由阳光公寓团总支进行协调管理,城建集团无偿提供1200多平方米场地,大博颖精医疗器械有限公司出资200万元设立慈善基金会,厦门卷烟厂、新阳纸业、特宝生物科技、威迪亚科技等辖区11家企业和320多名新厦门人纷纷捐资投劳参与,尚书屋社工中心、阳光故事家族等社会服务机构提供社会服务,助学超市物资均由辖区爱心企业捐赠。[①] 由政府引导、企业捐助、社会组织运作,这种立体化全面参与的方式创新了社会治理体制,形成了政府、企业、社会之间的多元合作关系。

通过公益创投和社会组织的培育,企业、社会组织逐步参与到社会治理和社会服务中来,街道办通过培育社会组织、发动企业捐助给自己减轻负担,使作为基层政府的街道办与企业、社会形成了合作关系,政府与社会之间的关系日渐明晰。

三 "共同缔造"的效果:"关系变好"

经过轰轰烈烈的"美丽厦门·共同缔造"活动,作为基层政府的街道办与老百姓、社区、社会组织和企业的关系发生了变化,让街道办工作人员感受最深的并不是发动百姓投入、企业出资而减轻街道的经济负担,而是与百姓、社区、企业的"关系变好了":

[①] 黄凡:《新阳街道"阳光成长空间"新厦门人子女服务项目》,载《厦门市海沧区"美丽厦门共同缔造"社会治理实践案例汇编》。

访问员："共同缔造"最大的感受是什么？

被访者：最大感受，就像刚才跟你说的最大成效一样，就是……

访问员：政府减轻了负担，是吧？

被访者：其实不是，没有。

访问员：还是老百姓跟政府关系变好？

被访者：关系变好，最主要是这个，其他的应该说，实话讲，政府有时候是不缺那点钱的，不是说为了钱，只是说为了缓和老百姓和政府这种对立的关系，第二个就是说要让老百姓能够走出家门，看到社会的这种治理，或者说这种发动村庄的……公共事务管理方面……不管它能发挥多大的作用，但它带领他们走出了家门，那一旦走出了家门整个村庄邻里之间就和谐，那自然而然就是说与人会交流、会接触，所以我觉得最大的应该是这个。真的不是说省钱，有时候实话讲，政府不怕花钱，因为就像刚刚说的，你说你如果单看一个点的话其实政府是省钱的，不过真是这样子，有时候有些钱你该花就要花，其实最主要的就是说我们的钱花得有意义，得到老百姓的肯定和认可，而不是说我们做完以后，老百姓在后面骂我们，或者用闽南话说就跟吐口水一样，最主要是这个。所以重心我们有测算一下，其实钱的话，整个村庄其实像我们一样，我们整个"以奖代补"工作，雨污分流我们政府是全部背的，因为这个属于基础设施建设，其实很大程度上我们是城镇取代农村的工作，其实这块工作是财政全部背，这个村庄设计出来必须每家每户进行雨污分流，财政一律是承担的，那这一块我们……完全按照这种工程的模式去做，这也不是去改变……我们运用

"共同缔造"把这种模式做出来,因为以前的话它是不让做的,比如说我家跟你家有争吵,你就往往不能从我家走,我管你干什么的,我就不让你走,往往是这样子……政府要改变我们的办事方法,我们的处事工作方法,怎么把这个工作方式方法改变掉,以前想怎么做就怎么做,不用征求百姓意见,现在我们的话就说,我们真的要下到基层来,百姓觉得可以做,或者应该怎么做,我们才去做,那这样子通过这种方式的话,要拉近政府跟百姓的这种距离,我经常这么讲。那百姓的话他们也在转变,改变前一阶段这种冷漠的态度,原来什么事情先讲钱再说,要拆点小东西,或者弄点他家的东西,他的话给你先说赔多少,从钱出发,从经济出发。现在这样做下来以后,老百姓会说"拆东西赔东西,这还是我的东西,能说清楚就行",就是慢慢转变,所以应该说通过共同缔造,最大的好处、最大的成效就是政府转变工作方式,我们改变了自己,那老百姓也改变了他们,那最终的话取得社会和谐共处的一个局面,其他的什么钱不钱的,节约多少经费的东西,我觉得这些东西倒不是最重要的。

访问员:在你工作当中有没有碰到什么困难?

被访者:刚开始挺难的……其实就是走群众路线,靠着大家在一线走……记得当时我们的区领导,我们的镇领导、镇干部,一直在一线这边,我就跟他们交流、交谈。一线的事情就是不停地说,村干部也是这样,我们的村两委就把西山当成村部,都到那边去办公,全线都压在那边,如何去,怎么样老百姓才能习惯,因为它属于一个试点,其他地方都没做,要去第一个去做,所以当时做起来真的是非常难,那通过大家这种不停地努力……就是我们中间好像有一个地方要拆，做了十几二十次那种工作，做领导工作，我们的老百姓，那位老人家，也是天天去他家做，去他家找……通过这种不停地，领导去做工作，村干部去做工作，左邻右舍去做工作，最后大家给他施加压力，最终还是把那个猪圈拆掉了……那"共同缔造"就是说，不管区里头也好，镇里头也好，大家都要去做工作，才能做得了……说要算劳力的话不知道多少劳力，这种精力跟这种付出，真的很多。①

从访谈中可以看出，对于街道办事处来讲，"共同缔造"首先给他们的工作方式带来了很大变化，从原来的不征求百姓意见、想怎么做就怎么做，变为从百姓需求出发设计项目，而政府工作方式的改变带来了百姓对政府的态度发生变化，并且由"共同缔造"项目带动了百姓走出家门，投入社区公共服务和社会事务中，双方的改变缓解了基层政府与社会之间的紧张关系，拉近了政府与百姓的距离，最终重构了基层政府与社会之间的关系。其次，我们还应看到，这种改变的背后是基层政府工作人员的辛劳付出。尤其在项目的启动试点阶段，政府工作方式的转变让基层工作人员有了很多额外的付出，发掘百姓需求、调动社区参与，就要不断地到一线"开展群众工作"。这种额外的劳动在启动阶段非常重要，正是深入群众的工作方法体现了政府工作方式的转变，营造了良好的干群关系，使得后续工作顺利开展，也间接改变了百姓对政府的态度。总之，"共同缔造"活动的最大效果并不是减轻政府的经济负担，

---

① 引自东孚街道缔造办访谈，2015年7月8日。

而是切实改变了政府与百姓之间的关系，拉近了政府与百姓的距离，达到了其最初的目的，取得了良好效果；同时我们还要看到基层政府工作人员付出了辛勤的劳动，尤其在活动开展的最初阶段，在落实项目和发动社会参与过程中，基层政府工作人员以加班加点为代价才迎来现在的大好局面。

四　隐约的危险：行政主导与行政干预

1. 行政体制改革和网格化管理依然面临行政化主导的思维困境

前文提到了街道体制改革和网格化管理，网格、街道、联动单位的联动机制强调对百姓需求的及时反应和反馈，将自下而上的需求反应和自上而下的服务渠道打通，设计得非常好，在实际运作中却面临困境。

第一，街道与联动单位不在统一系统中，是平行的关系，街道无法调动联动部门让其迅速对发生的事情进行反应，"他们如果不出勤，街道也没有办法，没有那么大权力，管不了联动单位的绩效"，[①] 无法达到真正联动的效果。第二，这个平台群众认知度并不高，反应时间也不如110、120、119等应急部门，但是紧急情况的追责会落实到街道和网格员，让大家都很措手不及。第三，为了更好地与百姓需求对接，更好地为社会治安综合治理服务，网格员变成了网格中的"全能神"，"什么都靠网格员、什么都往网格员头上压，网格员要变成全能神"[②]，本应强调治理合作理念、调动社会积极性的"共同缔造"改革，变为扩大了街道、居委会和网

[①] 引自新阳街道办访谈，2015年7月8日。
[②] 引自新阳街道办访谈，2015年7月8日。

格员的无限责任。

街道办在"共同缔造"改革中从机构改革和加深网格化管理和服务的方式入手,我们可以看到这依然是自上而下的政府主导思维。一方面,街道在改革体制机制的时候拿自己能开刀的开刀,街道层面的机构改革由于与对上级对接而尚未真正完成,但是社区网格化改革贯彻得比较彻底,说明街道层面依然是以对上负责为主;另一方面,整个体制机制改革是在政府主导下进行的,依然是自上而下的管理思维,给网格员层层加码,让其承担无限责任,虽然在联动机制设计中有自上而下的反馈渠道,但是对于渠道是否通畅、是否起作用的设计并不充分。百姓并未参与解决问题,网格员和街道办承担的责任反而越来越多。在网格中,政府与社会的边界向下延伸,网格的层层渗透甚至使政府对社会控制得更加深入。

2. "共同缔造"项目中存在行政干预的现象

街道层面在推行"共同缔造"项目过程中,虽然强调百姓主导,但依然存在政府行政干预的现象。

首先,在选择试点方面,街道办倾向于选择条件成熟的村居社区作为项目承接者。"共同缔造"作为厦门市重点推行的社会治理改革运动,在最初的试点方面必须考虑周全,一定要保证成功。

> "当时市里的考虑是要选做试点必须保证它能够做起来,是一个模板,要选一个各方面条件都比较成熟的,包括班子配备,包括社区的基础条件,所以当时选了海虹社区和山边村"。[1]

---

[1] 引自海沧街道办访谈,2015年7月8日。

海虹社区本身的基础比较好，街道办敏锐地看到了海虹社区居民大学带来的契机，将海虹社区作为全区"共同缔造"的试点，一边探索社区居民大学的运营发展机制，一边用"共同缔造"项目对其进行支持，最终社区居民大学于2014年4月9日挂牌成立，成为"共同缔造"的成果之一，也为"共同缔造"的顺利开展奠定基础。当然，海虹社区自身条件充足是其成为"共同缔造"项目试点的基础，但仍然可以看到政府不可避免的"锦上添花"型的资源投入机制在起作用。

其次，在项目运行的过程中也有政府的强力推动。前文提到，海沧区的工作人员特别强调"共同缔造"与"社区营造"的不同："共同缔造"强调快速成效，用政府强大的行政动员能力将群众发动起来参与到这项运动中来。"共同缔造"作为市、区级下派的一项任务，强调快速有效地完成，街道办不得不发挥行政力量强力推动其落实过程，而快速推行本身与群众自发组织、自发发动之间存在矛盾。因此，街道办作为最基层的政府组织，不得不直接参与到村居社区的项目中去，对群众组织要求过多、干预过多，也让群众组织产生了依赖心理。就像某个街道工作人员提到的，某个发展势头很好的合作社虽然自主性强，发挥了很好的作用，但是对政府依然有依赖心理，"纸巾用完了也要我们送过去"[1]。而这种依赖心理却是因为政府管得太多，要求太多而造成的。

街道办事处作为基层政府组织，在"共同缔造"这一运动中处于直接面对百姓的位置，承担着落实项目的任务，也承担着一定的风险和责任。一方面，项目过程重塑了政府与社会的边界，增强

---

[1] 引自海沧街道办访谈，2015年7月8日。

了社会的自主性，让村居民产生了"我要做"的自主意识和"民众之间相互形成压力"的民主意识，社会在发育；另一方面，这种社会的发育过程带有明显的政府行政推动色彩，政府的目标过于强烈，过于快速，以至于与社会意识发育的规律不符，反而带来了更加无限的政府责任：政府基于行政压力考虑而强制社会进行自我生产，在已经有一定社会基础的村居社区是顺其自然、依靠群众自发进行的，但是在没有达到一定社会基础的地方，就有揠苗助长之嫌。

第三节 小结与讨论

一 小结

我们用厦门市海沧区在"美丽厦门·共同缔造"中进行的改革和开展的活动为案例，展现基层政权组织在治理改革中遇到的困境和其试图用"共同缔造"的方式解决困境而做出的努力，分析了其成功经验和其中存在的些许困境，希望以此为契机，分析基层政府与社会的关系的重构过程。

作为国家政权向民众延伸的基层政权，其面临着上级政府和民众的双重压力及"权力有限、责任无限"的困境，基层政权更多地充当了上级代理人的角色，为了完成上级下派的任务和项目而忙碌，行政逻辑在基层不断增强，行政压力不断增大，同时社会结构和人口结构的多元化使得社会需求也越来越倾向于多元，基层政权在上下两级的夹缝中挣扎，与百姓之间的关系日益紧张，有急迫改善与社会的关系的冲动。

厦门市在 2014 年开展的"美丽厦门·共同缔造"运动正是面对这种困境,基于"治理"理念进行的社会改革,其核心理念是发挥群众的积极性和主动性,发动社会参与,增强社会的力量。这一治理模式的转变回应了当地外来人口众多、需求多元化的社会现实,也符合地方政府的诉求和治理理念的精神,作为基层政府的街道办在运用"共同缔造"理念开展活动的时候从以下做法入手,在改变自身的同时放权给社会,切实发动了社会的力量,重构了政府与社会的关系。首先,基层政府对政府该做的事情勇于承担,从自身体制机制改革做起,理顺了与上级政府和社区之间的责任分工;对街道办的体制进行了改革;从服务群众的需求入手,对社区网格化管理进行深化改革。其次,对于应由群众自发承担的事务大胆放手,还权给群众,通过村居自主设计项目和"以奖代补"的投入方式调动了群众参与的积极性和主动性。最后,政府并没有完全"大撒把",还承担了培育社会组织、指导村庄发展产业的任务,在赋予社会自主性的同时培养社会能力。

"共同缔造"的精神的确在街道办的实践中有所贯彻,对街道办的行事风格有所改变,受到工作人员的欢迎,在改变自身工作方式的同时提高了社会的参与能力、参与强度,更改善了政府与百姓之间的关系。经过"共同缔造"精神的洗礼,政府与社会之间的关系变为合作伙伴关系,共同缔造美丽厦门。虽然成果斐然,但"共同缔造"在落实过程中依然存在行政主导和行政干预的困境,说明政府工作方式虽然有了很大变化,但依然有行政化的路径依赖,这也成为政府行为进一步提升的空间,进一步提升之后,政府与社会关系将发生更深刻的变革。

总之，对于基层政府来说，"美丽厦门·共同缔造"活动的开展不仅改变了基层政府行为方式，更重要的是重构了政府与社会的关系，重塑了政府与社会之间的行为边界。公共事务项目的发起、执行和维护从政府单方面的动员和行动变为社会主动行动和参与，从政府要做，变为百姓要做，基层政府被上下两级夹在中间的困境得到缓解，自上而下的行政动员压力有所减轻，政府与社会之间变为可商量的伙伴关系。

二　讨论：基层政府"共同缔造"的可能性与实现路径

从"共同缔造"项目在基层政府实施过程的案例中可以看到，政府用行政手段和财政撬动的方式对社会进行动员，起到了一定的效果，社会能动性被调动起来，发展出一大批社会组织和活跃的村居社区，基层政府与企业、社会、百姓之间的关系变为合作伙伴关系，距离拉近，感情加深。虽然街道工作人员的任务变多，劳动强度加大，但是前期的劳动投入是值得的。不过政府行事方式存在路径依赖，依然以行政强力推动的方式大力推行，对速度和效率的追求和强调显示了强政府的特征，而"共同缔造"理念强调的恰恰是政府与社会的平等对话，发动群众力量和主动性参与到建设中来，这一过程必然有其难以克服的时间成本和自然规律。这两者之间的矛盾给基层政府带来了现阶段的困境，他们一方面认可"共同缔造"所蕴含的治理理念，对发挥群众积极性和主动性带来的好处赞不绝口，希望真正发动群众参与到治理和建设过程中来；另一方面面临着上级的压力，被要求按照规定时间完成任务，而在这规定时间之内，除了政府强力干预，仅靠社会力量是难以完成的，只能基层政府直接出面参与和干预。两者之间的张力将成为"共同缔造"理念深入人心的阻碍,依然存在一定的进步空间。

毫无疑问,在社会力量薄弱的情况下,"政府主导"是不可或缺的,甚至是成功的保障,尤其在我国目前社会没有能力自我发育的情况下,政府培育、孵化社会组织,设计项目培育社会参与是非常有必要的。但这时政府也需要做出更深刻的改变,摒弃强政府的思维惯性,认识到社会本身发育所需要的时间和成本,尊重事物本身发生、发展的规律,才能真正培育出有力量的社会参与,真正减轻政府负担,创造和谐社会。

参考文献

〔法〕让-皮埃尔·戈丹:《何谓治理》,钟震宇译,社会科学文献出版社,2010。

练宏:《注意力分配——基于跨学科视角的理论述评》,《社会学研究》2015年第4期。

陆学艺:《社会建设就是建设社会现代化》,《社会学研究》2011年第4期。

渠敬东:《项目制:一种新的国家治理体制》,《中国社会科学》2012年第5期。

孙立平、郭于华:《"软硬兼施":正式权力的非正式运作的过程分析》,《清华社会学评论》特辑,2000。

杨善华、苏红:《从"代理型政权经营者"到"谋利型政权经营者"——向市场经济转型背景下的乡镇政权》,《社会学研究》2002年第1期。

王春光:《城市化中的"撤并村庄"与行政社会的实践逻辑》,《社会学研究》2013年第3期。

徐湘林:《转型危机与国家治理:中国的经验》,《经济社会体制比较》2010年第5期。

俞可平:《中国治理变迁30年(1978~2008)》,《吉林大学社会科学学报》2008年第3期。

张静:《基层政权——乡村制度诸问题》,上海人民出版社,2007。

折晓叶、陈婴婴:《项目制的分级运作机制和治理逻辑——对"项目进村"案例的社会学分析》,《中国社会科学》2011年第4期。

周飞舟：《从"汲取型"政权到"悬浮型"政权：税费改革对于国家和农民关系之影响》，《社会学研究》2006年第3期。

周雪光：《基层政府间的"共谋现象"——一个政府行为的制度逻辑》，《社会学研究》2008年第6期。

《厦门市海沧区"美丽厦门共同缔造"社会治理实践案例汇编》，2014年10月。

Shue, Vivinne, *The Reach of the State: Sketches of the Chinese Body Politic*, Stanford University Press, 1988.

第六章　海沧农村社区治理

如前所述，三十年内，海沧在一片远离现代工商业和城市文明的大农村及小渔村的基础上快速建成了一片现代城乡。在这一过程中，随着开发初期粗放式的"三新"（新工业区、新港区和新市区）建设，以及逐步转向精细化的新城区、新社区建设，海沧的农村（和渔村）地区亦出现了大规模的、急剧的分化与转型，远不再是铁板一块的传统同质性社会，而是与海沧快速的城市化、工业化和现代化进程一道，发生了前所未有的变化。

经历了从传统村庄共同体向现代城乡行政社区的转化，海沧农村社区发展日益面临各种突出的社会问题，农村社区治理也迎来了行政逻辑下的诸多挑战。面对复杂分化的场域，"共同缔造"理念和方法适时回应了海沧社会在当下发展阶段的现实问题与需求，也切实有效地解决了农村社区及其居民的部分诉求。本章从农村社区的角度看待共同缔造的开展与作用发挥，包括如何在传统农村之上建设新的农村社区，如何在农村分化、外来人口大量进入、熟人社会特质趋于弱化等情况下调动农村新老居民的积极性、主动性，激发他们的主体意识，从而重建社会纽带、引导社会参与、培育社会团结、重塑熟人社会，进而在转型发展新时期创新农村社区的新的治理格局，以及思考共同缔造如何在未来的农村社区发展与治理中发挥其积极意义。

第一节 农村分化与社区发展现状：为什么共同缔造？

要深入理解共同缔造的意义，我们需要首先思考为什么要共同缔造。尽管厦门市的共同缔造是一项政府主导的社会治理创新探索，它却恰逢其时地在海沧的土壤上扎下了根、结出了果。其之所以能实现，定然与海沧社会发展阶段及其现实社会问题有能够对接和响应之处。考察海沧农村，我们可以看到拥抱共同缔造的土壤和条件。海沧农村的社会发展变迁与海沧快速压缩的工业化与城镇化密切相关。经过过去二十多年的园区建设、市区建设以及城乡一体化发展，出于行政区划调整、征地拆迁、城建规划等的建设发展需要，海沧农村在行政建制、经济发展、制度建设、公共服务等各个方面都发生了变化，自然也面临转型中生发或凸显的诸多社会问题，呼唤着社区发展与社会治理在总体理念及具体工作的方式和方法上做出改变。那么，要怎么变？需先考察海沧农村发生了怎样的变化，又面临怎样的问题。

一 海沧农村建制变化

新中国成立之初，今海沧境域分属原同安县（今东孚街道地域）和海澄县（今海沧街道、新阳街道地域）。集体化时期，海沧基本划归厦门市郊区，大体分置厦门市郊区海沧人民公社和东孚人民公社；期间有多次局部调整和改置，并增置厦门市郊区杏林人民公社。

1978年，杏林公社、杏林镇由厦门市郊区划出，另设置厦门市杏林区；1984年，公社改制为乡，原厦门市郊区海沧人民公社和东孚人民公社改为厦门市郊区海沧乡和东孚乡；1987年，厦门市郊区更名为厦门市集美区，同年底，海沧乡撤乡改为厦门市集美区海沧镇；1991年，东孚乡也撤乡改制为厦门市集美区东孚镇。至此，除台商投资区外，海沧基本处于镇级行政管理建制。

1996年1月，厦门市集美区海沧镇、东孚镇改隶厦门市杏林区；2000年7月开始，厦门市杏林区海沧镇、厦门海沧农场、厦门工农盐场划由厦门海沧台商投资区管理委员会管理；2002年，厦门市杏林区杏林镇的霞阳和新垵二村、东孚镇的祥露村划归海沧镇管辖（见表6-1）。至此，海沧是投资区行政管理建制。

表6-1 2002年底杏林区行政区划情况

街（镇）	社区、建制村名称
杏林街道	社区17个：东风、杏堤、纺织、杏糖、白鹤、西化、杏玻、日东、曾营、龙泉、文华、三秀、宁宝、华铃、永丰、新源、祥业
杏林镇	建制村8个：马銮、西滨、前场、锦园、西亭、杏林、内林、高浦
海沧镇	社区2个：海沧、海发
	建制村15个：鳌冠、石塘、钟山、东屿、渐美、温厝、囷瑶、海沧、青礁、后井、锦里、贞庵、新垵、霞阳、祥露
	古楼农场
东孚镇	建制村12个：东埔、山边、寨后、过坂、东瑶、鼎美、后柯、芸美、凤山、贞岱、莲花、洪塘

资料来源：厦门市海沧区地方志编纂委员会，《厦门市海沧区志》，中华书局，2014，第54页。

2003年4月26日，厦门市行政区划调整，设立厦门市海沧区，区政府驻地在海沧镇；原杏林区杏林街道和杏林镇划归厦门市集美区，原杏林区海沧镇和东孚镇划归海沧区。新成立的海沧区面积 152 平方公里，行政区划辖马銮湾以南地域和海沧、东孚 2 个镇，区内共 2 个社区、28 个建制村。

随着城镇化推进和新城区、新社区建设，2006 年，海沧镇拆分为海沧街道（辖 5 个社区、10 个村委会）和新阳街道（辖 3 个社区、1 个村委会），加上东孚镇，海沧区辖 2 个街道和 1 个镇，共辖 8 个社区、23 个村委会。至 2007 年底，发展至 10 个社区、23 个建制村，以及厦门市第一农场、天竺山林场、海沧农场等 3 个农（林）场，[①] 境域面积增至 173.6 平方公里，区内还有新阳工业区、出口加工。2010 年发展至 12 个社区，建制村和其他情况未变。2015 年，经批准，海沧街道于当年 1 月拆分为海沧街道（辖 3 个社区、6 个村委会）和嵩屿街道（辖 9 个社区、2 个村委会），东孚镇于 3 月撤镇改东孚街道（辖 4 个社区、8 个村委会）。

以 2003 年海沧正式设区为界，在此之前，海沧主要由海沧和东孚两个镇管辖 28 个建制村；境内尚无城市街道办事处，仅有海发一个城市社区，而当时的海沧社区包括海沧居委会和海沧村委会，还不是完全意义上的城市社区。在此之后，海沧的镇逐渐析分为城市街道办，城市社区随之不断增多，而行政建制村则在不断减少。

到 2015 年，东孚撤镇改制街道，同时新设嵩屿街道，海沧不再有乡镇，辖区内由海沧、新阳、东孚和嵩屿 4 个街道组成，城市社区从设区之前的 2 个增至 19 个，原来的 28 个建制村则减至 17 个。其中，鳌冠、钟山、东屿、温厝、霞阳、祥露、东埔、山边、寨后、过坂等 10 个建制村改制为城市社区，而石塘、渐美、

---

① 厦门市海沧区地方志编纂委员会：《厦门市海沧区志》，中华书局，2004，第 2、47 页。

困瑶、青礁、后井、锦里、贞庵、古楼、新垵、东瑶、鼎美、后柯、芸美、凤山、贞岱、莲花、洪塘等17个建制村则改称农村社区（见表6-2）。

表6-2 海沧区境内行政区划情况

时间	镇（街）	社区、建制村
2003年12月	海沧镇	社区2个：海沧、海发
		建制村16个：鳌冠、石塘、钟山、东屿、渐美、温厝、困瑶、海沧、青礁、后井、锦里、贞庵、古楼、新垵、霞阳、祥露
	东孚镇	建制村12个：东埔、山边、寨后、过坂、东瑶、鼎美、后柯、芸美、凤山、贞岱、莲花、洪塘
2007年12月	海沧街道	社区7个：海沧、海发、海达、鳌冠、温厝、钟山、未来海岸
		建制村10个：石塘、东屿、渐美、困瑶、海沧、青礁、后井、锦里、贞庵、古楼
	新阳街道	社区3个：霞阳、祥露、兴旺
		建制村1个：新垵
	东孚镇	建制村12个：东埔、山边、寨后、过坂、东瑶、鼎美、后柯、芸美、凤山、贞岱、莲花、洪塘
2015年3月	海沧街道	社区3个：海沧、温厝、海兴
		建制村6个：青礁、困瑶、渐美、后井、锦里、古楼
	嵩屿街道	社区9个：海发、海达、海翔、海虹、鳌冠、钟山、未来海岸、东屿、北附小
		建制村2个：石塘、贞庵
	新阳街道	社区3个：霞阳、祥露、兴旺
		建制村1个：新垵
	东孚街道	社区4个：东埔、过坂、山边、寨后
		建制村8个：东瑶、鼎美、后柯、芸美、凤山、贞岱、莲花、洪塘

注：①2003年、2007年资料引自：厦门市海沧区地方志编纂委员会，《厦门市海沧区志》，中华书局，2014，第49～50页；海沧区人民政府，《海沧概况》，http://www.haicang.gov.cn/xx/zdxxgk/jbxxgk/hcgk/hcgk_xx/；②2003年，古楼农场改为建制村，隶属海沧镇；③海沧区辖区内还设有厦门市第一农场、海沧农场合天竺山林场3个农（林）场。

至此，沿袭多年的镇级行政建制在海沧地区退出历史舞台，行政村也在建制上逐渐向社区转化。同新兴城市社区一样，海沧所有村居均纳入其所在街道的城乡社区中，由各个街道进行统一管理。

二 农村社区类型分化

在建制变化的同时，海沧传统农村也不断出现类型分化。在20世纪90年代以前，东孚为传统粮食产区，海沧主要为滨海渔村，主要有水稻、甘薯、大豆等粮食作物，糖蔗、花生、芋头、蔬菜等经济作物，菠萝、龙眼、荔枝、香蕉等经济果木，以及鱼虾、猪、牛、鸡、鸭等水产禽畜。尽管种养殖条件稍有差别，但海沧地区的农业生产和农村生活面貌总体同质。而海沧台商投资区成立以后，尤其是2003年行政区划调整之后，根据海沧城市总体规划以及工业化、城镇化建设和城乡发展的不同需求，依照所处不同区位、自然环境和资源条件，海沧农村出现了较大程度的分化，有些成为规划保留村落，有些则成为规划征拆或撤并村落，社区类型也不断增多。

一方面，出于生态和历史文化保护的考虑，结合海沧依山傍海、北高南低的地势、地貌，即北部有海拔933米高的天竺山（也称天柱山），横贯中部有文圃山、蔡尖尾山，将海沧天然地划分为南、北两大片区，以及境内有山地、丘陵、台地、平原、滩涂、海岸、岛礁等多种地貌类型，靠海的青礁文化传承村和山脉沿线的部分村落被规划保留；另一方面，由于基本是在原来几乎没有工业、没有城区的情况下拔地建设的新园区、新城区，海沧的开发建设在初期主要表现为城市总体规划下的土地开发和土地城镇化，规划范围内的村庄和居民便主要成为征地和拆迁的对象，而全区大部分建制村均主要涉及征地拆迁。

1990年，海沧境内开始了第一个征地项目——"海新路"建设项目，涉及海沧农场、海沧村和新垵村的100多亩土地。1993年，海沧境内开始了第一个拆迁项目——"高尔夫球场"建设项目，启动了鳌冠村、霞阳村208栋民房的拆迁，共涉及503户2012个村民。此后，海沧便进入大征拆的开发建设中。仅2003年建区当年，海沧全区便征地约4165亩（2776957平方米）；拆迁房屋86栋，拆迁面积3.86万平方米，共涉及80户307位安置家庭和人口。截至2007年开始安置之前，海沧全区累计征地约23895亩（1593.01公顷），几乎占到全区总国土面积的10%（9.18%）；拆迁房屋648栋，拆迁面积24.22万平方米，涉及安置共712户2324人。2007年，海沧区第一个安置房项目——兴港花园一期安置房竣工，完成拆迁安置87户，提供安置房169套[①]。此后至今，海沧的征地拆迁和农户安置依然在继续。截至2015年7月调研时，海沧全区共完成29个安置房小区建设项目，总建筑面积388.5万平方米、26478套，此外还有一些正在生成的项目。

在快速的城市化和大征拆之下，海沧全区农村不断分化：原海沧镇2003年区划调整时有2个社区和16个建制村，2006年时则析分为海沧和新阳两个街道。由于其地处海沧区的中心位置，辖内建制村主要分化转变为社区、村改居社区、城乡接合部"城中村"及少数规划保留的农村社区或自然村。其中，海沧街道辖5个社区、10个村委会，原来的鳌冠、温厝、钟山三村因建设海沧区中心城区、东部生活区和出口加工区，涉及大面积征地拆迁，完成"村改居"而析分为社区，仅温厝社区山后社因生态红线保护而未

---

① 厦门市海沧区地方志编纂委员会：《厦门市海沧区志》，中华书局，2014，第124页。

纳入拆迁范围，是全区典型的拆迁村保留村落；石塘、海沧、后井、贞庵、锦里等村经过部分征地拆迁后，仍主要保留行政村建制，成为中心城区或城乡接合部的"城中村"；东屿村主要通过拆迁安置分散到不同的安置社区或小区，析分出安置社区；青礁村等少数村落则因历史风貌建筑、物质文化遗产和古居等，成为规划保留的历史文化自然村。2015年3月，海沧街道再析分为海沧、嵩屿两个街道，原有社区和建制村也进一步析分、变化。海沧街道保留海沧、温厝和海兴3个社区，以及青礁、囷瑶、渐美、后井、锦里、古楼等6个行政村建制的农村社区；嵩屿街道则主要包括海发、海达、海翔、海虹、鳌冠、钟山、未来海岸、东屿、北附小等9个原有或新建社区，以及石塘和贞庵2个行政村建制的农村社区。

新阳街道位于海沧西北部，主要依托新阳工业区而建，属于典型的城乡接合部。辖区面积约27.6平方公里，主要包括原海沧镇的霞阳、祥露和新垵三村。其中，霞阳、祥露均已完成村改居，成为社区；仅新垵村仍为行政村建制的农村社区。另外，2007年，新阳街道还在村庄面积上征拆建设工业区析分成立了兴旺社区，其中还包括正顺花园等拆迁安置小区。

截至2015年6月底，新阳街道总人口18.3962万，其中户籍人口1.6638万，外来人口16.7324万，外来人口和本地人口的比重近10∶1，人口严重倒挂，是外来人口和台胞的集中居住区。从人口结构和居住结构来看，新阳街道三个村居的变化当属全区最大。仅兴旺社区常住人口2918人，流动人口12360人，服务对象包括购房居民、周边企业员工、学校师生、新阳辖区安置户等不同群体；霞阳、祥露社区和新垵村的村庄分化、人口结构和居住结构等情况更是明显。

在东孚工业区的建设发展基础上，原东孚镇的 12 个建制村也涉及大量征地拆迁和安置、分化。截至调研时，除寨后村西山社等少数生态红线保护区自然村外，东孚 11 个建制村已涉及征拆、安置；另外，还有一些自然村则出现比较严重的空壳化现象。随着东孚中心城区建设的推进，东孚的村庄和村民还将继续分流。

在此，可以看到：在城镇化、工业化建设过程中，海沧原来的大农村和小渔村不断分化并逐渐发展成如今由城市社区（包括新物业小区和老物业小区等）、城中村社区、村改居社区、撤并安置社区、纯农村社区等不同类型社区共同铺就的城乡社区网络。而且，这一分化过程还在继续。

目前，海沧仅有少数因生态或历史文化而规划保留的自然村基本呈现为纯农村社区；大部分村庄则进行了征拆、撤并和安置建设，原来的村民进入安置社区或小区成为社区居民，有些位于中心城区，有些位于城乡接合部，有些则位于城郊；还有一部分位于中心城区的村庄，则成了"城中村"。尽管这些经过征、拆、撤、并等的村改居社区已经进入城市社区序列，但正如城市社区章节所说，"生活逻辑应该是社区的核心逻辑……如果没有生活逻辑，社区就难以具有内在的整合能力，不能达成社会秩序和团结"，就其目前的社区建设和发展现状而言，这些征拆、撤并、安置或村改居而来的社区及其居民更多保留了农村社区聚合形态和农村居民生活方式的特征，它们转化发展成为真正的城市社区还需假以时日。而且，从海沧城市管理者到社区工作者再到村居居民，"农村、村居、社区"等说法也在他们口中不断交替出现和使用，这也从侧面反映了这些社区目前所处的、并在不断发展变化的转型过渡状态。

三 海沧农村社区建设

在上述的分化过程中，随着农村城镇化的推进，海沧农村也不断获得阶段性发展：一方面是面向全区农村的全面旧村改造；另一方面还有针对不同规划村庄区分重点项目推进的新农村建设。

（一）全面旧村改造

2003 年以前，海沧的投资区和农村在基础设施、公共服务、资金投入等方面存在极大差距，且农村经济发展与其基础设施配套也已出现了实际的不平衡。海沧设区以后，首先从基础设施上开始加大对农村旧貌的投入和改造。

在道路上，2003 年起，海沧区投入 269 万元用于建设农村道路，当年开工 7 条道路，总长 11.4 公里。此后每年不断加大投资，农村道路建设里程快速增加。至海沧区成立第五年，即 2007 年底，全区共建设 46 个农村道路项目，总建设里程 58.9 公里，总投入资金 2216.3 万元，基本实现了村村（包括自然村）通公路，村庄内部道路也得以改善和优化（见表 6-3）。

表 6-3 2003~2007 年海沧区农村道路建设情况

年份	2003	2004	2005	2006	2007	总计
建设项目（个）	7	6	7	14	12	46
投入资金（万元）	269	270.6	346.1	665.6	665	2216.3
建设里程（公里）	11.4	7.3	10	16.2	14	58.9

资料来源：厦门市海沧区地方志编纂委员会，《厦门市海沧区志》，中华书局，2014，第 123 页。

在用水上，海沧区委、区政府成立加快农村自来水管网建设领导小组，启动全区农村自来水建设工程。至 2007 年 9 月，海沧全区实现农村自来水100%覆盖，27826户农村家庭全部通上自来水。

在环卫上，从2004年开始，补贴建设农村水冲式无害化公厕，由厦门市和海沧区财政对每座公厕分别补助1.5万元和2万元，合计4万元包干下拨，不足部分由镇、村投入解决。此后几年间，海沧区投入近千万元，新建农村无害化公厕百座，基本覆盖全区各村。其中，2004年建40座（海沧镇24座、东孚镇16座）、2005年建40座（海沧镇25座、东孚镇15座）、2006年20座（海沧街道3座、新阳街道2座、东孚镇12座、第一农场3座）。短短几年内，海沧农村无害化公厕普及率即由2003年的71.15%提高到2007年的92.15%。[①] 从2005年开始，海沧区市政中心逐步统一管理全区城乡环卫工作，在农村建设清洁楼，将镇、村两级环卫作业人员纳入市政作业队伍，由区财政承担农村全部日常环卫作业和维护费用，全区各村之间的道路、背街小巷道路、村内公共场地绿地和沟渠等均纳入统一作业面积；同时，生活垃圾收集转运处理也开始试行城乡一体化管理，各村的生活垃圾由各村环卫人员从村内各垃圾点（桶）收集到各村的转运站或清洁楼，再由区市政中心每日转运清理。

通过对基础设施和公共设施的投入与改造，海沧全区农村的老、旧面貌在较短时间内集中得以全面改善。

（二）新农村建设

在全面旧村改造的同时，按照"生产发展、生活宽裕、乡风文明、村容整洁、管理民主"的总体要求，海沧区结合城市发展定位，对辖区内新农村建设做出总体规划；并从2004年开始，以项目为载体，通过重点工程带动新农村建设。

[①] 厦门市海沧区地方志编纂委员会：《厦门市海沧区志》，中华书局，2014，第124页。

1. 村庄改造与搬迁新建项目

在不断完善村庄道路、水、电、厕、照明、环卫、客运等基础设施建设和村容村貌提升项目的基础上，海沧在全区农村视条件逐步开展了村庄搬迁改造项目。

2004年，即海沧区两委施政的第一年，即完成了村镇搬迁与用地专项规划、东孚片区分区规划等的编制，并要求按照编制启动推进村庄搬迁改造。2005年，海沧区出台了《海沧区村镇搬迁与用地调整规划》《海沧区农村住宅规划管理暂行办法》，同时完成了村镇建设规划、东孚中心区修建性详规及部分安置小区修建性详规等一批专项规划。在这些规划的基础上，海沧借助新农村重点工程和项目，分期分类推进村庄搬迁改造，同时对拆迁安置进行统一安排。

2006年，海沧制定出台了《海沧区社会主义新农村建设规划纲要（2006～2010）》，稳步推进新农村建设和农村城市化进程，启动了钟山村、渐美村旧村改造的前期工作，建成了天竺花园、正顺花园等34万平方米安置房，引导远期搬迁村拆迁户安置统建房项目。2007年，继续推进钟山村、渐美村改造工作，在村庄建设与搬迁总体规划的基础上完成了钟山村整体改造工程方案设计，抓紧开展石塘村改造，加快兴港花园、京口岩、钟山花园、天竺花园、天竺家园、绿苑三期等安置房建设，配合引导远期搬迁村的安置工作。2008年，推动农村规划编制，制定了《海沧区农村住宅建设管理办法》，继续推进钟山村整体改造工作。2009年，完成贞岱、后柯等22个村庄规划编制；完成山边村旧村改造续建；启动钟山社区北部安置房建设；推进过芸溪流域综合整治，实施了一批水库除险加固、村庄排洪渠清淤、排水管沟改造工程。

2010年，随着海沧新城、东孚新城建设的全面推进，海沧区启动了贞岱村的旧村改造和新村建设，同时筹建东孚镇第一个安置社区——天竺花园社区。2011年，大力投入东孚小城镇建设，有序推进贞岱、寨后旧村改造新村建设；推进佳鑫花园、佳宏花园等安置房建设，引导远期搬迁村安置。2012年，随着海沧区完成东孚小城镇、临港新城、蔡尖尾山南麓等重大片区规划的编制，以及东孚镇被列入全国发展改革试点城镇，海沧区的新城建设全面提速，村庄搬迁改造工作大力推进：完成新一批农村自来水管网改造和农村道路、排污排水设施、清洁楼建设，新增14万平方米村道纳入城市保洁范围；东孚镇及8个村建设成为省级生态镇、村。

2013年，中央一号文件根据中共十八大"美丽中国"发展理念提出建设"美丽乡村"，新农村建设也随之升级为美丽乡村建设。海沧区在村庄改造中也应运提出环境综合整治。2014年，通过推进千村示范万村整治工程，统筹规划农村雨污分流体系，完成许厝、山后等17个村庄的污水治理工程；落实生态红线制度，编制主体功能区规划，对生态红线区内的保留自然村落编制发展规划；同时启动了24个美丽乡村建设，全区村庄环境得到显著改善提升，东孚镇洪塘村还获评当年"中国十大最美乡村"。2015年，海沧区加快困瑶、东瑶、贞岱等生态和历史文化保留村改造提升，推进新垵村等城中村改造提升，启动后柯等村道建设，继续改造一批标准化农村公厕，完成了全区村庄污水治理工程，并建设了一批美丽乡村。

在新农村建设和美丽乡村建设过程中，多年的村庄搬迁改造项目明显改善了海沧全区村庄的基础设施和公共服务设施条件，改善了村庄的生态环境和居民的居住环境、生活条件，推动了农村的现代化、城市化发展。

2. 村庄经济提升与就业创业促进项目

为解决大量征地拆迁村庄农民的出路问题，海沧区一方面实施了"金包银"项目，带动村庄集体不动产建设和集体经济发展；另一方面，通过职业教育、创业培训等能力建设项目提升农民的专项技能和就业竞争力，促进农村劳动力实现转移再就业或自主创业。

（1）"金包银"项目

"金包银"即在开发工业园区的同时，对区内村庄外围统一规划，利用村庄与市政道路之间的空置地进行改造，建设外口公寓、店面、村民安置房及其他配套服务设施，提供给被征地村民作为经营性收入来源，称为"金边"；同时对村庄内部逐步进行规范化配套改造，包括对道路进行梳理连通村庄道路，统一规划供电、通信、给排水、垃圾处理等基础设施，称为"银里"。"金包银"项目是在"国有资本退出或稀释机制"之下，引导农民用好、用活征地拆迁补偿款，发展阳光公寓、通用厂房等的一种惠农扶持政策。

2006年，海沧启动了新垵、霞阳村的"金包银"工程；2007年，启动了莲花、山边"金包银"工程，完成了惠佐村"金包银"工程方案设计；2008年，新垵商贸综合楼、温厝通用厂房、霞阳阳光公寓等一批前期项目的"金边"开始显现效益；2009年，建成东孚"金包银"外口公寓、新垵商贸楼，启动霞阳商贸楼建设，同时开始引导规范利用征地补偿款发展集体项目；2011年，新垵商贸综合楼推出招商，新垵农贸市场等农村集体经济项目初见效益；

2012年，霞阳商贸综合楼、新垵正顺公寓等项目有序推进；2013年，霞阳商贸综合楼建成投用；2014年，海沧区创新"金边"建设和筹资方式，探索村（居）整理腾出集体用地、财政"以奖代补"的新模式，策划生成一批商贸综合楼、外口或新民公寓等项目……

"金包银"项目直接带动了村庄的集体不动产建设和集体经济发展；而且，通过在建设和筹资方式等方面的探索创新，项目在很大程度上盘活了农村集体土地的利用和村庄的集体经济结构、产业结构与可持续发展的活力；同时灵活创新了村庄事务财政转移支付的方式，提高了政府资金的使用效率。更重要的是，"金包银"项目的逐步实施，一方面改变了村庄的老旧面貌，一方面实现了被征地农民有一套住房、一套出租公寓、一个经营店面或一份股份收入，从根本上破解了"城中村"的发展困境，解决了被征地农民的出路问题，以此促使农村逐步向城市过渡，促使村民逐步转变生产和生活方式，更好地适应和融入城市环境。

（2）职业教育与创业培训

为促进农村劳动力实现转移再就业或自主创业，从根本上解决大量农民的经济创收问题，海沧区还重点推进了职业教育资源整合项目、农民创业培训项目和农民自主创业项目。

一方面，海沧借助各项职业教育资源建设专业技术人才培训基地，①以海沧职中为基地，针对初中、高中毕业生举办中长期职业技能教育培训班；②以海沧就业管理中心为主体，在海沧、新阳等街道开设办学点，开展专项技能短期培训，既提升了市场劳动力的就业素质，也满足了区内企业技术工人的需求。另一方面，海沧还主要针对有创业意愿的农民，开展多种形式的创业培训，包括"1+1群"创业培训、"巾帼科技致富培训工程"等，以及实践基地实训、创业项目跟踪帮扶等，通过多样的培训形式拓展农民的发展空间，促进农民的充分就业和增收。

3. 村庄公共服务平台项目

农村公共服务平台建设主要包括村级文化活动中心和村（居）民/社区服务中心两类。

海沧区设立伊始，便在全区村（居）开展"温馨海沧"文化下乡等活动。2005年，石塘综合文化站、图书馆，海发社区居民文体活动场所建成并投入使用。2006年，海沧区文化活动中心完成主体建设。2007年，海沧预算总投资1800万元，用于规划并启动建设石塘、鳌冠、古楼、霞阳、洪塘、山边、莲花、寨后、凤山、贞岱等10个村（居）的办公场所和文化活动中心，同时协调海沧街道进行渐美村文化中心的建设和使用。此外，还扶持改造了一批农村篮球场、棋牌室，安装室外乒乓球台、健身路径等文体活动设施，并成立了"海沧区农民体育协会"，举办了村村篮球联谊赛、腰鼓比赛和拔河比赛等众多文体活动。2008年，与全国同步开展"全民健身与奥运同行"系列活动，同年建成渐美村、后柯村文化活动中心。2009年以后，主要依托区文化活动中心和体育中心，建成一批农村文化活动室、农家书屋和农村体育健身工程。2012年，海沧区全面实施全民健身计划，并启动建设东孚文体中心、新阳文化中心及村（居）公共电子阅览室。2013年，海沧通过了国家公共文化服务体系示范区验收，开始构建并不断完善公共文化服务体系。

为推进医疗、卫生、计生等社会事业的发展，海沧在全区各村（居）民/社区推进卫生和村民综合服务中心的平台建设。在卫生、计生事业方面，海沧区在2004年便基本建立了公共卫生体系，保障城乡卫生工作。2005年，计生服务室延伸到了海沧各村（居）。2007年，海沧、石塘两个社区卫生服务中心通过标准化验收，其中石塘社区卫生服务中心当年启用。此后，医疗卫生服务体系建设与社区卫生服务中心建设不断强化，覆盖村（居）的公共卫生服务网络在持续完善，农村标准化卫生所建设也稳步推进。到2011年，海沧通过了国家卫生城市的复审，7个卫生服务站所投入使用，石塘社区卫生服务中心获评全国首批示范中心。2013年，海沧社区卫生服务中心成为全区第二个全国示范中心。通过不断完善多元化、多层次的医疗卫生服务体系，推进镇村卫生一体化管理，海沧区基层基本医疗能力和公共卫生服务水平稳步提升。在农村公共服务体系和平台建设方面，从2009年开始，海沧区陆续在寨后、东瑶、鳌冠、祥露、山边、凤山、海沧、洪塘、东埔等村（居）建设村民服务中心或社区服务中心。2013年开始，以"村级服务中心改建"为重点，继续完善农村社区基础建设，开始创建和谐社区。2014年开始，更以共同缔造的理念继续推动村民服务中心建设，推动公共资源向农村倾斜，不断提高农村公共服务水平。

村庄公共服务平台的建设明显推进了城乡基本公共服务的均等化，也为村民一站式办结相关服务或就近使用医疗等公共资源提供了较大的便利。

4. 农村社区建设项目

2005年，随着农村城市化的快速推进，海沧"镇改街"获得实质性进展，原海沧镇下的温厝等7个建制村也基本完成了"村改居"的准备工作。2006年，海沧镇撤镇建街，并析分为海沧、新阳两个街道，此后在一些街道下辖村庄的基础上陆续析分、增设了一些社区。2007年，根据海沧新城区建设发展的实际，农村城市化进程不断加快，农村分化日益明显，城区安置新村建设不断增多，"村改居"条件相对成熟且必要，海沧开始在东孚镇莲花村、海沧街道渐美村、新阳街道新垵村开展"农村社区建设"试点。

在农村社区不断分化并向城市社区逐步过渡和转化的过程中，海沧区也在条件成熟的村庄有计划地推行村改居工作，主要包括社区建设项目和村集体资产改制项目，以确保农民利益不受损、农村集体资产不流失、农村集体经济不萎缩、农村社会秩序不混乱，进而建立适应新形势的基层组织框架和运行模式，以及建立产权明晰、运作规范、利益协调的新型社区集体经济管理体制。"村改居"在调整设置和布局的同时，对原村（居）的集体资产启动了清产核资和股份量化。2008年，海沧区设立了农村集体经济发展基金，建立项目储备库，按照"农村城市化、农民市民化"要求，加快推进"村改居"社区的公共配套设施建设，启动"村改居"社区集体资产改制工作。

到2010年，海沧新城区建设、东孚小城镇建设及城乡一体化建设加速发展，海沧区开展了统筹城乡综合配套改革系列试点工作，在全省率先建立村级公共事务支出补贴制度，将农村公共设施运行管理逐步纳入财政统筹，将13条农村公路列入市政养护范围，村镇垃圾治理实现市政全覆盖，同期初步完成农村集体"三资"清理。此后，"村改居"和城中村改造工作有序推进，2011年成立了东孚镇第一个安置社区——天竺社区，对涉及征地拆迁的部分村庄进行了"村改居"和资产量化；2012年，完成了东屿、过坂的"村改居"及祥露社区集体资产改制；2013年，通过积极发展农民专业合作社，逐步建立现代企业架构；2014年，大量借助共同缔造理念发展村（居）集体经济，推进"村改居"和农村集体资产改制，温厝、芸美、后柯等村庄通过租持店面、厂房等方式发展集体经济；古楼、过坂等村试点农村土地承包经营权确权登记颁证工作，农民专业合作社也逐步规范……

在农村，城市化加速发展，可以明显看到，海沧农村的面貌已经全然不同，农村社区建设也收获了巨大的发展。而在这种变化中，一个更明显的事实就是：海沧传统相对封闭、同质的村落社会已经发生，且正在发生，并将持续发生巨大的分化和转变，从村庄人口结构、居住结构、社会关系到村庄的组织形式、集体经济运作机制，以及村庄治理的对象、内容和秩序基础，都在从传统的村落共同体走向现代行政社区，不断从现代化的边缘进入国家和政府治理的重点方面。在这种快速、急剧的变迁中，村庄不仅经历了内部的分化和重组，外部如与国家、政府、市场和社会的关系也在不断变化和调整，不同类型的社区将面临不同的重点问题，对村庄治理结构和治理方式也提出了新的挑战。

四　农村社区治理挑战

从20世纪90年代不足8万人的大农村加小渔村，发展至如今总人口达45万之多的现代城乡，海沧大地历经了天翻地覆的变化，传统农村也在不断走向现代化的农村社区。不过，经过近三十年的快速发展，海沧依旧主要存在：①有区无城、有城无市，缺乏相关服务和基础设施配套；②人口快速增长、大量聚集，社会分化加剧，要求不同群体融合共生、不同社会主体多元共治；③政府职能转换和群众工作方式调整等方面的地方现实问题，亟待从社会建设转向社会治理，做出探索和创新，继续深化海沧发展。农村作为海沧社会的基层单元，也面临相类的问题。

一方面，社会分化与转型中传统村落共同体不断瓦解，熟人社会日渐消失。作为一种社会聚合形态和生活共同体的农村社区，在中国传统社会早已有之，也即我们通常所说的村庄/村落共同体，它"把人们紧紧地连在一起，并给人们一种彼此相属的感觉"；在这种社会结合团体中，"人们互相帮助以满足需求，彼此有一些共同的利益和可以分享的文化，有一些团结纽带以维持这个团体"。但是，在现代化、城市化进程中，伴随着城市兴起的是乡村的衰落，村庄共同体的自然情感纽带、社会关系网络以及义、利联结趋于淡化，传统乡土熟人社会逐渐走向关系松散、感情淡漠的陌生人社会，村庄的自治功能也在不断萎缩。与此同时，外来因素的影响，比如外来人口的大量涌入，又如国家在社会保障体系和公共服务等方面的诸多努力，不断冲击着村庄原有的社会结构和社会关系，村庄居民也日渐个体化和原子化。时至今日我们依旧可以在一些后发展地区的农村看到村民共同生产劳作、村妇合力纺纱织布等的场景，而在海沧，随着农民的失地上楼和渔民的失海上岸，那些可以想见的当年终成想象。村民不再关心自身以外的事情，更不愿去主动参与村庄的公共事务。"只有自己的事情才是事，村里的事情，不管是公共的还是私人的，那都是别人的事，与自己无关"，持有这种思想的村民不在少数。村庄作为社会生活共同体的集体凝聚力，村民之间在生产领域和养老、教育等公共事务上的义务式团结互助和责任共担，在日新月异的发展中几乎消失殆尽。这给农村社区自治带来了极大冲击。

另一方面，作为强政府行政逻辑下的行政社区，上级下派的基层社会治理任务不断加重，社区居委会和村居委员会承担的行政任务也日益繁杂，出现了社区和村居结构科层化、功能行政化、人员职业化的趋势。对于社区治理而言，居民自治功能不断弱化，甚至成为真空地带。作为社区重要主体的居民失去了对社会和集体事务的参与动力、活力和能力空间，这给社区和基层社会治理带来了一大挑战。与此同时，作为政府派出机构的社区和村居委会多是重行政任务、轻居民自治，往往被视为直接扮演着"政府代理人"的角色，而不是居民的代言人、协调人、管理者和服务者，缺乏为居民服务的意识，作为居民自治组织的主体性更不待言。在这种情势下，社区事务和群众工作的开展也主要依靠往往为群众所排斥的行政手段，以致很多时候在与群众的沟通上低效甚至无效，不仅事倍功半，还得不到群众的理解与支持。政府部门、社区管理者与社会大众之间的信任关系亟待找到解决的突破口，进而达成合作互惠共赢。这也是当前社区治理所面临的现实困境。

村庄的大小事务村民漠不关心、也不参与，而政府对农村社区的行政安排又不被群众所认可，"政府部门也好，社区也罢，我们花了大钱、大力气，也确实做了不少实事，却还得不到老百姓的认同和一声叫好，最多说这是你（政府或社区）应该做的，这都算好的了"。海沧农村在社区治理上面临现实中的双重困境。"找企业不如找政府，找政府不如堵马路"，面对日渐凸显的历史遗留问题和不断激化的新社会矛盾，面对社区治理的普遍困境，农村社区亟待寻找治理思路和方式的转变与创新。

在政府对农村"多做多'错'"的困局下，"共同缔造"理念和方法的到来便显得正是时候，它在诸多方面撬动了农村社区的资源，调动了村民参与公共事务的积极性和主动性，为海沧农村社区发展与社区治理翻开了新的一页。

第二节　农村社区治理创新：共同缔造造什么？

当前中国社会组织方式发生重大转变，城乡社区逐渐成为基层社会治理的重要形式、抓手和平台。而且，社区直接联结着千家万户，立足社区基础之上的社会治理才能真正将基层社会治理的触角延及社会的基本单位和那"最后一公里"。在此意义上，探索创新社区治理之于推进城乡基层社会治理体系和治理能力现代化，乃至推进国家治理体系和治理能力现代化的探索征程，都是最落地、最踏实的第一步。

因此，当城镇化、工业化推进到一定阶段，在海沧区正式成立十年之际，2013年，海沧根据厦门市的战略部署提出了社会发展和社区治理思路的转变与创新，以"共同缔造"理念和方法探索基层社区治理创新，着力从社区公共空间、社区服务体系、社区公共文化、社区管理体制、社区自治能力等五个方面优化提升，推进社区多元主体的参与共治、有效自治。以海沧农村的情况看，在村落社会关系松散化、人际个体化和冷漠化的现实下，农村社区发展在参与主体、参与意愿、公共空间与文化、社区服务与管理、社区自治能力等方面都存在治理困境，呼唤治理理念和方法的创新。共同缔造在海沧农村有其生发的土壤和发挥作用的空间。而面对农村社区分化、社区类型复杂化的现实，我们将进一步考察共同缔造如何在这片构成各异的土壤上扎根并结果。

不同类型的农村社区面临不同的重点问题和治理挑战。比如，纯农村社区往往存在环境、交通和基础建设差，集体经济发展迟滞，村居服务难到位，青年外流造成空壳，村民自治功能难以发挥等难题；各类安置社区则面临生活环境改变和居住形态碎片化导致的熟人社会的凝聚力减弱，公共文化产品和服务供给从村庄转向社区，前村民的现代化、城市化和社区融合等问题；城中村社区混居格局下，老城区村改居社区主要存在居住环境差和建设管理老旧、本地人口结构老化弱化、社区熟人社会"生人化"，以及新老社区和居民融合等问题，而城乡接合部村居的治理难点则在于本外人口倒挂严重、社会治安压力大、社区服务半径过大、出租房管理和外来人口及随迁家属服务，以及家园归属感营造等方面。

面对如此复杂情况，"共同缔造"便主要以社会问题和百姓诉求为导向，通过"五以"（即以群众参与为核心、以培育精神为根本、以奖励优秀为动力、以项目活动为载体、以分类统筹为手段）和"五共"（即决策共谋、发展共建、建设共管、效果共评、成果共享）的理念、方法和运作机制，一改以往行政单向主导的治理方式，转变为发动群众自治和多元主体共治的治理方式；因地制宜地探索不同类型社区的特质，并针对不同的治理挑战，在不同社区以不同的重点项目建设为撬点，培育出"四民家园""乡贤理事会""社企同驻共建理事会""同心合议厅"等一批村（居）民自治模式，将以往表现为"你"和"我"的、对立的政府社会关系、干群关系、社区人际关系等，变为"我们"的融洽共生共治关系，从不同方面推进农村社区治理创新。本节根据不同的社区类型，参照海沧区缔造办编著的《厦门城市治理体系和治理能力现代化（海沧篇）之社区实践部分》，结合对重点项目和具体案例的实地考察访谈，对共同缔造在农村社区的开展及其对以（前）村民为主体的社区居民群体的影响进行了论述和分析。

一　纯农村社区治理创新

考虑到生态红线保护和历史文化保护等，海沧规划保留了少数自然村落。在这些纯农村社区，往往存在村落基础建设、环境卫生、道路交通、集体经济发展等不容乐观的问题，特别是在村改居之后，农村社区服务半径过大，保留自然村落便往往面临社区服务辐射难以到位、村民自治功能难以发挥等难题。因此，治理的重点便在于解决雨污分流、主要道路、垃圾集运、文体活动等基础设施不完善，集体经济薄弱、一村一品特色产业不兴，青壮年流失造成"空壳村"，村庄共同体不断弱化等问题。

（一）共同缔造整治环境

自厦门市委提出"美丽厦门"战略规划以来，海沧区和东孚镇均做出行动计划和具体规划，对区内少数自然村定位为保留村，其中就包括东孚镇寨后村西山社。

西山社背靠天竺山国家森林公园，是寨后村一个被孤立的自然村，有户籍人口106户370人，流动人口60余人，大部分土地都已被征完。作为保留村，西山社较早成为"美丽厦门·共同缔造"的区级示范村。结合实际村容村况，在广泛征集村民意见的基础上，西山社提出了"美丽西山人人参与、美好环境家家受益"的环境整治共同缔造项目。

专栏1　拆迁保留自然村：西山社"美丽西山"环境改造项目

规划保留的自然村西山社，长期存在民居布局凌乱、新老建筑混杂、雨污不分流、生活污水乱排放、社内猪圈旱厕池塘脏乱臭、村内卫生死角遍布等问题,加上周围的垃圾场,与周边旅游环境和新城区反差十分明显,整体村容村貌亟待改善。

改造目标:结合西山社实际村容村况,以"共同缔造"的发展理念和工作方式,充分吸收村民的规划想法,主抓重要节点提升、雨污分流改造,结合村民房前屋后环境优化提升,争创"生态旅游示范村",最终形成"美丽西山"改造和全村绿化美化全覆盖,增设村民活动场所,提升村民的居住环境和生活品质。

1. 实施过程

(1)"村庄规划我们定"。村组党员和代表自发成立乡贤理事会,结合保留村定位讨论村庄发展规划;再由理事会成员和网格员挨家挨户征集村民意见200多条,围绕建设规划共商改造项目"建什么"、"谁来建"以及"如何建";最终确定了精细化"再加工"美丽家园的发展思路以及房前屋后整治、雨污分流、池塘改造、杆线整改、引入山泉水等8个改造项目。

(2)"房前屋后家家建"。以村民反映意见最大的老大难问题——风水池塘改造项目作为启动项目和突破口,通过共商共议共谋,说动村民老陈让出池塘边的猪圈,同意对脏臭多年的池塘和猪圈进行改造。以此撬动村民参与,让出房前屋后的土地、房屋、果树等,同时义务投工投劳(折价46万元)共同建设清洁家园。值得注意的是,在让房让地的过程中,西山社都对让地面积登记造册并制作插牌,一方面是对村民让地义举的鼓励,另一方面也免除了村民对土地权属的顾虑,有效激励了村民让地的积极性。

(3)"美丽项目户户管"。"房前屋后"环境共建后,村民还自发开展了房前屋后环境包卫生、包秩序、包绿化的"三包"活动和评比活动;同时,村民也自发成立了督导组,全程对共同缔造项目的经费使用、工程质量进行监督，持续征求村民意见并始终贯彻群众评议，项目事务也都由村民自行讨论决定。在此基础上，西山社村民代表还集体商定出台并与村民签订了《村公共场所管理规定》《房前屋后管理责任书》等，基本形成了共同管理的长效机制。

2. 项目成果

（1）通过美丽西山环境改造提升，西山社旧貌换新颜：山泉水穿村而过，房前屋整洁优美，后门前电线整齐划一，变成了环境宜人的美丽西山，人人共建、共管、共享美好家园。

（2）激活了村庄自治组织：乡贤理事会等自治组织积极组织村民共商村务，村民的意见也有了畅通的表达渠道，村庄的大小事务真正开始由村民自己做主，从原来被动接受管理到现在主动参与共同治理。

（3）政府和群众结成利益共同体：在改造项目的筹资上，西山通过村民房前屋后让地让房2058平方米，果树73棵，加上筹劳筹建，共筹集项目共建资金约140万元；青龙寨农庄还主动让出百平方米给村里建停车场用，最终申请首批共同缔造"以奖代补"项目资金250万元，其中便有村民自筹81万元，包括出资和出工让地等的折价，占项目总资金的32.4%，用"财政奖一点、村里筹一点、社会捐一点、村民出一点"的多元共治筹资方式取代了以往的政府单方包揽。

西山社结合"美丽厦门·共同缔造"实施的环境改造提升项目，通过发动群众积极参与共商共议、共谋共建、共管共享，从村民最关心的直接问题和现实利益出发，不仅切实改善了村庄的整体环境和村容村貌，也充分调动村民积极参与到建设过程中，通过自己的双手改变自己的家园,真切增强了村民的家园归属感、建设家园荣誉感、共享家园幸福感,以及村庄共同体的凝聚力,为村庄治理带来了全新的内容和成效。

在调研走访时,我们走过整个村社,看到家家户户房前屋后都干干净净,花草都打理得齐整漂亮,村庄环境让人赏心悦目。只是经过一户人家,门口晾晒了一小堆东西,坐在门口的老婆婆见我们经过都在看,很快起身跟我们解释说她不是故意不收拾,要晾晒半小时后才能收拾。这位令人印象深刻的阿婆的小插曲也让我们直观地感受到,"美丽家园大家共建、共管、共享"这些口号,通过共同缔造环境整治项目的撬动和村民的共同参与建设,已经真真正正转化为村民共建家园、维护家园的主观意识,而不再仅仅停留在最初的一纸政府宣传册和项目申报书中。

(二) 共同缔造发展集体经济

规划保留发展的自然村落也同时面临着青年外流、集体经济凋敝等问题,这里以历史文化自然村——青礁村院前社为例。

院前社是一个历史悠久的自然村落。社内有常住户 227 户 754 人,占地面积 300 多亩。社员以前主要以靠海捕鱼为生,自海域被码头征用后,社员由"吃海"改为"吃田",多以种田种菜为生。但由于农业生产单一,加之生态退化等原因,村庄经济发展落后,村庄环境也比较脏乱差。因此,转变经济增长方式,缔造美丽家园成为院前社的迫切任务。

专栏2 历史文化自然村:院前社"城市菜地"

院前社背靠青山、面朝大海,在地理位置上优势明显、得天独厚,历史上也有着丰富的生态和文化资源,包括独具特色的古民居古厝文化、慈济宫慈济文化和颜氏宗亲的开台文化。但在最近数十年的发展中，一方面退海种田对生态环境破坏严重，另一方面农业产业结构单一，造成了院前社村庄环境脏乱差，村庄经济发展缓慢，进而影响其文化遗产的开发，迫切需要转变经济增长方式，推进院前社转型升级。

农业发展瓶颈：①村内菜地多为传统人工种植，成本高、收益低；②年轻人大量外出务工，村内务农、务工的多是老人；③蔬菜安全问题。

发展思路：院前社因地制宜，明确自身的发展定位和转型发展思路，借助社内土地资源，将对台优势和蔬菜种植优势转化为院前社经济发展的重要推动力，打造"城市菜地"，探索适合院前社的"绿色经济"可持续发展道路。

1. 项目实施

（1）发动社员参与：①村中三会成员带队入户宣传，充分征求村民意见；②组织村民去其他试点村或示范村考察学习，提高参与积极性；③多次召开关于城市菜地项目的会议，充分讨论相关具体事项，形成城市菜地项目的实施意见和最终方案；④由乡贤理事会发动群众出地出力，确保菜园用地。

（2）合作社运作：为降低生产成本，提高抵御风险能力，塑造品牌，实现规模效益，院前社村民自发成立了济生缘合作社运作城市菜地，一方面把分散经营的农户组织起来，盘活了菜地资源，实现以村民为主体的农业集约化、规模化生产经营；另一方面重点吸纳了村内种植经验丰富的社员、经济能人和产销大户，借由"共同缔造"试点工作，充分发挥两岸交流优势，缔造独具"台味"的环保无公害城市菜地。

①制定章程，吸纳社员，明确半股份制运作模式；②借助传统媒介和各种新兴平台，扩大宣传面，发展城市菜地会员；③规范城市菜地的种植、耕作、日常管理和后续服务，采取半机械化种植方式，同时聘请专人在菜地务农，设专门的配送员免费配送蔬菜；④建设"台"味菜地，打造无公害环保品牌，利用独特对台优势主动与台湾无公害环保协会合作，以菜地为主，采用台湾的蔬菜种子、有机肥，致力于提供环保无公害蔬菜。

(3) 拓展城市菜地功能：一是在菜地休息区配建"城市菜地阅读角"，二是建设"大马蹄"两岸科普教育基地，寓教于乐，打造孩子们的乡村乐园和农业科普知识园地。

2．项目成效

(1) 城市菜地带动村民创收。首先，每亩菜地预计每年可为村民增加2万元收入，试点期间已启动40亩；其次，菜地可提供就业岗位，截至调研时已解决30多名村民就业，未来随着菜地面积的增加，就业岗位还将继续推出。

(2) 以合作社形式建成城市菜园，推动村庄自治组织发展与机制创新。项目实施以来，院前社村民纷纷自发参与，主动让出自家空地、鸡舍、猪舍等，共计空地5151.6平方米，鱼塘1650平方米，鸡舍、猪舍等2013.5平方米，清理垃圾300吨，加上村民投工投劳，总价值约400余万元。创新了农村经济运行模式，逐步提高了村民收入。

(3) 推动农村转型升级。城市菜地不仅吸纳解决了一批村内富余劳动力的就业问题，还更多吸引本村外出年轻人逐渐回流；同时，提升了院前农业技术水平，有效改善了村庄务农人口年龄结构，提高了劳动力的效率。

（4）"台"味无公害城市菜地既满足了群众的食品安全需求，也通过亲耕与科普活动满足了参与共建者的精神文化需求。

城市菜地作为"绿色经济"探索了生态美和百姓富的有机结合，为院前社的农村转型升级提供了新平台、新路子。院前社在共同缔造的外来推动和本社社员文化物质需求的内生动力下，自主自发探索出一条适合院前社的"绿色经济"可持续发展道路。

在项目实施过程中，村民共同参与，对村庄发展有了更多的认同感、责任感、归属感和荣誉感；同时最有价值的一点是，在对合作社城市菜地相关人员的访谈中我们了解到，与其他村落有明显不同的一点是，院前社目前发展的一个主力队伍是青年人，由他们带动中老年的务农者或以土地入股，或以技术入股，或以劳动力入股等不同方式进入新式农业生产经营中，同时提高了收入；同时，院前社的发展也已吸引了不少本村外出打工或是在外地上大学毕业的年轻人返回村庄共谋发展，这不仅强化了村庄的凝聚力，更是为村社发展带回了新生后备力量，避免了青年的不断外流与村社的"空壳化"，为自然村落的治理在人力资源上铺就了良好基础。

（三）共同缔造创新村落最小单元自治

在拆迁保留村落中，由于村庄结构和人员结构发生较大变化，村庄治理面临新的情况。以温厝社区为例，温厝社区地处海沧南部开发区域，2005年9月完成"村改居"。社区由9个自然村组成，下设15个居民小组，常住总人口4430人；9个自然村中，8个自然村均涉及征地拆迁。社区原有集体土地6000余亩，截至调研时已征用土地5000余亩，80%以上的土地被征拆。其中，石仓、长园、肖坑等3个自然村已在2009年完成整村拆迁；温厝、宁坑、赤石、宁店、马垅等几个自然村正在征拆当中。

温厝社区山后社是本社区唯一没有被纳入拆迁规划的自然村，也是海沧全区典型的拆迁村保留村落。山后社地处温厝社区南部，与海沧区野生动物园和工业区相邻，社内有128户450人，土地面积200余亩，人均土地面积不足0.5亩。村改居之后，社区居民分散居住，社区服务半径过大，自然村落出现了管理和服务不到位的情况。另外，自然村原有的生产生活方式、传统民俗习惯、家庭结构和居住结构、社会关系等也出现变化，村庄合作义务互助的传统和共同体共产共生的集体性逐渐消解，对村庄治理提出挑战。

专栏3　自然村落最小单元治理创新：山后社"1+3+N"村落自治模式

1. 实践背景

2014年中央一号文件提出探索不同情况下村民自治的有效实现形式，对农村社区建设试点单位和集体土地所有权在村民小组的地方，可开展以社区、村民小组为基本单元的村民自治试点。由此，山后社开启农村最小单元探索自然村自治试点。

2. 主要思路

运用共同缔造理念，通过培育新型自治组织，激活传统自治组织，整合同驻共建资源，形成"核心引领、共治共享、内外联动的村落自治模式"。

3. 建设过程

（1）推荐试点：2014年2月，在海沧全区推进"共同缔造"工作的契机下，温厝社区党支部推荐山后社作为典型自然村落类型列入试点，探索村落自治。山后社党小组自发组成动员宣讲队，通过走访入户、开"庵会"、分发材料、组织参观学习等方式，介绍"共同缔造"的理念和具体做法。党员同志则率先"献计让地"，让地建公园、让店面供办公、让墙做宣传、让树搞绿化……积极带动全社社员参与"共同缔造"。

（2）激活自治组织：在前期宣传和带动的基础上，全体社员参与"共同缔造"的积极性和主动性得以激发和充分调动，山后社自治组织"应运而生"：在村社能人中推选理事和理事长，组建了乡贤理事会；由村落群众或各户代表推举产生监事会；激活山后社在大队时期便已有的老人会，初步形成"一核多元"的自治框架。

（3）调动社内社外组织：在激活多元自治组织的同时，山后社还重视调动本社宗族理事会、寺庙主会等传统自治组织，将其纳入自然村治理体系，借助传统自治组织的宗族权威地位，容易发动社区的优势，配合乡贤理事会管理村落事务，有效补充村落自治；同时调动村落外部、社区辖内的同驻共建组织——山后社乡贤理事会主动联系海沧出口加工区、海沧野生动物园等同驻共建单位，把外部资源和力量引入山后社村落自治实践中。

（4）机制保障：为保障自治组织的长效运行，山后社还建立了自治组织运作机制和保障机制。在运作机制上，主要建立了共商机制，汇报并征求社员意见，梳理社员意见、完善优化项目方案、公示并上报，推进项目实施等民主协商流程；建立《村落建设先行款筹措办法》《民主生活会制度》《派工办法》《自治理事会运作规则》等工作机制。在保障机制上，则主要包括：①外包公共服务、购买社会服务的投入机制；②以奖代补和绩效评估的激励机制；③多方共评的评估机制。

4. 项目成效

在村落共治共享理念下，较好地调动了社内村民献计让地、出工出力的积极性，同时整合社外共建单位资源和力量，在村落治理上实现了五个转变。

（1）从以前村庄少数人做工作转变为多数人做工作。乡贤理事会从初期不到20人一路壮大至80人左右，成为海沧全区规模最大的乡贤理事会，参与议事达500多人次。

（2）从以前政府投入转变为多方共同集资。既有理事会成员集资垫资156万元用作社内建设的启动资金；也有全体社员自愿捐款35万元，专项用于修建祖厝宗祠、老年活动中心等。

（3）从以前征地拆迁转变为献地让物。项目期间，全社村民主动献地5486.03平方米，自拆围墙156.48立方米，让出果树339棵、猪圈16座、旱厕10座、废品收购站1座，清除了死角，拓宽了村道，建起了村庄的广场、公园、停车场。

（4）从以前政府统一规划转变为村民自家建设。村民共同谋划村落基础设施、卫生整改、绿化种植等15项重要事务，破解了戏台改造、"臭水池"、废品收购站、雨污合流等7项改造难题，提出了环村自行车道、生态停车场、绿色长廊、学生候车亭等11件惠民实事，间接节约成本20万元。

（5）从以前工程施工转变为集体出工投劳。采取记工老办法，社员集体出工投劳，齐心协力共建新村。通过自治探索，山后社不仅自己建设了自己的家园，也把村民团结起来，增进了邻里之间的亲近关系，增强了村落共同体的凝聚力、归属感和自豪感。截至调研时，山后社员共集体出工90余次，计约1800人次，完成基建、卫生死角清除、搬运等19项工作，折合成本计约 36 万元。

在最小单元自治探索的实践中，通过共同缔造的理念运用和方法指导，山后社初步形成了"1+3+N"村落自治的新模式和新格局。

首先，自治单元从"社区（村居）"变为"村落"。自然村的自治实践，将全体社员重新结成利益共同体，实现了农村社区最小单元村落自治。

其次，村落治理实践主体从"他治"转为"共治"。山后社制定《村规民约》《村落建设先行款筹措办法》《派工办法》等，将村落自治纳入制度化建设，不断提升村民的自治意识、自治能力和自治水平；同时通过借助外部社区、街道、社会组织、共建单位的资源和力量，实现农村社区在村落自治核心上的社会协同多元共治。

再次，自治方式从"被动参与"转为"主动合作"。以往对于农村事务如基建或公共服务项目的安排与管理，从规划设计到施工给付，主要都是政府一头主导，村民都是被动参与甚至只能被动接受，没有自主和自治的机会和空间。"共同缔造"理念，不仅让以往作为主导方的政府转变思路，原来作为被动接受方的村民也被激发出积极性和主动性，开始参与自治，并在合作中实现了共治。

最后，自治动力从"形式"落到"实质"。在"共同缔造"理念的撬动和共同利益的驱动下，山后社的自治实践畅通了村民的意见与利益表达渠道，有效化解了农村长期以来主要流于形式上的自治问题，通过把全社村民的"心"和"力"联结到一起形成一个利益共同体，实质推进了村落自治。

二 安置社区治理创新

海沧是在一片大农村之上建起的新城区，因此，除了少数规划保留下来的纯农村社区外，大多数涉及征地拆迁和规划开发的村庄都在或征或拆或撤或并后进行了（部分）安置，重新形成了安置社区，目前主要包括整体安置、撤村并居和城市社区安置等几种模式。在东孚，征拆村庄村民整体安置的情况较多，在海沧和新阳，征拆或撤并的村民（或原村民）进入村居和城市社区的安置社区的情况较多。

（一）村民安置社区

海沧对于已列入城区和重点项目规划的城中村、城郊村，主要在土地统一征用后实行整体搬迁、集中安置，此类安置社区的建设要求和功能设置主要参照城市社区进行。对于征用部分土地后实行部分拆迁的村庄，分散的拆迁户并入中心村并以中心村为基础建立新社区，在这种情况下，其社区治理中也存在将城市社区管理办法向农村和周边村落延伸的情况。在这两类安置社区，均急需解决居住形态碎片化导致的熟人社区的凝聚力减弱、公共文化产品和服务供给从村庄转向社区等问题。

以天竺社区为例。天竺社区主要为原东孚镇 10 个行政村的拆迁户和个别住房困难户的安置社区，其辖内的天竺小区是全东孚第一个小区，也是第一个安置小区。截至调研时，社区总人口约 1700 人，其中，青少年约有 250 人，几乎占社区人口的 15%；老年人有近 200 人，约占社区人口的 12%。由于原有村庄结构和社会关系的打破，村庄"熟人社会"特质和公共产品与服务的提供成了天竺社区治理中最大的问题。随着东孚征地拆迁及小城镇建设等工作的继续推进，天竺社区人口还将不断增加，这些问题也将更加凸显。

为解决上述治理问题，天竺社区在"共同缔造"理念指导下，在社区居民当中广泛征求意见，汇总居民自身最关心的问题。通过多次的调查摸底和意见征集，发现天竺社区居民最关心青少年的管理和教育问题，其次是社区散居老年人的赡养和照顾问题。这也恰恰呼应了安置社区的公共服务供给问题。

专栏4 安置社区公共服务供给创新：天竺社区青少年成长动力营与居家养老

作为东孚镇第一个拆迁整体安置社区，天竺社区存在"熟人社区"特质弱化、共同体凝聚力减弱，以及公共服务提供等方面的重点问题和治理挑战，因此在摸底调查的基础上，从青年和老年服务等方面重点探索推进了社区公共服务供给创新。

1. 天竺社区青少年成长动力营

问题发现：在共同缔造意见征求会上，天竺社区居民提出最关心的问题就是青少年的管理和教育问题。①安置之后多数家长开始上班，80%的青少年的照顾和教育只能转托老人承担，但他们多是文化水平较低的农民，无法提供较好的照顾和教育；②农村家庭中，父母与子女缺乏各类互动交流，亲子关系有待培养；③安置社区周边配套不完善，无法为青少年提供丰富的文化交流活动，不利于其全面发展。

项目实施：天竺社区基于"共同缔造"理念和方法，主动介入并积极了解民意，深度挖掘社区内外资源和社会力量，创办"青少年成长动力营"，并探索建立"1+4+N"社区青少年服务工作模式，创新社区治理。

主要内容：以社区为主导，以 4 项主题活动（社区夏令营、亲子活动、国学教育、小志愿者）为支撑，整合政府、社区、社会等多方资源和力量，创立"青少年成长动力营"。①共同出资出力：动力营的经费和各项活动安排，不仅有来自政府的支持，更有来自社区居民、社区工作人员、志愿者、社区发展协会、社区共建单位等诸多"动力营人"的多方筹措和无偿提供。②共同出谋策划："动力营人"来自各个领域，包括台湾志工老师、教育专家、道德讲师等不同群体，根据青少年的年龄阶段和不同需求策划夏令营活动、孝道体验营等系列亲子活动及志愿服务活动等，促进社区青少年在实践中健康成长、全面发展。

目标实现：①动力营将青少年组织起来，提供了多元化的照顾和教育方式；②动力营的活动设计增强了青少年与家人的互动，促进了亲子交流与关系培育；③动力营的各类活动安排为社区青少年提供了多样的文化交流空间和机会平台，为其全面发展和健康成长注入了源源不断的能量。

2. 天竺社区居家养老项目

问题发现：一方面，农村养老保险保障力度较低，难以完全满足老年人口的养老需求，特别是进入城市安置社区居住的农村人口，生活成本明显增加；另一方面，随着传统家庭养老功能的弱化，尤其是在征地拆迁过程中，原有家庭结构和居住格局进一步变化，农村养老的问题在安置小区就比较突出。

项目实施：①组织建设：社区两委吸纳社区居民、志愿者，成立社区居家养老工作领导小组和协调小组。②摸底调查：由社区发动、社区居民配合，共同对社区内的老年人情况进行摸排，并对其个人需求进行统计。③确定服务对象和标准：充分倾听意见，将服务对象从初期确定的"本市户口老人"延伸至"入住本社区的所有老人"；同时，针对社区老人的不同经济支付能力，确定5人为无偿服务对象、1人为低偿服务对象。④积极宣传：通过标语、板报、宣传栏做面上宣传，印制500份"东孚镇天竺社区居家养老服务手册"到户到人宣传。⑤志愿先行：鼓励社区居民、非社区居民和为老社会志愿者加入服务队伍，形成老、中、青、壮"人人为老"服务格局。

服务内容：①便民服务：与辖内超市、美发店、餐饮房、卫生服务中心等签订便民助老服务协议，形成六大类16专项便民服务网络。②助老服务：形成8支助老志愿队，开展心理咨询、精神慰藉、家政服务、代购代买、医疗卫生健康、文化娱乐等助老服务。③文体活动：组建老年太极拳队、腰鼓队、演唱队、舞蹈队等老年团体，开展系列文体活动。④亲老结对：开展"情暖空巢"亲老结对行动，将对社区6位空巢老人的上门关心、电话问候和及时帮扶常态化。

目标实现：不仅让农村老人得到更好的照顾和服务，更是突破传统农村"维系生命""养老送终"老旧观念和晚景凄凉的生活状态，不断为老年生活赋予多样化的新内容，使农村老年人也能享受老年生活的乐趣，转而追求一种更为健康、更为积极的老年生活。

以天竺社区为例，通过发展创建青少年成长动力营和社区居家养老服务项目，在"共同缔造"理念和方法指导下，安置社区的公共服务得以有效推进，居民之间的交流互动也日益增多，社区邻里关系日渐融洽，面对安置社区淡化的"熟人社会"特质和打破的居住格局，重建了社区的归属感和凝聚力，社区治理取得突破性探索和创新。

（二）城市社区中的村民安置小区

对于因部分征地拆迁并入城市社区的安置小区及其所在社区而言，促进不同群体社区居民的互动与融合，回应社区内安置居民对于传统生活方式和文化的需要，建设社区公共交流空间，成立多元化居民自治组织，则是其在社区治理中面临的一些主要问题。

以海虹社区为例。海虹社区居委会成立于2008年11月，位于沧海湾，辖区面积约2平方公里，北到禹州高尔夫，南到海岸1号，共22个住宅小区。截至调研时，有住户8698户，常住人口约13729人，流动人口8087人，是一个融合了高档商品房、经济适用房和拆迁安置房等不同层面的多元群体。他们当中既有本地拆迁户，也有外来新厦门人、侨胞、外国人，是厦门岛外新城区、新社区的典型代表。正如在城市社区一章已经指出的，海虹社区的居住群体不仅来源多元，而且在教育和职业背景、社会经济地位等方面也有较大差异。像目前全国其他城市的安置社区或小区一样，海虹社区也面临本地拆迁安置小区村民与商品房小区居民之间的社区融合问题。

专栏5 不同层面多元群体融合共治：海虹社区"我爱我梯"项目

作为新城区、新社区典型代表的海虹社区，面对社区辖内本地拆迁户和外来新厦门人、侨胞、外国人的多元群体，以及辖内居民（社区）大共居、（小区）小聚居的居住形态，为推动多元群体的社区融合与共治，海虹社区先试点、再推广，以"我爱我梯"项目建设活动为基础，探索多元社区自治、共治的治理创新。

1. 社区自治创新的基本思路

依托社区社会组织（如海虹社区发展协会），结合本社区实际情况，开展"我爱我梯"项目建设活动，实行同一梯位居住人群的"最小单元"梯位自治，探索引导不同梯位人群共同参与治理、打破不同群体居民之间的隔阂，营造"梯位—（片区）楼栋—小区—社区"共同体，最终达成多元社区的"融合"与"共治"。

2. 项目实施

2014年以来，海虹社区通过与社区社会组织合作，发动社区居民的能动性，并将权力下放给居民，分阶段开展"我爱我梯"自治项目。

（1）初期动员部署：社区居委会召开动员推进会，发动社区各责任主体，包括物业和居民代表做宣传，通过发放倡议书和调查问卷广泛征集并梳理各个梯位、楼栋、小区存在的问题，动员社区居民积极参与楼栋自治、自管。

（2）中期全面推进：①建立梯位自治组织，由社区居委会、物业、居民议事委员会（业委会）组织社区各小区居民选举成立梯位自治管理小组，商讨议定自治管理方案、订立梯位公约，逐步引导形成梯位公共事务自管自治；②打造梯位文化纽带、丰富邻里互动平台，结合岁时节庆组织开展梯位特色活动，如"迎新春送春联""包饺子送祝福"等系列活动，增强社区居民整体文化认同感和社区归属感，淡化不同层面和群体的社区居民之间的差异与隔阂；③通过志愿活动（如治安巡逻平安志愿队）引导社区居民积极参与公共事务，强化梯位—楼栋—小区—社区的公共性，实现社区公共事务共管、共治和自我服务。

（3）后期巩固提高：在前期梯位自治建设的基础上逐步建立长效机制。包括：①建立自治小组工作例会制度，定期召开梯位自治小组会议，从每一户社区家庭收集问题并共商解决；②建立小区事务处置公开机制，由社区居民共同参与讨论、评议，对涉及群体利益的事项组织专题议事会议，共同决策；③建立梯长联席会议制度，定期开展梯位之间的互动联结，并延伸至楼栋之间、小区之间，营造和谐社区，实现多元融合与共治。

4. 目标实现

（1）帮助本社区安置房小区的"前"村民更好、更快、更容易地适应并接受现代社区生活方式、自我服务方式、自治自管方式。

（2）促进社区本外居民、新老居民的融合、共管与共治，推动多元社区从"生人社会"转向"新熟人社会"、从"小熟人社会"（安置房小区）转向"大熟人社会"（整体社区）。

（3）"共商、共建、共评、共管、共享"的"共同缔造"治理理念和工作方式，转变了从社区居委会干部、物业管理人员、社区自治小组成员到个体社区居民的观念、认识、作风和"我为人人、人人为我"的服务意识，基本形成了多元群体社区的自治、共管、共服务的治理格局。

在由多元群体构成的社区，如何打破不同群体居民之间的隔阂、引导不同梯位人群共同参与治理是社区建设与治理的一个重要方面。海虹社区在"我爱我梯"项目建设的基础上，以"共同缔造"的治理理念和工作方式，引导居民自发参与平安巡逻、楼道清杂、矛盾调处、邻里扶助等社区公共性事务，组织建立自治小组，订立社区公约，实现了多元社区的融合共治与社区营造。

三　城中村社区治理创新

作为一个年轻的新城，海沧在短期快速的城市化发展中形成了大量的城中村，有些位于相对老旧的中心城区，更多的则位于相对新兴发展的城乡接合部。这些城中村主要表现为不同层面多元群体混居的格局。因此，在此类社区的治理中，不仅面临治安、环境、卫生等一系列外在的表象问题，还需解决群体融合、社区事务决策与治理等内在的深层问题。

（一）老城区的城中村社区

老城区的城中村社区中，主要存在居住环境差和建设管理老旧、本地人口结构老化弱化、社区熟人社会"生人化"，以及新老社区和居民融合等问题。

以海沧社区为例。海沧社区位于海沧港区专用铁路以南、海沧保税港区以北，东与后井村毗邻，西接港中路，北与囷瑶村接壤，下辖1.6664平方公里，由9个自然村8个村民小组和4个居民小组组成。至2014年8月，海沧社区共有常住村民2487人、居民1224人。

尽管海沧社区成立较早，但它在很长一段时期都不是一个完全意义上的城市社区。原海沧社区包括海沧居委会和海沧村委会，其中，海沧居委会是全海沧第一个居委会，而海沧村则曾是原海沧镇农村经济商品的交易聚集地。到2014年1月，海沧社区居民委员会和海沧村民委员会经海沧区政府批复同意撤销，并重组合并建成新的海沧社区。尽管在行政建制上经过了撤销合并，但实际构成在近一两年的时间内并未发生根本变化。这样合并而来的新海沧社区，不仅存在原社区和村庄各自的问题，如建设和居住环境老旧，人员老化弱化、村庄生人化等，而且还面临合并之后的新问题，如新社区中的原社区与纯农村的融合问题，成为海沧社区的治理难点和重点。

专栏6　城中村社区：海沧社区共筑互动空间、促进城乡融合

社区现状：海沧社区的海域经过征地开发建设已为保税港区所有，周边也被采石矿包围，自然环境、居住环境大不如前，原来的农民、渔民也纷纷失地、失海，存在贫困户多、老弱病残多、下岗待业人员多，以及危房多等"四多"现象。

除"四多"外，由于社区和村庄调整，海沧社区城乡居民的生产生活和农村面貌都发生了较大变化，兼之村、居合并的特殊性，致使海沧社区出现了新的社会矛盾和问题。第一，农村社区熟人社会日渐"生人化"。尽管已有多年原海沧社区发展的经验，但村、居合并之后的海沧社区，农村属性较以前增强，农村"熟人社会"却并没有得到延续，共同生产、共同活动的合作互助机会和精神交流空间受到冲击，熟人社会纽带和共同体观念日趋疏远淡薄，"进城"或"上楼"的农民在精神文化生活上反倒趋于单调和贫乏。第二，村、居"二元"新式社区的融合成问题。在现海沧社区这样由原社区和纯农村合并而来的新式社区中，城镇化过程中城乡二元分割等历史遗留问题也更容易集中凸显出来。村民和居民各过各的，彼此之间互不往来，居民的公寓楼和村民的民宅之间尽管路通了，却好似树着一道看不见的墙，社区内部社会关系日益陌生化、冷漠化。

发展思路：面对上述"四多"现象和两方面新问题，2013年"美丽厦门·共同缔造"项目启动以来，海沧社区开启社区互动空间的重铸，以活动为融合剂，推动原村民和居民的社区融合，探索

社区治理的革新。

主要做法：①转变观念、思想先行：通过各种信息平台宣传"五以、五共"唤醒群众"共同缔造"意识。②征集群众建议、激发共筑热情：通过网格员、村民小组长入户走访和成立乡贤理事会召开会议等渠道，广泛征集群众意见。③带动社区村、居民全数参与"以奖代补"建设类项目征集、制定与申报，包括篮球场改造提升、社区老人活动中心建设、两处老戏台改造与提升、文体活动中心广场建设等，以丰富的公共空间共筑活动构成群众互动的基础。④开展洁净家园行动，为互动空间"清障除碍"。

项目成效：①互动空间的共筑增强了村民、居民参与社区事务的意识。在海沧社区互动空间的共筑过程中，群众更加积极地参与社区事务，提出社区治理意见和建议243条，更在建造活动场所中出让土地11400平方米，拆除猪圈、旱厕585平方米，清理生活垃圾及建筑垃圾62吨，义务投工投劳531次，并贡献拆除猪圈、旱厕等的石条石料用于砌筑挡土墙，在活动过程中，几乎每家每户都出人出力，以群众参与推动民主治理。②互动空间的共筑培育了社会组织。群众评议会和社区协会管理理事会等的成立，增强了社区自治组织的活力，同时起到"社会组织孵化箱"的作用。③互动空间的共筑密切了干群关系，改变了社区治理主体结构、主体责任和多元共治。④互动空间的共筑促进了城乡居民融合。丰富的社区活动，把原来的村民和居民引出家门、聚集到一起，为他们提供了搭建共同交流互动、共同参与社区事务的平台。社区原村民与居民不仅收获了共同出资出力建设社区公共空间的合作感和成就感，也通过各种共同参与的活动收获了集体荣誉感和归属感，成为社区的共同的主人。

通过互动空间的"共同缔造",海沧社区在发动本外、新老社区居民共同参与洁净家园建设的活动中,融洽了邻里关系,促进了社区城乡居民融合,促进了村居的二元融合,再造了熟人社会,一个个的"你"和"我"也变成了"我们"。

海沧社区的互动空间共筑不仅是对本社区治理难题的探索和回应,更是对现代化、城镇化过程中跟随乡村衰落等现象而来的村庄社会结构和社会关系由熟返生、城乡村居难以融合等社会治理难题的探索和回应。

(二) 城乡接合部的城中村社区

与老城区的城中村相比,城乡接合部的城中村社区有一个最大的显著差异,即本地居民和外地居民呈现严重的人口倒挂。在这样的城中村社区,则需要侧重解决由原有社会结构和居住结构改变而来的诸多问题,包括出租房管理、外来人口服务、外来人口小孩的看护、参与社区事务、家园归属感营造,以及生人群体融入熟人社区/社会等问题。

以新阳街道新垵村为例。新阳街道位于海沧西北部,成立于2006年,辖区面积约27.6平方公里,属于典型的城乡接合部,下辖3个村居(含村改居)、1个社区,共54个网格。由于辖区内有海沧台商投资区最大的工业区——新阳工业区,共有1400多家企业,因此聚集了大量的外来人口。截至2015年6月30日,街道总人口18.3962万,其中户籍人口1.6638万,外来人口16.7324万。

新垵村是新阳工业区内的一个城中村,由新垵、惠佐、东社、许厝4个自然村共23个村小组组成,面积10余平方公里,户籍人口8000余人,其中近70%都是邱姓,带有强烈的宗族社会特征;外来人口约8万,约是本地人口的10倍,是一个人口严重倒挂的大村。这就使其在治理中面临辖区范围大,各项服务难以到位;人员分化大,协商民主难以落实;流动人口多,服务管理任务艰巨;人口倒挂严重,新老生熟社区融合挑战大;资源分散,有效整合供给不足等问题。因此,新垵村在探索社区治理创新时,实施了对村庄的分片治理。

专栏7　城乡接合部:新垵村"一村多片区"分片治理实践

新垵村本外人口近9万,是一个处于城乡接合部的典型城中大村。面对现实村情,新垵村提出了分片治理、精细化服务管理的创新社区治理发展思路。

2014年3月,新垵村启动了创新社区治理探索,召开村两委会和片区村民代表会议,广泛征求村民对于分片治理的意见,共同商讨实施方案。4月,完成了对新垵大社的7个社区的区域划分、网格调整和办公选址、机构人员调整及各项配套。其中,东社、许厝、惠佐3村各自成一个片区社区,新垵大社则根据统一门牌号区域划分为东、西、南、北4个片区社区。5~6月,主要对分片治理的相关工作制度和运行机制进行了梳理调整。包括:①在社区机构队伍建设上,调整新设党支部、设立社区工作分站、设立社区警务站、设立社区发展协会等;②在日常工作机制上,街道对新垵村的工作机制保持不变,由村再将各项工作布置到下设社区。

分片治理意在为村内本、外、老、新居民提供精细化的服务管理,分片不改变新垵各村级组织和各小组的体制架构,也不涉及新垵村村财、村产问题。在村庄自治方面,新垵各村组织依旧保持原有功能,包括发展经济、村民共享成果和社会治安、出租屋管理等方面。

（1）发展经济、共享成果。新垵村通过"五共"工作法，积极调动村民共同参与，完成了新垵老旧农贸市场的改造搬迁，解决了原来占道经营脏乱差的问题；完成村建重点项目新垵商贸综合楼，为村庄增加集体收入；规范重点路段停车秩序，改造停车场道闸围栏；积极整合利用闲散集体土地资源，申建新垵夜市小吃项目，同时规范流动摊点管理，明显改善了村容村貌，提振了村庄经济发展。

（2）综合治理、创建"平安新垵"。①组织村民义务巡逻，有效维护村庄安宁和谐。截至调研时，新垵已形成一支拥有3个巡逻队，超过1300名村民参与的治安自治力量。②利用"城中村"重点整治机会，在新垵村各重点路段和案件高发区域安装监控，形成有效威慑，社会治安环境明显改善。③建立案情通报制度。通过社区警务室、挂职警务人员等，定期通报辖区内治安状况，提高见警率、降低发案率。④加强流动人口和出租屋管理。一方面对辖区内暂住人员严格实行登记办证，加强管理；另一方面对出租户进行星级评定，加强服务。截至调研时，新垵村一半以上（1200多户）家庭从事民房出租，对他们进行星级评定，不仅是对出租屋的规范管理，也能为外来人员提供更好的服务。

新垵村通过分片治理和精细化服务管理，7个村下设社区的各项服务在辐射半径和供给上都有了一定改善，不同群体也得到了更有针对性的服务，治安、环境、卫生等外在乱象得到有效治理，村庄和社区也更加和谐。而且，在人人参与村庄和社区共同建设的过程中，村民实现了自我管理与服务，增加了新老居民之间的互动交流，促进了村庄和社区融合。新垵村"一村多片区"的分片治理，不仅是对村庄自身治理创新的探索，同时也是对当下和未来城中村社区由村治转向社区治理的尝试。

通过以上对海沧不同类型农村社区或村民聚居小区有重点地开展各类共同缔造项目的呈现与分析，我们能够观察到共同缔造项目在村庄基础建设与环境改造、公共产品和服务供给、集体经济发展与成果共享、农村社区治理结构与模式等方面的努力，也看到共同缔造确实对农村发展和社区治理起到了较大的推动作用。从上一节的论述可知，在快速分化的转型发展阶段，海沧农村主要面临村庄各项建设的老化衰败，村庄集体经济的发展迟缓，人口外出和流入带来的村庄社会结构、人员结构以及居住结构的松散，社会关系和邻里情感的淡化，村庄团结失去凝聚，公共事务难以为继、自治能力不断弱化等问题，原来有着强烈纽带的村庄共同体由熟返生，村庄的不断"空壳化"也带来自治真空。与此同时，强政府日益繁杂的各项行政安排更使得村居结构科层化、功能行政化、人员职业化，村民自治的空间被不断挤压，自治功能和能力也在不断弱化，日渐失去了他们作为自治主体对村庄社会和公共事务的参与空间、动力、能力和活力，致使村庄治理变成了一种行政逻辑主导下他治式的"虚"自治、"伪"自治。在此种形式下，亟待找到政府行政安排与村庄自治之间的契合点，改变以往行政单向输入式的治理方式，有效地激发村庄自治，激活村民对公共事务的主体意识和参与意识，打通政府和百姓之间的互信合作，进而实现在农村社区治理上的双赢、多赢。

而共同缔造理念和方法一经引入农村，借助于各类建设或发展项目，通过"五共"的理念和方式，积极撬动农村社区的各项资源，调动村民参与公共事务的积极性和主动性，从村庄环境、公共空间、集体经济发展和成果共享、公共产品和服务供给、村落单元自治模式实践、多元群体融合等多个方面和层面，对不同类型的农村社区进行了改造，在社区公共空间、社区服务体系、社区公共文化、社区管理体制、社区自治能力等方面都实现了不同程度、有所侧重的优化提升，不仅再造了熟人社会，激活了村庄的有效自治，还较大地改善了政府与村庄的合作关系。对于各类村建项目，以前是行政安排做什么就做什么，村民对自己的村庄发展没有发言权，久而久之也就不再关心，也不参与，结果是政府花了大钱，村民却不买账。而共同缔造在农村开展项目以来，由于转变了工作方式和资金投入方式，改由村民自己提需求、报项目，调动包括出让土地和投工投劳等在内的各项村庄资源，政府对通过审核的项目按比例进行"启动资金+奖补"式的财政投入。这么一来，村庄要做什么成了村民自己的事情，大家有了畅通的意见、需求和利益表达渠道，有了实在的发言权而不是仅仅接受安排，也就逐渐带动了他们参与村庄事务的积极性和主动性；在共谋、共商、共议之后进行共建，再来共评、共享，村民从原来的"被动接受安排"转为"主动参与合作"，不仅将以往的"形式自治、实际他治"转变为"村落合作、多元共治"，有效推进了村庄自治，重塑了农民家园，而且极大改善了作为行政主导者的政府与作为自治实践主体的村庄之间的关系，各部门的很多农村工作和事务都变得顺畅、好做起来，花了钱也能相应取得好的成效，实现了共赢。

"目前看来挺不错。这些项目是村民自己要做的，是他们自己最需要的，需求度能匹配他们自己的要求，是自下而上的，不像以前自上而下去推，效果比较好……之前都是自上而下地去做，比如说修一条路，推很久都做不下去，这家、那家都说占了我们的地，不愿意做。现在用共同缔造的模式，做起来就很顺。"①

基本上，共同缔造项目主要投向了农村村居，其中又以基建和村建类占据大头，需求上的高度匹配带来了资源的优化对接和配置，村民也能从中直接受益。

"2014 年全年共同缔造累计财政投入 4366 万元，雨污分流类 2412 万元；美丽乡村村建类如房屋改造等 1550 万元；非村建类，如购买运动器材、组织图书活动等共 404 万元……2015 年预算安排 5000 万元，可能不够花……每年七八月份有一次预算调整的机会，到时候（看项目）再追加。而且现在各个村都想发展一些自己的特色，比如农家乐、休闲旅游等，所以都想环境好，基础设施要到位，这些是村民最想做的，但是政府做基建时不可能考虑得这么细，以后也要扩大这方面的支出，今年已经翻倍了，去年实际上预算是 2000 万~3000 万元，后来有追加调整；今年报上来 6000 多万元，目前预算按照去年的规模，初步安排了 5000 万元先做着看，后面还有一次调整机会。这块也是全额满足。"②

---

① 访谈资料。受访对象：海沧区财政局预算科、资产科工作人员；访谈人员：王春光、李秉勤、房莉杰、王晶、梁晨、张文博、宗世法；访谈时间：2015 年 7 月 9 日；访谈地点：该局办公室。
② 访谈资料。受访对象：海沧区财政局预算科、资产科工作人员；访谈人员：王春光、李秉勤、房莉杰、王晶、梁晨、张文博、宗世法；访谈时间：2015 年 7 月 9 日；访谈地点：该局办公室。

按照村居一般筹集 30%~40% 的比例，根据共同缔造项目资产管理方面工作人员的介绍，我们也能大致推算出共同缔造项目在海沧农村推行以来所调动的村庄资源的多少，也可以从侧面大体了解村居和村民参与共同缔造项目的程度。而且，在这一过程中，企业、社会的力量也越来越多地参与进来，支持农村社区发展和多元共治。

总体而言，共同缔造项目的开展对于改善政府工作方式、有效激发群众参与、切实推进村居自治、真正做到让村居和村民受益受惠，同时带动社会多元主体参与共治等方面都发挥了重要的作用，也带来了巨大的社会价值和效应。

第三节　共同缔造与农村社区治理的地方化及其未来

共同缔造，"核心在共同，基础在社区"。2013 年 7 月，厦门市做出开展"美丽厦门·共同缔造"的战略部署，意在通过对社区全方位的优化提升，实现社区的多元参与、有效自治。海沧作为试点先行区，从当年 11 月试点启动，并于 2014 年开始全面探索"活力海沧·共同缔造"，由此拉开了海沧社区治理创新的序幕。

尽管共同缔造是一场行政安排，但与以往不同的是，它有效撬动了丰富却沉寂多年的农村社会各项资源，包括人本资源、文化资源、共同体资源，以及村庄赖以维系和发展的土地资源；调动了企业和社会等多方力量和主体参与其中，共同推动了海沧城乡社区治理的创新，尤其是推动了农村在多元共治中走上新的自治。仅 2014 年，海沧全区便召开 281 场群众征求意见会，发放征求意见表 8600 多份，征求意见建议 5200 多条，群众投工投劳 3840 个工作日，捐地让地 50078 平方米，农村房前屋后环境整治等原来一批难点问题得到破解；在平安海沧建设中，村居群众自发组建平安志愿者义务巡逻队多达 144 支，共有 9179 位群众自觉参与……通过"五以"的工作目标和"五共"的工作方法，海沧社区共同缔造治理创新取得了显著成果和社会效益。

在共同缔造作用发挥的背后，既有全面的机制创新保障，也有广泛深入的思想动员工作，更有海沧的历史文化传统、农村地方性知识和独特对台优势等因素的支撑。本书其他章节已从发展理念、方法论、工作机制、资源配置方式、财政投资机制和激励机制等各项保障机制等方面对共同缔造何以可能进行了充分的论述，此处不再赘述，仅结合共同缔造在海沧农村社区治理创新中的地方化及其未来发展稍加展开。

一 共同缔造：激活传统乡土秩序权威

在具体推进中我们看到，共同缔造的治理理念和工作方法并不是一下子就能为群众所全然接受的，很多时候还要回到村庄，借助村庄传统的秩序权威人物或组织，比如乡贤、老人会、宗族组织、寺庙等，去做村民的动员工作，引导村民逐渐转变思想认识、参与共同缔造；而共同缔造奖补项目的申报也是经村里提议后，由村居老人会、村居委会、乡贤理事会来共同商定范围和项目类型等。

（一）乡贤

在村庄自治中，很多社区都看到了农村传统乡贤的村庄声望、群众工作能力和重要带动作用。因此，在创新社区治理的实践中，几乎每个村庄都大量吸纳乡贤和能人，成立了自己的乡贤理事会。

海沧村居按照个人的综合素质、群众基础、组织能力、奉献精神等原则，从村社能人中由村落群众或户代表推选组织、宣传、调解、管护等几大理事、理事长，鼓励村落小组长参加竞选理事长或由小组长兼任，但必须经过推举产生，以此组成乡贤理事会。乡贤理事会主要负责领导统筹本村社共同缔造各项事务，同时确立民主决策和民主商议会议制度并定期组织召开民主决策和民主协商会议。其中，宣传理事负责法制法规和集体活动的宣传与村民意见征集；调解理事负责调处邻里矛盾，沟通村内外相关事宜中的矛盾纠纷，维护村庄和谐；管护理事主要负责维护村社公共基础设施；环保理事主要监督落实乡村环境卫生保洁等工作。这样一来，传统乡贤基础上衍化生成的现代乡贤理事会就对村庄各项事务有了具体的职责分工，落实到"责任到人、事务到人"。

通过激活村庄传统自治组织，建立乡贤理事会，由在村庄享有盛誉的乡贤、能人担任理事，很多村庄的群众动员工作才能得以实质性推进，村民参与"共同缔造"的积极性和主动性也才能得到真正激发和充分调动。

（二）老人会

老人有着经年的经验累积，尤其是既贤且能的老人，不论在传统社会还是现代社会，都享有较高的威望。因此，在开展共同缔造推动村庄治理时，海沧各村也应注意发挥老人会的作用。

原来大队时期形成的老人会主要是由行政指定而成立的社会组织。在共同缔造推进村庄自治的时候，各村居则注意发挥老人会作为自治组织的服务功能，除了为老人服务以外，还在村庄扶危、助贫、奖学等事项中发挥服务引领作用；此外，老人会也参与村庄建设发展和日常事务，是村庄民主协商、议事决策的重要组成，在村庄动员中具备积极、有效的权威作用。比如西山社的"五老",也是西山社的"五宝",在西山社的共同缔造中就发挥了动员村民主动让地、共同参与村庄清洁和房前屋后改造的积极作用。

再如东屿村协调小组。一方面拆迁安置过程中有很多矛盾不断激化,另一方面搬迁村民面临生产方式、生活逻辑的改变以及从村民向市民的过渡,在这种内部需求的催动下,东屿村在原来村老人会的基础上成立了东屿协调小组,它是东屿村拆迁户自主成立的一个自治组织,主要承载活动组织和秩序维护、调节居民内部矛盾、帮助居民与物业及居委会沟通、带动居民参与社区公共事务、培育共同参与共同缔造精神等功能,实现对拆迁村民的自我协调、自我服务、自我管理。该协调小组的成员主要为东屿原村民中个人威信高、热心公共事务、村民普遍信任的低龄老人,基本也都具有农村传统"乡贤"和"能人"的色彩。东屿村协调小组的成立,不仅能够及时有效沟通和化解拆迁安置中的各类问题,也能帮助安置户顺利地适应城市生活方式,更好地融入城市社区。

在这里我们能看到,村庄传统秩序基础、乡贤文化和自治组织的激发,对于村庄治理有着明显的撬动作用,并使其得以较好地维持。特别是在开展共同缔造的初期,村里乡贤、能人或老人出面能起到事半功倍的作用,有的时候甚至对事务或项目的后续开展起到关键性、决定性的开局作用。

二 共同缔造:培育多元组织

社区治理需要多元主体的协同参与,需要最大程度激发社区、物业、业委会、社区居民、社区社会组织等不同主体的动力和活力,建立和培育各类组织,形成多元共治的良性治理秩序。在具体推进中我们也看到，共同缔造的治理理念和工作方法也不是一下子就能调动全民和多方力量"共同"起来的，这就需要大力建设和培育各类社区社会组织，为多元共治寻求村庄内部和外部的力量与资源。

(一) 社区发展协会

社区发展协会是登记注册的社区社会组织，主要引导社区居民自发参与社区管理，完善社区自治；同时还承担社区社会组织孵化的功能。如在海虹社区开展的"我爱我梯"项目建设中，社区发展协会就引导社区居民自发参与了梯位楼道清杂、平安巡逻、矛盾纠纷调解、邻里互助帮扶、数字家庭、美丽阳台等诸多活动，调动社区居民参与社区公共事务的积极性和主动性；同时，在社区以"五老"优先推荐为原则，由社区发展协会组织考察并选定梯长，建立梯位自治组织，探索引导不同梯位人群共同参与治理，营造"梯位—（片区）楼栋—小区—社区"共同体，最终达成多元社区的"融合"与"共治"。

在诸如"我爱我梯"等社区微自治项目从发起、规划再到具体实施推进的整个过程中，社区发展协会都起到了重要作用，不仅引导社区居民主动参与共同缔造，还孵化培育了类似"楼栋自治小组"等社区自治组织，是共同缔造社区多元共治实践中重要的一元。

(二) 两岸义工联盟

海沧有一个独具地方特色之处，就在于其对台交流优势，这也便于其发挥优势直接引入台湾志工，并建立一些独具特色的社会组织，为海沧各村居提供志愿服务活动。

海沧一些重点区域聚集了大量台商企业，也有一些社区有台胞大量聚居。2005年，围绕兴旺社区大陆首家长庚医院，就有台胞太太团自发组建"台胞志工服务队"，在医院提供导诊等志愿服务，并逐渐形成了一套组织框架和运作机制，延续至今。为了更好地促进两岸交流，打造志愿者品牌，兴旺社区运用共同缔造的理念，建立了"台胞志工＋社工＋义工"模式的"两岸义工联盟"，聘请资深台胞义工担任街道"台胞义工志愿行"总辅导长和辅导员，发挥台胞志工对社区社会组织建设的精神引领和行为示范作用。在2015年调研中，我们在院前社就遇到了长期驻村的台湾志工老师，为社区居民和社会组织提供指导和志工服务。

联盟同时向"希望社工"社会组织购买服务，成立"兴旺社工服务中心"，围绕"聚合"这一关键词，建立了一批相对固定的义工实践基地，实施了一批志愿服务项目，提供了一批志愿服务类型，不仅搭建了义工服务平台，还起到了孵化义工组织的功能。

另外，海沧在一些台胞相对集中且数量较多的社区，还视条件支持社区聘请台胞担任社区主任助理或小区物业主任助理，参与、协助所属社区或物业开展有针对性的台胞社区服务项目。

不论是社区发展协会还是两岸义工联盟，我们都能看到，社区社会组织作为重要一方，对海沧社区治理提供了极大的助力。2013年，海沧区围绕"核心在共同、基础在社区"的理念，培育了"四民家园""乡贤理事会""社企同驻共建理事会""同心合议厅"等一批村（居）民自治组织和治理模式。截至当年底，海沧区登记备案的社区社会组织已有20个之多。它们不仅直接或间接提供各类服务，也对海沧村居和社区治理创新提供了重要的撬动和支撑。

共同缔造，意在激活村民的村庄事务参与意愿和动力，激发自治能力；更意在为村庄发展（包括经济和社会发展，包括服务和治理方式）提供新的、多元化的动力和活力。而其最大的意义更在于"共同"。尊重广大农民的意愿，引入多样的社区社会组织，积极引导各方多元共商共议、共谋共建、共管共享，支撑了共同缔造在乡村治理创新实践中的顺利、高效推行。

三　共同缔造：农村社会治理的未来方向与挑战

从目前的发展来看，共同缔造主要在农村推进了环境整治、道路改造、景观节点、社区大学、社区微治理等不同建设项目，调动了各村村民从村庄规划提议、投工投劳、出地让地、项目设计、项目执行监督等各个方面和环节共同参与项目建设，对农村社区的村民自治与多元共治也有较大推动，群众参与逐渐形成常态。

不过，限于不同的条件，共同缔造的各类项目在不同社区的推进情况不完全一致，也尚未达到完全的均衡，今后如何均衡、深入推进，这是一方面的问题。此外，未来如何继续深入撬动农村社会治理创新，则是共同缔造面临的另一方面问题。不同于城市社区，农村社区除了自治功能之外，还承担着发展集体经济的功能。目前已有大曦山休闲旅游公园330亩起步区带动就业110人，院前社"城市菜地"项目一亩地年收益增加近两倍、村民人均获利3000元，"党建富民强村"工程打造出温厝等8个村财百万村……但还有更多的农村社区面临转型升级和调整经济增长方式的问题。毕竟，凋敝的村庄载不动乡愁，更留不住乡愁。在日新月异、分化不断加剧的农村，如何通过共同缔造实现农村转型升级，如何通过社会治理更好地推进农村社会发展，这是农村社会治理未来面临的挑战。

本章节主要讨论海沧农村社区的发展、建设与治理，但讨论农村社区不能只唯农村。本部分在行文中对海虹、海沧等城市社区亦有所涉及，因其尽管已是城市社区，不论是处于城区中心还是城乡接合部地带，其社区居民中仍有大量的"前"农民，他们的市民化、现代化还远未完成。他们进入城市社区以及在城市社区中的生活状态、生产方式转变，一方面反映了在海沧城镇化、工业化过程中的村庄分化、农民分化，另一方面也是观察未来海沧农村社区发展面向的不同路径中的一种可能。

比如新阳街道下工业区周边的 3 个村居。尽管这 3 个村居在建制上有两个早在几年前就已经改制社区，仅保留新垵 1 个行政村，但它们的实际社区事务管理运作和治理方式依然更多沿用建制村的老方式，而另外，不管有否改制，它们却均已共同面临城乡接合部地带城中村的一系列类似问题，如外在的治安、环境、卫生等表象问题，以及内在的本外融合、生熟转化等深层问题；并且在能够预见的未来，它们也极有可能面临今日海虹、海沧、兴旺等城市社区在治理中的诸多问题。所以，对农村社区的观察需要一种开放的、发展的视角，应放在从传统到现代，从城乡二元化到一体化的整个发展背景中去动态、连续地看待。

而且，我们也能看到，城镇化还为农村社区共同缔造提供了新时代、新发展阶段的一个新契机，即村庄可以不断获得大量的外部资源和力量，包括社区发展协会、两岸义工联盟、同驻共建理事会，等等。也就是说，农村社区的发展、建设与治理，早已不再仅仅局限于村庄的内生力量，如围绕乡贤、老人等传统权威下的议事和调处、在能人和精英带领下的村庄集体经济发展，以及围绕两委的村民自治等，现在还可以更多借助外部因素的力量，比如创意性开辟城市花园、城市菜地，引入城市资本，为农村集体经济发展拓展发展空间和机会；再比如外包公共服务，行政化＋社会化＋市场化的方式，引入社会组织，整合同驻共建的资源和力量，引入义工组织的专业服务，等等。这些外来元素的作用，不仅体现在经济发展和利益分配中，更体现在公共产品供给和社会治理的多元化中。

此外，尽管我们说海沧区城乡一体化推进城镇化建设，也仍需认识到，城市社区和农村社区依旧面临着不同的任务，特别是在当下仍处于不断转型中的中国社会。观察共同缔造在城市社区和农村社区的不同项目内容和建设重点，我们也能直观地看到城乡社区治理的不同。而对于农村社区，在目前的建设基础、治理模式和发展思路上，思考其未来的转型可能与治理创新可能，不但具有深远的现实意义，也会是农村社区在全面发展和高效治理中已经面临的问题，或者是迫在眉睫的挑战，需要每一位农村社区事务参与主体发挥共同缔造的理念和方法，去共同探索、不断实践和创新，去日渐臻于完善、多元的自治和共治。

参考文献

邓大才等：《海沧跨越：在共同缔造中提升社会治理》，中国社会科学出版社，2014。

厦门市海沧区地方志编纂委员会：《厦门市海沧区志》，中华书局，2014。

厦门市海沧区缔造办：《厦门城市治理体系和治理能力现代化（海沧篇）之社区实践部分》。

第七章　社区共同缔造与多元共治

从以上章节可以看出，从厦门市委书记提出"共同缔造"理念和方法之后，经过厦门市政府各部门、各区政府及各部门、乡镇街道政府及各部门，最后落到各个村委会和居委会层面，虽然村委会和居委会是最低层级，却是与老百姓最贴近、最直接的层级，也就是说，社区是共同缔造迈向老百姓的最后环节。虽然各个环节对共同缔造来说都是很重要的，但是以村委会和居委会为单位的社区则是共同缔造的最主要的实践平台，也是检验共同缔造是否达成效果的最主要环节。海沧区政府在编制的《新城区、新社区——"美丽厦门共同缔造"海沧试点工作》中明确指出，"以'核心是共同，基础在社区'为落脚点，不断探索'新城区、新社区'建设，将'对城的治理'和'为人的服务'有机融合，一个'不一样的厦门'轮廓初现"。就共同缔造而言，它主要的目的是，一方面将政府的资源有效地对接老百姓的需求，另一方面要在最大程度上调动老百姓参与到公共活动、公共事务和公益事业的创建中去，以提升全社会的福利水平。本章从城市社区角度去看共同缔造如何开展，在多大程度上调动居民的社会参与，在多大程度上改善社区治理，以及未来共同缔造如何更好地推进社会治理、提升民生福祉。

第一节 城市社区历史与现状

一 三种社区运行逻辑

社区是一个被广泛接受的概念，但是对于社区是什么的看法并没有达成普遍的认可。从理论上看，这是由于社区的多样性所导致的，背后的深层原因是社区运行逻辑。之所以人们对社区有不同的理解，是因为人们看到的、感受到的和理解到的社区运行逻辑不同。从社区理论的演变角度看，目前至少表现出三种社区运行逻辑，分别是滕尼斯逻辑、芝加哥逻辑和行政逻辑，前两个逻辑又可以称为生活逻辑和空间逻辑。

"社区"这个概念最早是由德国社会学家滕尼斯提出来的。他在观察和分析西方社会在历史演变（特别是现代化进程）中存在着两种社会关系状态，即社区和社会，并且正在经历从社区向社会演变的趋势。他所谓的"社区"概念是指一种自然形成的、以情感为纽带、交往密切、有着很强的认同归属感的社会关系或生活共同体，区别于以理性为计算、彼此感情淡漠的松散的"社会"。这是一种浪漫的社区想象，表明了滕尼斯对这种浪漫的憧憬和向往。我们将这个逻辑简称为"滕尼斯逻辑"，又由于重视生活意涵，因此也可以称为生活逻辑，也就是说，社区就是紧密的生活共同体。按照这样的逻辑，社区在现代化、工业化、城市化进程中会变得越来越弱化，也就是人们通常所说的，从熟人社会变为陌生人社会。

当现代化越来越深入，会有越来越多的人对浪漫的社区生活有着越来越强烈的精神向往和寄托。

"滕尼斯逻辑"在城市化进程中一直发挥着作用和影响，特别是对那些进城的农村人口来说，脱离了原先的熟人社会或农村社区共同体，他们在城市举目无亲，与周围人的交往很浅，或者基本不存在，同样对已经城市化的人来说，由于居住方式的改变，邻里之间相见不相识的现象确实存在。所以，从这个意义上看，虽然在同一个空间居住，却并没有形成滕尼斯所说的社区或生活共同体。但是，人和社会具有很强的自我建构性。陌生化并不符合人的社会生活需求。即使在陌生的城市社会中，人们也会不断建构自己的生活圈和熟人圈。芝加哥学派则揭示了城市社区不仅像滕尼斯所说的限于熟人之间的交往，而且还是一个生活生态空间，在这个空间，人们基本上能够实现各种生活需求（衣食住行、文化娱乐、教育、健康、体育等）的满足，因此，城市化并没有完全削弱社区的作用。我们认为，芝加哥学派更多的是从生活空间角度去理解社区的存在和价值，因此，可以称为空间逻辑的社区。这是理解社区的"芝加哥逻辑"。在芝加哥学派看来，社区还是一种研究方法，也就是说，社区为社会学提供了一种研究视角，并形成一种可操作的观察和调查方法。这一社区理念从20世纪30年代进入中国，对中国社会学发展产生了重要的影响。

通过对中国城市社区的观察和研究，我们会发现"滕尼斯逻辑"和"芝加哥逻辑"都在发挥其应有的作用，同时还会发现另一个逻辑即行政逻辑。不论在农村还是城市，凡是被说成社区的地方，首先是一个行政单位或者范围，比如行政村或者居委会等。当然，在这个行政范围内外，人们在生活中，形成各种各样的关系、交往，于是有可能会出现生活共同体或生活生态空间等。所以，我们指出，中国的"社区"与社会学学术概念的"社区"有明显的差别，可以称之为行政社区。城市有不同类型的社区，它们的历史和形成方式各不相同。那么，在现实中这三种逻辑是什么关系？相互又有什么影响？是否达成我们所期望的目标？我们正是抱着这样的问题来观察和分析海沧城市社区层面的共同缔造的。

二 城市社区的历史和现状

这里观察的是海沧城市社区。虽然中国城市化历史不如西方发达国家长，城市历史却远远长于西方发达国家，这意味着中国在开始城市化之前，已经有着悠久的城市或城市社区了。而中国城市化最快的时段就是过去的三十多年，在这个时期诞生了许多新的城市社区，加上原来的社区，构筑了中国城市社区的"万花筒"。相比全国其他绝大部分城市城区而言，海沧还有着自己的一些特殊性。

20世纪80年代初，海沧还是厦门的郊区农村，并没有独立设区。1989年，国家为了改善两岸关系、吸引台商来大陆投资，在海沧设立了台商投资区。2003年厦门在海沧独立设置行政区，海沧进入了全新的历史阶段。2014年底，海沧全区总人口达到429159人，其中本地户籍人口只有155765人，暂住人口273394人，后者几乎两倍于前者。由此可见，海沧作为一个行政区划，还相当"年轻"，但是这并不意味着海沧社会就如此年轻，事实上海沧有着悠久的历史，又有着"年轻"的今天，这预示着海沧的社区丰富多彩。

从历史看，海沧既有历史悠久的社区和村落，又有非常年轻的社区；从产业看，海沧存在农业社区、渔民社区、工业社区、商业社区；从人口构成来看，有农民社区、居民社区、拆迁社区、外来人口社区、本地人与外来人口混居社区。其中农业社区、农民社区、渔民社区等都是历史较悠久的社区，而其他社区相对而言都比较年轻，基本上是海沧建台商投资区后才出现的。

渔业村庄靠海边，农业村庄靠山边或在山里。这些村庄在城市化和工业化进程中都面临着转型。渔业村庄中的村民主要从事渔业活动，但是虽然国家加大对渔业资源的保护力度以及工业污染，渔民的生计受到明显的影响，他们只得上岸谋生，成为失渔渔民。而农业社区面临的挑战也是很大：首先是农业收入不足以农民生活的改善，更不能应对现代化之挑战；其次是因工业、商业以及公共建设等征地拆迁所需，出现了不少农民失去土地，成为失地农民；最后是，为了增加城市化用地以及城市化人口集聚水平，海沧也推进撤村并村，使得一些村庄改为甚至合并为居民社区。从城市角度来看，撤村并村和村改居社区都成为城市社区，而不是农村社区，但是是否真正成为城市社区，还有待时间改变。不管如何，这些都是新的城市社区，或者说处于转型中的城市社区。

海沧的城市社区基本上都是新的。除了村改居和撤村并村社区外，海沧还有大量是因工业、商业发展而形成的人口集聚，也就是通常所说的工业社区：在过去几十年中，海沧的工业化推进速度很快，企业纷纷涌现，它们招募了大量区内外工人，特别是大量工人来自区外、市外，他们有居住需求，企业或当地政府帮助他们就近居住，于是形成许多人口人口高度集聚的点。按基层管理人员的说法，那就是"有厂，有人，没有城"的状态，如果这样的状态也是社区，那么只是空间逻辑意义上的社区，也就是由工业园区带来的人口集中居住。新阳街道的情况就是这样的典型。

新阳街道辖下的社区要么是村改居（或叫城中村），要么就是城市社区，兴旺社区是一个纯城市社区，这个社区的居民基本上是外来人口，他们是去当地企业打工的外来人口。而村改居或城中村不仅有当地村改居前的农民（他们依然自称为农民或者被其他人称为农民），还有不少外来人口居住在那里，原来的农民纷纷成为房东，向外来人口出租房子，成为食租群体。因此，新阳街道18万多常住人口中本地户籍人口只有4000多人，而绝大部分都是外来人口。像兴旺社区，纯粹是因工业而兴起来的社区，可以说是工业社区。其他社区与工业化和城市化密切相关。

海沧还有一类社区在许多地方是比较少见的，那就是由外地离退休人员构成的。据调查，这些外地离退休人口之所以来海沧居住，一方面是为养老，海沧自然环境、基础设施和公共服务都适合养老，另一方面是不少离退休人员有子女在海沧或者厦门其他地方工作，他们来海沧与子女住在一起相互有个照顾，更重要的是老人可以帮着看孩子、带孩子。在海虹社区，生活着一群非常活跃的外来退休人员。他们跟那些去海沧打工的外来人口不同，往往有着良好的教育、丰富的工作阅历、较高的社会经济地位，他们多才多艺，热衷于社区公共事务和活动。在海虹社区有一个下沉广场，被改造成社区大学。在这所大学里，有来自台湾的社会工作者帮助这些外来的离退休老人从事公益活动，老人们还自组织起各种娱乐活动（如唱歌跳舞、学乐器、学书画等）。当然，在这类社区中，并不都是外来的离退休人员，还有一些本地的白领群体居住在那里，尤其是这些离退休人员中有不少子女在厦门工作，都属于白领群体。

本地的社会白领群体也有自己的社区，这些白领中最主要的是公务员、学校和医院等事业单位的人员，以及一些企业的管理人员（特别是国有企业管理人员）等，他们通常都居住在相同或相似的社区。按当地人的话来说，这样的社区都比较高级，环境比较好，管理比较精细等。

如果我们把以上不同类型社区放在一个维度上，就会发现，它们之间在运行逻辑上存在着相当的差距：外来务工者集聚在一起，一开始只是一种人口在空间的集聚，正如当地管理者所说的"有厂，有人，没有城"，他们并没有形成相应的内部社会关系网络，也没有相应的公共服务、基础设施等，给他们生活以及其他社会需求带来不少麻烦，反过来也影响了他们的凝聚和团结。这实际上只是空间逻辑主导的社区。与此相应的是村改居而来的城中村，其中有一些社区是合并而成的，会直接影响他们内部原来的社会关系网络，从而损害了他们的社会交往基础。另外一些城中村虽然还保留着它们原有的社会关系网络，但是也住进不少外来务工经商者，在个别城中村，外来务工经商者超过原村民人数。在后一类城中村，就存在着相互平行而没有交集的社会圈子，也就是说，空间逻辑与生活逻辑并存不悖。

同样因商品房市场而兴起的城市社区，并没有直接带来生活逻辑，先是一种空间逻辑，人们只是为了买个好一点房子居住，虽然也看重社区环境，但是他们之间的交往一开始并不多。那些在外地离退休人员，更是从全国各地来到海沧，当然大多从东北、河南、河北、山东、江西、甘肃等地定居到海沧，他们要形成生活逻辑和生活共同体，确实不是很容易的事。相对而言，由公务员和事业单位人员、国有企业员工构筑的社区似乎具有更多的生活逻辑意味，但并不能与传统农村社区那样的生活逻辑相比。

由此可见，海沧的城市社区都是在最近几十年中产生和建构起来的新社区，几乎没有旧社区，如果说有，那也是从村庄转变过来的城中村或村改居，作为社区形态，它们与过去也有了不少的变化，有了新的内涵和形式。社区新、社区变化大，一方面意味它们充满活力和生机，另一方面也蕴藏着各种风险、危机和问题。特别是在经历了快速发展和活力尽显后，解决风险、危机和问题显得至少跟发展一样重要和急迫。从三个逻辑来看，生活逻辑应该是社区的核心逻辑，而其他两个逻辑只是辅助性逻辑，如果没有生活逻辑，社区就难以具有内在的整合能力，不能达成社会秩序和团结。但是，从海沧城市社区来看，空间逻辑与行政逻辑似乎支配了城市社区的运行，就意味着城市社区还没有成为真正的生活共同体。对此，海沧缔造办主任有如下的看法足以说明这一点。他说海沧存在着以下问题：

"第一，有区无城、有城无市。功能定位不是很清晰，产业不配套。原来是海沧镇加上一个农村，加上两个农场，城区配套各方面、规划、定位上都不是很紧密。产业上，有工业没有商贸业；城规上，有城区无相关服务、基础设施配套。

第二，人口增长快、大量聚集。最早7.8万，现在根据公安局统计已经达到43万。人口大量涌入，流动性、个群体社会关系、利益诉求，加上教育、出行、交通、娱乐等都存在问题。

第三，海沧因台而起、因台而设。但这些年，对台优势没有完全体现出来，经济方面比较多，但社会等方面的交流还不够。

第四，做群众工作的方式还是调整不及时、拓展不够。找企业不如找政府，找政府不如堵马路。这是以前的情况。2013年11月开始探索'美丽厦门·共同缔造'，社会治理现代化……

新定位：新城区、新港口、新家园。4项重点工作：产业转型、城区转型、社会转型、对台融合。"

对于海沧社会面临的问题，海沧区前书记郑云峰有过深刻的认识："伴随着经济社会的高速发展和人口的急剧膨胀，海沧的社会治理面临前所未有的挑战。一是外来人口迅速膨胀，社会治理面临挑战……新厦门人对城区的认同感、归属感较低，参与管理的自觉性、主动性急需引导。二是群众多元需求迅速增长，公共服务仍有不少差距……三是公共服务政府长期包办，基层组织自治面临弱化。"[①]

也就是说，海沧原来是农村，后来先发展工业，吸引大量人口集聚，但是工商业并不发达，所以虽然有人口集聚，但是并不像个城市，即"有厂，有人，没有城"状况，也就是说，由工业带动的人口集聚形成的社区不是完整的社区。因此，对海沧来说，与厦门其他地方有所不同的是，建构真正的社区显得非常重要和迫切。于是，相对厦门全市提出的"美丽厦门·共同缔造"的口号，海沧提出了"共同缔造·活力海沧"口号，是结合海沧从"有城无市"向"有城有市"转变的现实，缔造新城区、新港区和新家园，

---

① 徐勇：《海沧跨越：在共同缔造中提升社会治理》，中国社会科学出版社，2014，第1页。

重点就在社区层面，激活社区活力，让社区成为人们真正的生活共同体，使生活逻辑得以运行。

第二节　城市社区层面的共同缔造

一　共同缔造在社区层面的含义

"共同缔造"虽然受台湾的"社区营造"运动的启发，但是比"社区营造"有更广泛的含义。共同缔造是在厦门整个市域范围内进行的，把整个厦门作为整体进行缔造和营造。其目的至少有这么几点：激发社会和民众的积极性，推进多元参与和互动共治，将"他人"与"我"变成"我们"，共建美丽、适宜、幸福、和谐的家园。共同缔造的基本理念是"核心在共同，基础在社区，关键在激发群众参与、凝聚群众共识、塑造群众精神，根本在让群众满意、让群众幸福"。这是 2013 年厦门市委书记对共同缔造所做的阐释。

显然，共同缔造最主要的还是落实在社区层面。社区是社会治理和公共服务触角延伸到居民和百姓的"最后一公里"。在社区层面，共同缔造要实现这样的目的：调动居民或村民参与社区公共事务，提升社区服务和治理能力，从而改善居民或村民的福利水平。在社区层面，共同缔造至少要改变过去那种由政府包办的做法，激发民众主动参与的积极性，以有限的资源调动居民的主动性，让他们能为自己的福利做贡献，在这个过程中，形成多元参与、共同治理的格局，将"他人"的社区变成"我们"的社区，融化"他人"与"我"的分界，形成"我们"的集体认同。

社区共同缔造实际上与台湾的社区营造有着异曲同工的意义。但是相对台湾的社区营造，海沧的社区共同缔造更具有行政主导的意涵，也就是说，政府试图通过资源配置方式和行政动员方式的改变和创新，以激发群众的积极性，提高他们参与社区事务的兴趣和能力，实现从行政社区向生活共同体的转变。共同缔造实际上旨在打通行政逻辑与生活逻辑的关系并以行政逻辑培育和带动生活逻辑。当然，背后自然也会考虑到社会空间逻辑对共同缔造的意义。

二 城市社区共同缔造方式

我们在其他章节中已经探讨了农村社区共同缔造方式，这一部分专注于城市社区共同缔造的具体方式。虽然还是在一些做法上难以区分城乡社区，但是，城市社区与农村社区还是有许多不同，这就决定了它们在共同缔造的具体做法上存在一些差异。农村社区大多有集体经济、集体土地和其他集体资产，而且有着更悠久的文化传统和更熟悉的社会关系，城市社区则缺乏这些东西。相对而言，城市社区居民对生活会有更多的需求，人际关系更为疏离，个性化、多样性更为明显，社会更为开放等。总体上看，海沧的社区共同缔造以这样的方式开展："以群众参与为核心，以培育精神为根本，以奖励优秀为动力，以项目活动为载体，以分类统筹为手段，积极改进社会治理方式，让社会治理的触角真正延伸到社区的'最后一公里'。"[1] 这里的主语是政府，共同缔造实际上就是政府

---

[1] 徐勇：《海沧跨越：在共同缔造中提升社会治理》，中国社会科学出版社，2014，第2页。

要推进的社会治理改革和创新以激发社会参与的一种行政行动或运动。由于城乡社区环境和社会情况的不同，政府在项目选择、统筹方式等方面就会不同。农村社区由于卫生环境不如城市，因此，政府在农村社区缔造上会更多地把房前屋后治理作为重要事项来做，城市社区相对来说不需要关注这一点。同样，农村社区存在发展经济和为农民创收增收问题，因此，政府把发展乡村经济作为共同缔造的重要项目，而城市社区不存在社区集体经济问题，因此发展经济不是最重要的事项，而把提供社会服务作为更重要的缔造项目。

虽然政府是共同缔造的主体，但是想通过共同缔造，从方法上进行创新，创造和培育新的主体，实现多元共同治理，"共同缔造是方法论"。在项目选择上，政府在共同缔造中改变了过去那种"给"项目的做法，而是让社区自己申报项目，然后从中择优审批；在财政支持上也不再是全部给予，而是执行"以奖代补"，激发社区之间的竞争以及社区主体的积极性；与此同时，政府鼓励外部专业力量的进入，从而使第三方成为社区参与的重要动员力量等。由于更大程度地激发社区的自主性和多元性，城市社区在共同缔造中的表现并不是同步的，存在明显的差距。有的城市社区更为积极，做得更有成效，有的城市社区则相对迟缓一些，这是因为城市社区之间也存在动员能力、客观条件以及需求程度方面的差距，更主要是因为共同缔造是通过示范带动的，示范早的社区就做得好一些。从社区功效来看，城市社区共同缔造要达成三大任务，即社区自娱自乐、社区服务和社区参与治理。从完成难度来看，自娱自乐相对容易一些，而社区服务就难很多，参与治理就更难。从缔造路径上看，大多是从易到难，但是也有可能存在从难到易,而且这些任务存在相互影响、相互促进或相互妨碍的关系。从缔造领域看,当前海沧城市社区缔造基本上发生在文化娱乐、社区服务、组织发展、社区与企业互动等方面。

三 社区共同缔造与资源配置方式的变化

资源配置方式变化是共同缔造的主要形式,也是共同缔造带来的结果。这里的资源包括经费、人力资源等。共同缔造所需的资源分为四类:第一类是财政补助,即"以奖代补",第二类是村居自筹,第三类是企业捐助,第四类是无偿志愿劳动和投劳投工。当然,财政投入占大头,而且投入的方式与以前有很大的差别。共同缔造的资金投入路径基本上是以财政奖励来激发村庄和社区自筹、企业捐助以及志愿劳动和投劳投工等。

虽然海沧区财政局没有共同缔造这个预算科目,但是,从2013年开始共同缔造以来,海沧区财政局是有专门财政预算的,而且,各部门也会从自己的财政经费上拨出一部分来支持共同缔造。

"没有共同缔造这个科目,它是分散在其他里面的。资产科主要负责共同缔造项目。共同缔造是一个大概念,它其实是有分成财政投资的,叫作'以奖代补'项目,也有社会捐助的,从2013年下半年开始实践,2013年10月出台资金管理办法,涉及一个是项目资金的使用范围。我们这个'以奖代补'项目主要涉及各个村居中房前屋后整理、村居老年活动室的整治这种小规模资金的补助;申报流程是由村里提议,由村居老人会、村居委会、理事会共同定范围,定项目类型,街道汇总以后报给缔造办项目组，包括发改、建设局两口。缔造办会根据村民的需求定出一个度，我们下达预算，我们下达街道，街道再下达村居，出资比例村居一般筹集30%~40%，区与街道是4:6，东孚比较特殊，财力不足，正好反过来是6:4，也是对东孚的一个支持。是每个季度下达预算。我们配套他们项目口出来的配套资金，我们就排当年预算，每年下半年排第二年预算。项目最后审核、结算是区财政审核中心，有认可的第三方审核机构，大概有10家左右，常年可以做财政外审项目，类似造价机构，村居报给这些机构，只要这些机构出具证明我们就认可。"①

这个访谈内容很清楚地表明，财政对共同缔造有专门的支持，这对推进共同缔造并取得成功具有关键的作用。但是这并不意味着钱多就能成功，还取决于这个钱如何用、用在什么方面以及产生什么效果等问题的解决。共同缔造的财政配置显然不同于以前，它们支持的是社区和村庄层面的项目，并且对农村项目的支持比对城市社区项目的支持多得多；更重要的不同是，社区和村庄想做的项目不是政府提出来的或自上而下地设定给它们的，而是相反，由社区与村庄自己通过一定的民主协商方式设计和提出来，经缔造办项目组批准后，区和街镇财政也不是全额支持，而是有限支持，而村居也要承担一定的经费投入，通常占30%~40%。这就是所谓的"以奖代补"。

由于村居设计和提出的项目是经过居民和村民的多种形式协商

---

① 2015年对海沧财政局的访谈。

和讨论的，因此更能反映村民和居民的需求，显然会有更好的效果，反过来激发了村居对缔造项目的需求，从而带来了在过去三年中财政对共同缔造投入的快速增长。

"2014年全年，共同缔造累计财政投入4366万元，雨污分流类2412万元；美丽乡村村建类如房屋改造等1550万元；非村建类，如购买运动器材、组织图书活动，404万元。今年预算安排5000万元，可能不够花，预算报上来好像有超；我们每年七八月份有一次预算调整的机会，到时候再追加。因为有些项目可能终止，有些项目可能新形成。

目前看来挺不错。这些项目是村民自己要做的，是他们自己最需要的。需求度能匹配他们自己的要求。是自下而上的，不像以前自上而下去推，效果比较好。因为要居民出钱，所以项目一定是他们最需要的，比方说有个村想要建一个篮球场，项目报上来，如果能入库的话，村民只需要出30%的钱就可以了，村里也高兴。

而且现在各个村都想发展一些自己的特色，比如农家乐、休闲旅游等，所以都想环境好，基础设施要到位，这些是村民最想做的，但是政府做基建时不可能考虑得这么细，以后也要扩大这方面的支出，今年已经翻倍了，去年实际上预算是2000万~3000万元，后来有追加调整；今年报上来6000多万元，目前预算按照去年的规模，初步安排了5000万元先做着看，后面还有一次调整机会。这块也是全额满足。

共同缔造是一个很泛的概念，不只是在出资金额上，也有像是一个项目，村民出地政府出钱，这也属于共同缔造，比如说我村里要做一个村道，是供全村人用的，但是可能某一个角是这家村民的地，现在我们用共同缔造的模式做，让地，地还是他自己的，上边的整理、补贴都是政府做。还有比方说一些小公园，地还是村民的，只不过上面的花草是政府来种的，村里养护，镇里给补助，村民也高兴。之前都是自上而下地去做，比如说修一条路，推很久都做不下去，这家那家都说占了他们的地，不愿意做。现在用共同缔造的模式，做起来就很顺。还有一些自上而下的，比如说要建社区服务中心，政府要做的项目，是全额投资的项目，但是也可以采用共同缔造的方式，比如拿下去方案让百姓自己去提意见、修改，出点子。这类项目比较多。"[1]

这种"以奖代补"的财政资源配置方式有着明显的效果，改变了过去那种只注重投入而不注重投入是否满足需求以及带来的效益的做法，村民和居民都直接受益。

"共同缔造以前在厦门是没有的，是从广东云浮那边带过来的。但加入了海沧的特点。云浮那边是太穷了，百姓有很大的改造的意愿，实行一事一议的制度，他们是百姓先做完，政府来看，可以的话再给他钱。他们是政府没钱，而海沧财政相对充裕，百姓也形成了政府全部买单的概念，就是要慢慢地扭转过来，就事先给一些启动资金，做完，看到效果后全额拨

---

[1] 2015年对海沧财政局的访谈。

付。看镇街的情况，一般启动方面30%~40%；剩下的做完了再给，推进比较快，而且比较顺；很少有启动之后项目不做的。以前在村里推项目，扯皮的情况较多。现在是等村里形成了统一的意见之后再往上报。主要还是村建类的项目比较多，因为大家都比较受益。"

财政资源配置方式的改变和创新，同时也会带动村民和居民的参与，共同缔造的一个重要目的就是要培育民众参与社会事务和活动的积极性和能动性。因此，在农村，则鼓励村民投工投劳，而在城市社区，则涌现了志愿服务。志愿服务不需要政府投入多少经费，而更多地依赖志愿者的行动。比如海沧在城市社区共同缔造中开展绿地认领养护活动，吸引了不少居民积极参与。兴旺社区的情况足以说明这一点。

"绿地划出来之后我们就通知出去，如果有居民认养的话，我们就跟他们签一份认养责任书，签完之后，还让他们在自己的责任田上拍一张照片。认领完之后，每个月把大家召集起来开会交流，提高在地居民的认识度。他们也会互相交流，照顾这一片绿地的心得。每半年进行一次评比，采取投票的方式，投出前三名。"[1]

在绿地认领养护上，企业也是一支重要的力量或主体。相比个人认领养护，企业会出一部分经费，一般采用捐助方式：

---

[1] 2015年对兴旺社区主任的访谈。

"比如绿地认领养护,如海沧湾的绿地本来是政府全额养护,企业认领这一块,出一点钱,放到专项资金里面。""作为区里面的组成部分,企业应该也是可以获得相同的机会,主要还是环境的提升,但财政补贴比例还是以企业为主,比如说有个企业门口绿地标准是1000多块钱,但绿地标准我们只能做200元,他们想要搞得更好,我们乐见其成,但是补贴只能按照我们的标准200元来补,毕竟也是政府必须要做的,大家双赢。"①

在农村社区,叫投工投劳,在城市社区叫志愿服务。能动员多少志愿者参与社区建设,既是共同缔造能否成功的重要条件,又是共同缔造所追求的目标。志愿服务既弥补共同缔造投入的不足,而且是经费难以购买到的而效果又是不可低估的,同时还能解决社区缔造行动中可能存在的供给与需求错位,使共同缔造的好处让更多居民分享。事实上,在推进共同缔造之前,每个社区已经有一些热心的志愿者,而在共同缔造中这些志愿者仍然是重要的力量,与此同时也带动更多的居民参与志愿活动。同样是在兴旺社区,参与绿地认领的也都是志愿者,而且参与其他社区公益活动的首先也是志愿者,他们最热情,积极性最高。

"我们志愿者分好几种:党员志愿者、老人志愿者、巾帼志愿者、红十字会志愿者、共青团志愿者。"②

---

① 2015年对财政局的访谈。
② 2015年对兴旺社区的访谈。

并不是所有居民都对绿地认领感兴趣，兴旺社区中有不少是外来人口，特别是不少外地老人，到那里给子女带孩子，因此他们对志愿服务不感兴趣，但并不是说所有的外地老人都是如此，也有一些人渐渐地对志愿服务感兴趣，这就是共同缔造带来的社会融合效应。

> "最近我们也动员了不少骨干。原来这些人已经成为我们社区工作的积极分子，但我们觉得还不够。我们会通过我们的网格员向我们推荐，让他们入户的时候一定要认真地看，谁没有工作。如果没有工作，我们会跟他说，我们社区有开展活动，下次叫你来哦，这样就把他叫过来了。张大爷50多岁，他原先在这边带小孩，后来就被我们拉进来了。反正他在家里也闲着无聊，我们就叫他来参与活动。有一次新厦门人那边开会叫他，他就讲了自己的一些故事。他原先在小区里面也不爱跟人打招呼，他过来就想生活得单纯一点，但后来就成了我们的'文明宣讲员'。最近老有记者去采访他。"①

社会捐助成了海沧共同缔造的另一类资源，这些资源并不一定都会落到社区层面，但是对社区共同缔造自然会有不少助益。目前，社会捐助来自企业，而个人的捐助却非常稀少。据海沧财政局的统计，2014年有十多家企业向共同缔造捐助765万元，这笔钱放在民政局那里。据我们调查，起初企业并不是自觉地去捐助，是经过动员的，后来渐渐地开始自觉和自主地来捐助，这也是共同缔

---

① 2015年对兴旺社区的访谈。

造影响的产物。这些钱虽然在民政局那里统一使用，大多还是用在社区上，"之前有做一些宣传，企业了解到，自动捐赠，也算是企业反哺社区。"海沧的公共自行车系统建设也是通过共同缔造方式建构的，其中有不少企业捐赠一些自行车，并印上捐赠企业的Logo，当然也有个人捐赠的。不管怎样，社会捐助已经起步，但是作用并不是太大，有些社区，离企业比较近，企业也自动地捐钱为社区共同缔造做贡献。

资源对城市社区建设和发展是必不可少的。据说，共同缔造最早起源于广东省浮远市，目的是解决政府在解决村居公共设施和服务方面的财力不足，以激发更多的社会资源投入，如投工投劳、社会捐助等，但是厦门财力特别是海沧财力相对充裕，因此共同缔造在海沧转向资源配置方式的创新和变革，即改变过去自上而下地下项目、给经费的做法，转向由村居商议提出、由政府审核批准、采用差额补助等方式，一方面提高了资源配置与需求的有效对接，另一方面激发了社会力量参与社区和村落发展，实现共谋、共议、共建、共管、共享。从资源配置上看，城市社区缔造已经有一定的创新效果了。

四 城市社区共同缔造领域的展开

城市社区共同缔造范围是相当广泛的。从唱歌跳舞到兴趣学习、健康知识传播、公共事务治理、社区服务、微自治、信息共享等方面。不同社区在这些领域的进展情况有所不同。如果从娱乐、学习、服务、治理这样的维度去观察的话，娱乐是城市社区的普遍活动，之所以这样，是因为娱乐是社区居民的普遍需求，而且成本低、组织方便，当然有的社区参与的人群多样些，有些社区参与人群单一一些，这跟社区缔造有一定的联系。一般的社区，大多是老年妇女希望唱唱跳跳，老年男子几乎不参加，更别说中青年人了。但是，在海虹社区，我们看到，参与娱乐活动的人除了年老的妇女，还有年老的男子、中青年人，原来那里举办了社区大学，有各种娱乐项目，满足多样的需求，吸引了不同年龄群体的参与。当然，老年群体还是占多数，因为海虹社区居住着来自全国各地的离退休老人，他们多才多艺，又有充足的时间，因此他们是最活跃的人群。虽然娱乐看起来是满足人们玩的需求，但是，在娱乐中，人们不仅学到了许多知识，而且也增加了社会资本和社会信任，为社区融合和团结奠定了基础。在这个基础上，会衍生出居民参与社区公共事务和治理的现象。在海虹社区，引进台湾大学社区营造团队参与社区缔造，台湾的社区营造人员引导社区居民特别是老年人参与社区服务和治理，有居民主动提出各种需求，然后他们讨论这些需求满足的条件以及实现的可能，继而决定需求满足的先后次序。如果没有前期的娱乐活动以及形成的社会团结和信任，那么动员他们参与社区服务和管理，就会相对困难很多。社区缔造中，海虹社区在台湾社区营造人员的带领下，一些居民还参与产业发展，从缝纫到雨伞制作，从而解决社区人员的就业问题。社区服务、社区公益活动以及社区产业发展在共同缔造中得以激活、推进，反过来也助推了社区娱乐的活跃和兴旺。

其他社区的运行逻辑则并不相同。兴旺社区的情况与海虹有明显的不同。兴旺社区也有许多外来人口，甚至比海虹还多，更重要的是那些外来人口大多是来海沧打工的，他们或者租住在兴旺社区，或者是在那里买房了，并把老人叫来一起住，或者照看孩子。这样的社区实际上是我们所说的社会空间逻辑主导的社区，远谈不上生活共同体逻辑主导的社区。社区共同缔造就是要解决这个问题。微治理是兴旺社区缔造的特点。选择微治理作为共同缔造的标的，是由兴旺社区的特性决定的，因为这些外来人口平时没有时间参与娱乐活动，但是他们在生活中碰到许多实实在在的问题，这些问题大多是出现在社区层面的，比如环境卫生问题、人与人陌生问题、社区参与问题等。微治理是比较有效的化解手段和方式，推动社区共同体的建设。

所谓微治理，就是以微自治为手段，培育社会微组织，建立微机制，推动微行动。目前兴旺社区已经组建了各种社会微组织，如"四民之家"（听民声、知民情、聚民智、暖民心）、居民理事会、社企理事会、义工服务组织、特色之家等，尤其是将台湾志工跟大陆的社工、义工结合起来，提供社区服务，参与社区治理。兴旺社区附近有1400多家企业，社区的绝大多数居民在企业就业打工，企业与社区建立社企理事会，对于推进企业参与社区治理和建设有着重要的作用，特别是通过理事会，企业为社区治理和建设提供资金、管理人才方面的支持，形成了企业、社区和社会组织多元参与、互动共治的治理格局。兴旺社区还建立了网格化的服务机制，即依托街道的信息平台，通过网格员，向居民提供各种服务；与此同时，还针对"新厦门人"，构建了一个服务综合体，向他们提供融入化的服务，比如子女课外辅导、娱乐活动、学习知识机会等。微治理一方面将政府提供的服务更好地传递到居民那里，另一方面更好地激发了居民参与社区治理和公益事业的积极性，从而使兴旺这个陌生人社区渐渐地演变为熟人社区，使居民更愿意关心社区环境、秩序以及荣誉，越来越多的居民参与到绿地领养保护以及其他一些公益活动中去，将"它社区"变成"我社区"。兴旺社区通过政府各种缔造项目以及企业提供的支持，开展各种微自治，为居民参与社区活动提供了机会和刺激，从而改变了社区的运行逻辑，向真正的社区共同体方向演进，让外来人口渐渐地融入当地社区之中。兴旺社区实施的整体性共同缔造，显然收到很好的效果，成为海沧社区共同缔造的样板。

有的社区在共同缔造上还处于起步阶段，或者还没有取得效果，或者取得的效果并不明显。某社区购买社工组织的服务，而社工刚刚进驻，还没有被居民所了解。社工所做的事情与居民的活动似乎没有什么关系。

"你们这层现在是归社工管了，那你们之前是社区管理。你们觉得社工接管之后跟居民交流得多吗？他们接手之后整个活动室有没有什么变化？参加活动的人有没有什么变化？居民回答说：'人没有变化，现在刚接手就是觉得外面多了一些花花草草，我就觉得这边的人多了，他们到底是干什么也不知道。以前是居家养老关爱中心，现在还搞一些其他的活动。'对此，该社区的主任也坦然承认：'在社区之间，我们不会特别的在乎，就是在同一个街道，在海沧之间，我们不会特意地去评比。但是从社区的整个运作、成长和规模来看，我们会有几个社区比较突出，比如，海虹、海沧、未来海岸、兴旺、院前，可能你们组其他组员今天也会去。那些社区的话相对来讲，一个是成立的时间早，另外就是做的确实比较有特色，摸索的也比较有特色，领导呢也很认可。我们这个社区从他们这个名次来说，排中间嘛，一般社区。一个是我们社区成立得比较晚，成立了也就是一年多到两年的时间，还有就是跟它们比起来我们社区的特色、规模、宣传工作做的也不如他们。如果你们其他的同事去看了海虹、海发的话，会发现，一些大的社区，他们的特色确实非常的鲜明，另外一个就是它们的组织性、规模性都比我们的大。'"

从社区共同缔造的领域来看，该社区目前主要还限于娱乐领域，社区有一些办公房子用来供老人和孩子开展一些唱歌、跳舞之类的活动，当然也引进社工去关爱社区老人等，但是没有像兴旺等社区那样去开展社区微自治、志愿服务、理事议事等更深层次的社区治理和服务。

五　社区共同缔造的示范与响应路径

厦门的共同缔造，是由政府号召和强力推动的，走的是强行政逻辑路径，目的却是要实现多元共治。这里有一个从行政逻辑转向社会逻辑的问题，也就是说，怎么通过行政的强力号召、动员和操作来激发社会、居民的参与从而实现共治、共谋、共管、共享等目的呢？路径的选择非常重要。在实践中，路径决定了缔造的方向。社区缔造又是共同缔造的基础，那么在社区层面的路径选择就非常关键。

社区共同缔造采用的是先示范后推广的路径。共同缔造的提出和实施，并不是马上就能被各级干部乃至社区居民所理解和认可，特别是社区干部和居民有一种习惯性的认识，即认为共同缔造又是一次政府的口号式或作秀式运动。在这样的社会认知情况下，不可能一下子全面推开，只能通过示范、试点。海沧被纳入厦门的试点，海沧又在自己辖区确定试点乡镇和街道，然后又在试点乡镇街道下面选择试点社区和村庄。试点的目的是想快速地证明共同缔造是一次造福百姓的行动，然后吸引其他社区和村庄积极响应。因此在选择试点社区和村落的时候，社区是否具备一定的凝聚力、领导是否具备领导力以及基础设施是否比较好等问题，是首先要考虑的条件。

"这些示范点原来有一定的基础，比如院前，实际上主要靠共同缔造对他的刺激。我们以前共同缔造的点没有院前。只有兴旺社区和海虹社区，还有西山，农村的一个点，城市的两个点。这样我们做起来之后呢，他们觉得环境很好，企业出钱、老百姓有钱出钱，没钱出力，共同把社区建设好，他们受到触动，开始申请，想做这个共同缔造。""兴旺也是这样。兴旺是相对比较成熟的城市社区，外来人口特别多，荥阳是工业区嘛，这个兴旺社区是比较早开发的社区，原来外来人口很多，外面买房进来的很多，这个社区当时没有物业管理嘛，就脏乱差，通过共同缔造，变成一个品牌，使老社区的百姓有了（共同缔造的）愿望，觉得我们住在这里（自己的社区）跟海沧城区比又掉了一个档次，他们就会觉得低人一等。而共同缔造之后，房价上去了，租金也上去了。整个小区环境也好了，群众有认同感。"①

试点的成功还是需要强力的行政动员以及有效地刺激居民或百姓参与积极性的各种方法和方式。在强力行政动员中，干部"洗脑"和责任制是很重要的手段。

---

① 2015 年对海沧区组织部的访谈。

在社区开展试点，没有村里那么困难，"洗脑"更容易一些，但是社区的社会资本没有村里多，居民之间相互并不是很熟，动员居民参与社区共同缔造的难度就更困难一些。在共同缔造中，体制内干部是有目标责任和政治责任的，必须要沉下去开展社区工作，厦门市和海沧区领导都有自己的联系点，乡镇街道领导同样也要联系一些示范点。更重要的是，领导干部进入社区，要改变自己的领导方式，让居民真正看到他们在推动社区向着好的方向走，居民才会跟着加入缔造行动。

"通过共同缔造，政府要改变，百姓也要改变，政府改变什么呢？政府要改变我们的办事方法，我们的处事工作方法，怎么把这个工作方式方法改变掉，以前想怎么做怎么做，不用征求百姓意见，现在我们的话就说，我们真的要下到基层来，百姓觉得可以做，或者应该怎么做，我们才去做，那这样子通过这种方式的话，要拉近政府跟百姓的这种距离，我经常这么讲。那百姓的话他们也在转变，改变前一阶段这种冷漠的态度，原来什么事情先讲钱再说，要拆点小东西，或者弄点他家的东西，他的话给你先说赔多少，从钱出发，从经济出发。现在这样做下来以后，老百姓会说'拆东西赔东西，这还是我的东西，能说清楚就行'，就是慢慢转变，所以应该说通过共同缔造，最大的好处、最大的成效就是政府转变工作方式，我们改变了自己，那老百姓也改变了他们，那最终的话取得社会和谐共处的一个局面，其他的什么钱不钱的，节约多少经费的东西，我觉得这些东西倒不是最重要的东西。"[①]

---

① 2015年对东孚街道的访谈。

从这里可以看出来，共同缔造也是一种新的治理和领导方法。也就是说，行政干部要通过自己的领导方式转变，让百姓认识到干部是为他们做事的，他们才会积极和认真对待，才会踊跃参与。当然这里也是一个渐近的过程。共同缔造在社区推进上先动员和组织社会精英，然后动员热心的志愿者，再带动其他居民的参与。所以在这里，我们找到了从行政逻辑转到社会逻辑的节点——社会精英、志愿者以及相应的社区社会组织。当然，另一个节点就是资源配置方式的改变，即上面所说的"以奖代补"和社会捐助等。"以奖代补"的最大好处是为社会参与留下了一定的空间，也就是说用行政资源撬动社会资源，从而激发社会运行逻辑。

示范自然会带来一定的响应或反应，成功的示范一定会有积极的响应，当然失败的示范自然会有消极的响应，所以领导会千方百计力保示范成功。兴旺社区和海虹社区是海沧在城市进行共同缔造的两个示范社区，通过共同缔造，社区面貌有了很大改善，居民参与社区活动变得更为活跃，从娱乐到服务、学习以及共同治理等都有很大的进展，比其他没有加入共同缔造或者晚加入的社区好很多。其他社区看到这两个社区经过共同缔造，变得更好、更舒适、更和谐、更有秩序等，也跟着加入共同缔造。

> "影响嘛，有很大的影响。它做得那么好，人家一看，我们社区之间也互相参观的，他就会说，人家做得那么好，我也要做。"

海沧组织部的领导告诉我们说，从原来两个社区做示范，到现在，已经有1/3社区加入了共同缔造，并取得了一些效果：

"我们全区现在有1/3，十几个社区都接近这种水平，全市都在做，实际上就全部铺开。特别是一些原来没有物业的偏远的小区，以前环境很差的，现在做得很好，对其他社区刺激很大。老百姓现在最关心的事情就是安居乐业，这个'安居'就必须具备这几个条件，卫生、医疗、文体设施、环境、治安。现在困扰厦门的是交通，停车很困难。早些年规划的时候不可能考虑得那么超前，有分房子已经很不错了，哪会想到给你规划一个停车位。像我们当时大学毕业，分了一套房子就觉得很高兴了，哪会想到买小车。可现在买了小车都没地方停。我以前住在金尚社区，这个小区搞得很好，在这个小区中央设立了一个大的广场，后来政府搞绿化，这里成为绿化最大的小区，楼距也是最宽的。后来这个小区居民买了车，车就停在绿化带里，没有地方停。居民也整天为停车的事吵架。正因为像这样，交通问题成为一个非常让人困扰的问题，这些方面的管理也要纳入共同缔造，跟老百姓，跟社区一块来探讨，如何停车的问题。"

每个社区都面临一些治理问题，需要寻找一些有效的新办法来解决。共同缔造能发动居民以及撬动社会资源，一同来解决社区中存在的问题。由此可见，示范—响应路径的最大效应就是改变行政动员的强制性，让社区变得自主，激活了社会逻辑。

第三节　城市社区共同缔造的可持续性

共同缔造虽然是厦门市领导提出来的，带有很强的领导个人色彩，但是，从城市社区的共同缔造实践来看，共同缔造并不是某个领导的标新立异，而是确实反映了社会变迁和发展的现实需求，这决定了它的可持续性。正如台湾社区营造，从1994年提出并实施，到现在已经二十多年，依然在进行中，尽管执政党派已经变了好多次。社区共同缔造如何，在很大程度上决定了整个共同缔造的命运。

一 社区共同缔造是对社会问题的反应

社区共同缔造不是地方政府一种应景式的提法，而确实是对社会发展和变迁的一种回应。正如上面指出过的，海沧经济发展，已经在社会方面遭遇不少问题，而这些问题是无法靠社会"自然"的演进就能解决的，需要通过主动的社会再造，才能解决。事实上，社会具有自我建构能力，跟自然界有着明显的差别，比如外来人口如何融入海沧社会、农转居的城市化问题、农村发展和新农村建设问题、社区居民参与公共事务问题等，都是海沧实现更好转型、创造新城区、建设新生活面临的问题，靠自发的行动是难以解决的。社区共同缔造就是为解决这些问题而开展的主动的社会建设行动。目前来看，社区共同缔造正在开展之中，虽然时间短、效益还没有充分展现，但是，对一些问题的解决已经起到了明显的作用，比如兴旺社区的共同缔造，改变了社区原来的脏乱差局面，增加了外来人口对社区的认同和归属感。从这个意义上看，社会问题是共同缔造的压力、推力和动力。

二 社区共同缔造是对社会需求的反应

将社会问题转变为社会需求，才能激发实现需求的动力。从这个角度来看,社区共同缔造更直接地是对社会需求做出的反应。不针对社会需求而开展的社区共同缔造,是不会调动居民的积极性和热情的。社区共同缔造采用的就是将供给与需求直接进行对接的方法,即让社区首先提出缔造项目的申请,然后才由政府有关部门给予审核和批复,而不是以前那种自上而下地给项目的做法。因此,不同社区由于居民结构、历史文化、卫生环境、基础设施以及社会合作水平等的不同,在共同缔造上会有所侧重,没有出现完全雷同的情况。这就说明社会需求对共同缔造发挥直接的影响和作用。在社会现代化过程中,人们的社会需求会越来越多,层次也会越来越高,如果按马斯洛的需求层次理论,从基本生存需求到发展、尊严、审美等需求,是一个不断提升的过程。社区共同缔造实际上是满足社会多方面需求的行动,从对贫困人口的帮扶、老年人的赡养到社区公益事务参与、表达以及解决等,反映了社区共同缔造如何满足多样社会需求的路径。

三 社区共同缔造的关键是缔造人和社会

社区共同缔造虽然是采用项目的方式来满足社会需求、解决社会问题,但是,其本质是要解决人和社会的缔造问题。也就是说,要通过社区共同缔造,为社区居民提供更多的社会参与机会,在参与中增进人与人的理解和合作,提升志愿精神,与此同时,社会组织的引进和培育,更是增加了社会主体的多样性,提升了社会治理水平。兴旺社区在社区共同缔造中,形成了微治理,出现了护绿志愿,反过来说是提升了居民的公民和市民意识和责任,由此改善了社区的社会和卫生环境,也使居民有了更多的幸福感、快乐感和获得感;海虹社区通过社区大学的缔造,为居民提供了学习、娱乐、参与公益的平台，由此使许多外来老年人不仅找到了社区归属感，而且通过学习进一步增进了自己的素养，改善了他们的生活质量，反过来促进社会进步。因此，社区共同缔造的最终目的不是落实几个项目，而是提升人和社会：人变得更文明、更幸福、更快乐、更有责任；社会变得更和谐、更多元、更团结、更美好。

四 社区共同缔造是一次以行政逻辑来激发和培育社会逻辑的社会建设行动

从社区共同缔造的发起、资源投入、动员机制等方面看，确实是一次行政运动。市领导通过各种会议和培训班，先给下属各级干部进行"洗脑"，再利用媒体和广告对民众进行"洗脑"，让共同缔造深入人心。为了推进共同缔造，在行政机构和机制上进行重要的改革和调整，使行政机制更有利于共同缔造。与此同时，各级领导干部下到社区和村庄，进行挂点负责，推动社区和村庄的共同缔造。政府还从财政上专门为共同缔造拨出充分的资金，支持有关项目。所有这一系列做法，都是按行政逻辑进行，但是要实现的是社会、百姓与政府一起的"五共"（共建、共策、共谋、共担和共享），也就是说，要让社会和百姓更多地参与到社会建设、社会治理中去，实际上就是激发和培育社会运行逻辑。表面上看，行政逻辑与社会逻辑并行不悖，实际上由于政府过于强势，往往会出现行政逻辑抑制社会逻辑，而共同缔造的目的就是要通过制度、政策以及资源配置的改革和创新冲破这样的抑制。从目前来看，这一目的在一些社区有了一定的落实。但是，还不能肯定地说，当行政逻辑撤离，社会逻辑就可以良好运作了。这里的问题是，在什么条件下社会运行逻辑能有效地自我运行？行政逻辑与社会逻辑应构筑怎样的逻辑关联性？行政逻辑与社会逻辑的平衡点和合作点在哪里？这些问题都是共同缔造要解决的。

在强政府、弱社会的格局下，纯粹地靠社区或社会，很难推进社会建设，但是仅仅靠政府一方去推社会建设，存在着"社会"建设不起来的危险。在这样的两难下，共同缔造在社区层面探索政府与民众合作的方式、路径和机制，达成行政逻辑与社会逻辑相互支持，在社会逻辑达到了一定强度的时候，行政逻辑要适时地退出，让社会逻辑独立运行，当然这不等于政府不管了，而在于用新产生的机制去管理和治理社区和社会，这新的机制就是多元共治。

总而言之，共同缔造旨在改变行政逻辑主导的局面，培育生活逻辑，使社区真正成为人们生活的共同体。在这个共同体中，居民之间可以做到互助互帮，共同生产社区福利，提升人们的生活质量，最终使社会和谐、稳定并充满活力，实现社会、经济、政治、文化和生态和谐共处。所以，共同缔造的本质就是缔造人和社会。

第八章　迈向未来的社会治理

在当下中国，除了经济新常态和反腐败外，社会治理已经成为发展和现代化绕不开的话题。自上而下，社会各界都意识到社会治理的重要性、必要性和急迫性。在过去三十多年的经济高速发展中，中国社会发生了巨大变化，经历了千年未有之变局，体现在各个领域。变化、发展与问题共生共存，最明显的是全社会的生活水平有了显著的提高和改善，但是各种社会不满并没有消失，在某一些方面还比较多、比较大，原因在于社会发展还不尽如人意，存在着"一条腿长一条腿短"的不均衡、不协调问题。要改变这种局面，仅仅依赖于原来的观念、想法和办法、手段，已经显得捉襟见肘，难以应对当前的挑战。事实上其他国家在发展中也面临诸如此类的问题和挑战，在应对这些问题和挑战上，新公共管理理论、新公共服务理论、社会治理理论、善治理论等新理论纷纷涌现，以解释新的治理对于解决社会问题的重要性、必要性和有效性。这也为我们思考当前中国社会治理提供了理论知识借鉴。当然，各国的情况并不相同，在强调普遍性、一致性之外，特殊性也不应被忽视。即使在一个国家内，不同地区也会因自身的经济发展水平、社会和文化特性做出一些本地化的安排，这都是正常的，是一种常态。因此，在讨论海沧社会治理现代化这个大议题时，既要考虑普遍性，更要讨论特殊性。

第一节　竞相奋进的社会治理

海沧社会治理现代化是在国家重视以及各地竞相开展的背景下推进的。因此，它是国家推进社会治理现代化的一个组成部分，又会在与其他地区的竞合中丰富国家治理现代化内涵，与此同时，也会碰到一些相似或相同的问题。

在过去三十年经济改革和发展中，最大的变化是市场发展以及由此而来的市场选择空间扩大，激活了人们的经济活力和动力，由此推动了经济前所未有的发展。但是，对社会变化的影响相当复杂：大量人口从农村向城市流动，不仅乡村社会出现空心化、老龄化，作为乡村社会基石的家庭不再是完整的、稳定的，"留守"问题和夫妻分居问题相当普遍。与此同时，大量人口在城市社会，处在漂泊状态，没有社会归宿感，尤其是那些流动出来的儿童和青少年难以接受基本的国民教育，城市社会排斥没有得到有效的消除，由此，流动人口的城市融合问题一直没有得到很好的解决，城市变得更加陌生。由于职业不稳定、家庭不完整、流动频繁等原因，社会的"原子化""个体化"显得非常明显。收入差距扩大、社会职业分化以及阶层化等，由此而来的是社会群体冲突、紧张比以前明显。因此，各地纷纷将社会建设和社会治理作为重要工作来抓，根据自己的情况进行多样的探索，以化解面临的各种社会问题，增进社会福祉。

迄今为止，各地的社会治理和社会建设基本上围绕以下几方面进行。

一　社会治理的主体问题

过去的治理或管理基本上依赖于政府。所谓的社会管理，就是政府来管理社会，用行政的逻辑和方式去安排、规制社会，社会成了被管理者和被动参与者。在这样的情况下，政府成为唯一（或接近唯一）的社会管理主体，而社会则成为被动的回应者或反应者，由此渐渐地弱化了自己的治理能力。"党委领导、政府主导、社会协同、公众参与"的社会管理格局虽然被提出来，但是并没有得到很好的发育。这种"强政府弱社会"或者"无社会"的管理模式已经难以应对由快速的市场经济发展而来的各种新现象、新问题。这里的问题在于：一方面，一些地方政府对社会协调、公众参与的认识不足，甚至有一种排斥和拒绝的心态；另一方面，由于政策和资源的制约，社会组织和公众参与社会管理缺乏足够大的空间和足够多的机会。为此，中央政府开始修改社会组织管理条例，放宽社会组织准入条件，取消社会组织业务与行政双重管理体制，扩大社会组织的备案范围，鼓励政府向社会组织购买服务等。在这种的背景下，各地纷纷出台更具体的社会发展政策。有的地方提出"政社互动"的发展思路，后来上升为民政部在全国进行推广的政策。"政社互动"有两层含义：一是划清政府与社会组织的权力和责任边界；二是改变政府与社会组织的隶属关系，建立合作的契约购买关系。这就为社会组织发展拓展了政策、制度空间。有的地方还在此基础上提出"三社互动"，即社会组织、社区与社会工作之间形成合作关系，推进社区和社会建设。有的地方还推进社会工作机构的发展，在公共服务和管理中引进社会工作，从而激发了社会工作机构和社会工作的发展。由此，社会多元主体得到发育和发展，为社会治理提供了可能条件。

发育和发展志愿服务，也是最近几年国家和地方政府在极力推行的社会治理和社会建设工程。虽然在过去几十年我国志愿服务有了明显的发展，尤其是2008年北京奥运会期间，志愿服务发挥了重要的作用，但是我国志愿服务存在着依赖行政动员而自愿偏少、奖励不够、专业化水平低等问题。为了激发更多的人参与志愿服务，政策、制度以及动员机制上都要进行改革和创新，需要借鉴其他国家一些成功的经验。广东于2010年9月1日颁布了志愿者服务条例，湖北、重庆等地也于2015年颁布，全国已经就志愿服务条例开始向全社会征求意见。这些条例对志愿服务内涵、要求、权利和责任等做了明确的规定，有助于将志愿服务作为社会治理现代化的重要内容来对待，提升多元参与治理的水平。

挖掘传统和现代社会精英，在一些地方已经成为培育社会治理新主体的另一大举措。这在农村地区表现得比较突出和明显。在一些农村，开始提倡新乡贤参与社会治理，有的村组建了新乡贤理事会，有的农村地区启动"五老"机制，参与村庄事务决策、监督，也参与志愿服务活动。这里的"乡贤"或"五老"的含义很丰富："乡贤"包括各种在村庄中有社会、经济和政治地位及影响力的那些村民以及从村里出来的那些能人；"五老"也是一种泛指，包括老党员、老干部、老模范、老教师、老复员军人、老医生、族长等在村里能说得上话的老人。有的地方建立"五老议事制度"和"五老志愿者服务制度"等。虽然各地都存在这些人群，但是他们在社会治理和社会建设中发挥的作用是不尽相同的。不管如何,他们确实是社会治理中很重要的一方社会主体。

二 公共资源配置机制改革和创新问题

政府改革和创新社会资源配置机制,使其他社会治理主体获得了足以支持其发展的各种社会资源,由此反过来调整了政府与社会的关系。正如前面所说的,国家从两个方面改革和创新资源配置机制。一是改革和创新公共资源配置机制。国家从法律和政策上把购买公共服务作为重要的资源配置机制,从而使政府愿意出钱将一些职能和服务外包给企业和社会组织。从目前来看,社会组织的大部分资源来自政府。政府一般通过两种方式为社会组织提供公共资源:一种是购买竞标,另一种是委托。这两种方式各有利弊,其中前者可以显得更公平、透明,但是由于社会组织并不发达,有一些服务或项目就没有相应的社会组织来竞标,委托可以解决这个问题,但是委托潜藏着不透明、不公平的问题,甚至为某些寻租行为提供空间和机会。二是国家降低了社会组织向社会获得资源的制度性和政策约束。比如《慈善法》明确了慈善组织参与公募的条件和方式:"慈善组织开展公开募捐,应当取得公开募捐资格。依法登记满二年的慈善组织,可以向其登记的民政部门申请公开募捐资格。民政部门应当自受理申请之日起二十日内作出决定。慈善组织符合内部治理结构健全、运作规范的条件的,发给公开募捐资格证书;不符合条件的,不发给公开募捐资格证书并书面说明理由。"该法规定了四种方式,即在公共场所设置募捐箱;举办面向社会公众的义演、义赛、义卖、义展、义拍、慈善晚会等;通过广播、电视、报刊、互联网等媒体发布募捐信息;其他公开募捐方式。《慈善法》终于为慈善组织提供了合法的资金筹集渠道，大大地推动了慈善组织和慈善事业的发展。国家也为社会组织筹集资金提供了一些税收优惠政策。有的地方还对教育、卫生领域的社会组织进行产权改革，赋予它们退出的权利。

三　第三方评估机制问题

构筑对社会组织以及公共服务购买效果的评估机制，在一些地方推进社会治理现代化中作为重要事项在进行。"社会组织评估是对社会组织进行培育和监督管理的重要环节，也是近年社会组织发展的一项重大政策创新和制度创新"。[1] 国务院和民政部于 2007 年开始启动对社会组织的评估工作，随后各级地方政府也出台相应的规定。民政部和各省区市民政部门纷纷出台各种社会组织评估办法和评估规范，推行第三方评估做法。民政部将全国性社会组织评估工作委托给民政部民间组织服务中心，地方委托的机构五花八门，有的委托给民间组织服务中心，有的委托给科研机构或高校，有的地方成立社会组织评估中心等。[2] 这些第三方中有的是"假"第三方，有的是"有关系"的第三方，真正独立的第三方比较少。这就是当前我国社会组织治理所面临的一个重要现实和问题。这里的原因比较多，主要原因是：一是社会组织评估刚刚起步，第三方机制发育有限；二是社会组织评估缺乏公开透明的招聘或招标机制；三是社会组织评估直接牵涉到一些重要利益关系，比如资源配置关

---

[1] 徐家良、廖鸿主编《中国社会组织评估发展报告（2013）》，社会科学文献出版社，2013。
[2] 徐家良、廖鸿主编《中国社会组织评估发展报告（2013）》，社会科学文献出版社，2013。

系、业绩和政绩考核等问题。不管怎样,社会组织评估机制已经在建构中,在实践中有待进一步改革和完善,各地的实践都会为进一步完善第三方评估机制,提供相应的经验和教训。

总而言之,全国在社会治理现代化方面正在探索中前进,有的方面取得一些进展,有的方面刚刚起步,有的方面可能存在一些问题。不管怎样,方向是促进社会多元参与,实现共同治理,由此催生了各种政策和制度创新和实验。海沧的社会治理现代化也是这样的实践。

第二节　海沧社会治理的新实践和逻辑

我们从三个层次上来理解、分析和讨论海沧的社会治理进程:一是全国层次,这是宏观层次;二是厦门层次,这是中观层次;三是微观层次,即海沧内部层次。

从宏观层次看,正如前面第一部分所分析的,社会治理改革和创新是全国性的现象,从中央到地方,都在竞相地进行。中央从理念、政策和体制上为社会治理创新提供了相应的空间、方向和激励机制。反过来说,社会治理创新也是中国社会经济发展倒逼出来的,不得不去做的。本书第一章虽然对社会治理理论做了全面的介绍,但没有从海沧社会治理现代化宏观层次和背景进行讨论,为了弥补这一点不足,本章专门先介绍宏观的背景,从宏观背景中才能理解为什么海沧乃至厦门会有自己的社会治理创新。如果没有宏观背景提供相应的空间和方向,那么中观和微观的社会治理现代化创新就难以开展。从我们的研究中可以看见,宏观层次推进的社会治理多元化、资源配置机制改革以及第三方评估机制建构都会在中观和微观层面得到相应的反映和体现。

虽然宏观背景对全国各地是一样的，各地对宏观背景给予的空间和机会的感受和利用却有所不同。厦门作为沿海开放城市，在社会经济发展和对外交往上与其他地方特别是内地，可能先行一步，因此，就更容易感受到经济发展带来的变化以及对外交往带来的影响，就有可能先行感受到对社会治理创新的需求，因此，在社会治理创新上会有一些比较超前的想法、理念和做法。全国有不少地方都在探索社会治理创新问题，其中一条主要经验，就是培育和发展社会组织，所采用的方式都是购买服务，当然有的地方还成立社会组织孵化器或中心，这些做法在厦门同样存在和使用。厦门独特的地方在于提出"共同缔造"理念以及围绕和落实这个理念，在政策和机制上进行相应的改革和创新。首先，厦门成立跨部门的协调机制——缔造办，当然目前还是一个临时机构，具有协调政府各部门以及各层级政府在共同缔造上的行动。这个机构能有效地推进共同缔造和社会治理创新。其次，厦门以民生项目和居民自愿选择项目为抓手，改变资源配置机制，以上下互动、政府支持与民众资源相结合的方式，充分注重社会自愿选择的主动性培养和发育。这一做法改变了过去自上而下的强行配置资源做法，更加注重基层社会的积极性和主动性。最后，厦门在社会治理和社会建设上注重外力引进，突破自上而下的行政路径依赖困境以及弥补政府在社会治理和创新方面的专业化水平不足等问题。厦门的"共同缔造"理念也是随市委书记从广东带到厦门的。厦门自身在社会治理和社会建设创新上还是缺乏强大的社会专业力量，虽然也动员了驻厦门的高校（厦门大学等）的专业力量，但是不足以支撑其"共同缔造"的运动式推进，于是他们从海峡对岸和深圳等地引进专业性社会组织，参与"共同缔造"中的社会组织孵化、社区建设和营造等。

宏观为海沧社会治理提供了政治、政策和制度框架，真正起关键作用的是厦门这个中观因素。厦门作为副省级行政主体，有着相当大的政治、政策、资源和人事自主权及决策权，决定了它在社会治理创新能发挥独特的作用。海沧区的社会治理创新在理念、制度和政策框架上基本上是由厦门市搭建的。厦门市在海沧选择了几个试点，并由市委、市政府主要领导直接定点联系。这也是我国抓改革的一种独特方式：凡是抓改革试点，主要领导人都会亲自挂点督导，以调动各级政府和部门支持改革，使改革成功，从而可以向其他地方进行推广，也显示领导对改革的重视。市委领导直接抓点，好处是很多的，主要是政治和行政动员力度大，行政资源多，使得试点社区和村庄获得比其他社区和村庄多很多的资源，但是问题在于太强调自上而下的机制和逻辑，而忽视了自下而上的机制和逻辑，因此也会存在可持续风险问题，特别是当主要领导更换后试点有时候就不了了之。

本书对厦门这个中观层次的社会治理创新框架进行了重点探讨。厦门市之所以想进行共同缔造，目的也是为了培育社会的治理能力，而不是仅仅为了搞出一个新花样而已，因此考虑到社会治理创新的可持续性问题。但是如何确保这个创新的可持续性，本书将更多的目光放在县区级、乡镇级、社区和村庄级的社会治理创新运作方式和机制上，为此关注在"强政府"背景下"社会"是怎样被调动起来、挖掘出来、发展和壮大起来这些问题。海沧区经济相当发达，虽然"共同缔造"是由厦门市委、市政府提出来的，但是厦门市给予的经费相当有限，绝大部分的相关投入是由海沧区财政（包括乡镇、街道财政）承担的，在资源配置上是采用区、乡镇或街道、村社分担的机制，其中区、乡镇或街道承担60%~70%，而村社承担30%~40%，主要以劳务和土地等方式作价，不投入现金。这就决定了区、乡镇或街道这两级在共同缔造上也有自己的自主空间，比如区可以对项目进行自主设计，厦门提出"美丽厦门·共同缔造"理念，而海沧则提出"活力海沧·共同缔造"，这是基于海沧的具体情况做出的，因为海沧是一个年轻的区或者城区，年轻是其活力所在，目前海沧的外来人口数量已经超过本地户籍人口，这也是海沧活力所在。从人口结构与社区发展时间上显示，海沧都是一个充满活力的新城区，这也是海沧共同缔造的基础和着力点。提法不同，意味着海沧共同缔造需要解决的问题和完成的使命就有些不一样。海沧把村改居、外来人口的社会融合作为共同缔造的重点，与厦门其他区县有所不同。海沧在共同缔造上，着力打造新城区、美丽城区，使海沧真正实现从工业园区向新型美丽城市的转变。从这个意义上看，县区这一级在共同缔造上没有决策权，但是在具体落实过程中还是有自己的行动空间。而乡镇和街道由于也要投入一部分的资源，因此在具体实施上也有其独立的设想和行动空间，尽管不如区县大。由此可见，在共同缔造上，执行过程中不同层级的政府和行动主体并不是被动的执行者，而是有自己的创新空间。

共同缔造与以前的社会管理不同的是，给村社以更多的自主权和自决权。当然，在试点上我们看到的还是原来的动员方式和机制，但是在随后的选择上基本上由村社自己提出来。为什么试点需要强力推行呢？原因在于，"共同缔造"是新鲜的事情，老百姓不知道怎样去做，也不想步步跟着政府去做，政府的号召力刚开始并不强。在这种情况下，上级政府要求下级政府以各种方式去强力推行试点。按一位乡镇负责干部的说法，共同缔造是市委书记提出来的，下面的党政官员对此需要一个学习和理解的过程，为此，市委、市政府对区委、区政府领导进行"洗脑"宣传工作，然后是区委、区政府对下一级党政干部进行"洗脑"，乡镇干部和街道干部又要动员村社干部，而村社干部又得说服村社居民。这是一个舆论和强力动员的"洗脑"过程，最后落脚到村社上面。在试点村社，乡镇干部与村干部先做村庄有影响的人的工作，然后再做普通村民工作，最后做"钉子户"的工作。在这个过程中，一方面以某个内容（如屋前房后的绿化和净化）为试点，让其他人看到这样做的好处，另一方面又在利益和权益设计上确保贡献土地者依然享有土地的权利，吸引观望者，打动"钉子户"，最终目的是激发他们的积极参与。从这里可以看出，与以前的强力动员不同的是，共同缔造的最终目的不是完成某个项目，而是激发民众的积极参与，并将这种参与"持续化"，成为一种常态，不再需要政府或是采用强力动员的方式。

实际上，用强力动员方式是否能达到激发民众的积极性和自主性以及培育社会自主、自治、自立和合作呢？这里似乎存在着一定的悖论。"共同缔造"试图要破除这一悖论，其中的一个重要设计就是资源配置机制改革和创新：以前政府的很多项目都是自上而下地强加给村社，不管村社愿意不愿意，而"共同缔造"改变了这种资源配置机制，采用另一种方式，即村社提出方案，交由居民讨论之后，再向政府申请，政府经过各部门以及缔造办审核后决定是否准许。这样的机制的好处是，改变"要我做"的被动状态，变成"我要做"的主动状态，激发了村社和居民参与的积极性和热情，有助于发展社会公共参与能力，这是社会治理创新得以延续的很重要原因。但是，这里的问题在于由于有的村社缺乏社会凝聚力和合作传统，或者缺乏自有经济实力，或者缺乏能干的组织者、领导者等原因，不会主动去参与申请，也就会被排斥出共同缔造。对这些缺乏自主参与、社会团结不够、能人缺乏的村社，在共同缔造上需要引入外部力量，主要来自两方面：一是政府购买社会组织，让社会组织参与，动员居民参与；二是培育社区社会组织，提升村社社会行动能力。

从强力动员转变为村社和居民的自主参与，除了政府资源配置机制变革外，另一个原因是，共同缔造和社会治理创新，在村庄层面不仅绿化和净化了环境，而且带动了村庄产业的发展，在社区层面为居民提供了参与公共活动的机会以及更好地满足自己的需求，更重要的是为外来人口提供了参与社区的机会，获得了社区的尊重，产生了社区归属感，从而也解决了他们长期面临的一些无人问津的日常生活问题。政府利用强有力的行政力量推进"共同缔造"和社会治理创新，潜存着很多的风险，在其他地方也有所表现。也就是说，似乎在强力的行政行动刺激下，社会被动员起来了，但是当行政行动收缩和退出后，社会又回到之前的缺乏活力自主的状态，原因在于没有培育出社会活力自主的机制和能力。而海沧的"共同缔造"似乎正在从两个机制上突破了行政路径依赖：公共资源配置机制与满足需求机制。在农村，最急迫的需求就是产业发展和环境卫生的改善，前者为农民提供创收增收的机会，后者满足村民随着日益改善的生活而对卫生环境改善的需求。在社区，有三大需求特别急迫：一是外来人口的融合问题，二是村改居后居民的城市文明化问题，三是居民对生活质量和社会质量的越来越高的要求。共同缔造具有准确瞄准这些问题的能力。

当然，其他社会治理条件也是必不可少的：村社的合作水平、村社组织方式以及村社精英人物等。从海沧的实践中，我们可以看到，凡是在社会治理上做得好的地方，必须具备这样一些条件：村社需要具备一些能人和积极分子；解决的问题要有针对性和迫切性，与居民的需求紧密相关；居民原先应有一定的合作和交往基础；政府要提供相应的财政经费支持；基础设施要有所改善等。总而言之，共同缔造、社会治理创新只有嵌入村社的社会、文化和日常生活中去，才能会转化为可以发挥效用的效果。

从这里，我们可以把海沧社会治理在共同缔造中的创新和实践机制作这样的概括：政府强力动员—政府强力实践—村社示范—村社模仿—居民竞相参与—可持续发展。这是成功的理想路线图。在这个路线图中，有几个节点非常关键：一个是宣传动员的"洗脑"和政绩考核；另一个是改善环境和民生的示范，在这里一方面生活环境改善，另一方面产业得到发展；还有一个节点是民众参与表达和行动，使他们真正感受到自己对村社的参与是有价值的，从而培育村社归属感。在这样的过程中，社会被激发起来了，有更多的社会主体愿意参与到社会治理中去，愿意与政府合作，共同推进社会福利生产和分享。当然，在居民参与能力和积极性培育方面，海沧还通过引进专业化社会组织以及专业人士来做工作，而不是仅仅靠政府的动员。实际上，有一些居民需求需要专业化手段才能满足，不是靠简单的组织动员就能解决问题。

第三节　总是走在路上的社会治理创新

海沧的共同缔造始于 2014 年，还在进行之中。原初的试点，至今还在一些村社推广,但并没有在所有村社推行,这是一个过程;目前已经完成了政府的强力动员和实践,转向常态的运行,这也是一个过程。我们之所以把"共同缔造"视为社会治理的创新,就在于它不局限于项目的完成,而在于通过项目的落实来改革、创新社会治理机制,改善社会治理逻辑,或者通过改革有关机制以更好地落实项目,造福于民众和社会。在这里,改革和创新社会治理,才是真正的目的。因此,从这个意义上,"共同缔造"不同于以往的项目制运作方式,项目制还是在原来的治理框架和背景中进行的,其目的不是为了改善、改革社会治理机制和体制,而是用原来的治理机制来运行项目或落实行动。从这样的视角来观照海沧的共同缔造和社会治理现代化,我们就可以找到其未来发展的可能路径和前景。

就目前情况而言,海沧社会治理创新在可持续性上还存在一些挑战。

第一,因推进共同缔造而进行的机制改革和创新,在长效上还存在不稳定性。怎样把市委书记的共同缔造设想和理念变成较长时期内指导社会实践的政策和机制,是一个没有解决的问题。目前的缔造办仅仅是一个临时的非实体的协调机构,随时有可能被解散,具有不稳定性;共同缔造预算项目并没有被纳入整个财政预算目录之中,而是一种临时性安排,缺乏可靠的财政机制来保证;更关键的是,共同缔造需要相应的政府职能改革和重构,目前这不是海沧区所能主导的,因此,政府职能调整和机构改革并不是为了更好地推进共同缔造而进行的。也就是说,作为社会治理的重要主体,政府在创新上还是做得很有限的,反过来制约了社会治理创新。

第二,社会力量还是比较单薄,村社的能力还不足以支撑共同缔造和社会治理的长期创新。从目前的实践来看，海沧的社会组织和社会工作力量还是比较欠缺的，主要还是依托于外部的力量：从台湾和深圳等地引进社会工作、社区营造和志工力量，而本土力量发展并不理想。目前海沧每年都有一些购买社会组织服务的项目，但是对于社会组织人才培育和发展的政策并不多，也不系统，力度更不够。虽然在村社层面，政府在推行乡贤理事会的建设，但是，不同村社的做法和效果还是有很大的差别。什么叫乡贤？如何产生乡贤理事会？这些问题的解决并没有一个获得公认的办法，所以有一些乡贤得不到居民的认可，甚至连他们自己也不认可，这反过来影响他们对村社治理的参与。从现状来看，有的村社，乡贤比较活跃，理事会确实扮演了重要的角色和作用，但是在有的村社，乡贤组织基本上不参与村庄的治理活动，变得可有可无。这说明乡贤的界定、产生方式都有待完善，政府究竟在多大程度上参与乡贤活动，是需要认真考虑的，并有相应的政策规定和支持。城市社区的合作和行动能力也是参差不齐的：有的社区常住着不少外地离退休白领者，他们或是学校老师、医生，或是公务员或其他白领职业者，他们不仅多才多艺，而且还有很强的社会参与意识，这就有利于共同缔造和社会治理创新；但是在有些社区，则居住着不少来海沧务工人员，他们没有时间参与社区活动，当然也受限于他们接受的教育，所以，就制约了社区社会治理的开展。由于村社状况很不相同，差别太大，因此不同社区在对待共同缔造的态度以及参与程度上都有明显的不同。

第三，"共同缔造"和社会治理创新的另一个治理主体，即企业、公司、学校、医院等主体，它们自身是否愿意参与社会治理以及有没有空间让它们参与社会治理创新，对共同缔造和社会治理永续进行，有着相当重要的影响。在兴旺社区，我们已经看到企业参与社会治理的成功案例，因为这个社区居住着在企业打工的外来人口，他们在社区中的参与和生活情况直接关系到他们在企业的工作状态，因此企业对此非常关注，以不同方式参与当地的社区治理。长庚医院将台湾的志工服务引入，在医院内部开展共同缔造，收到很好的效果。但是，目前还没有发现学校如何参与共同缔造和社会治理，实际上学校参与社会治理，将会大大地增强社会治理的活力、可持续性，同时也可以从社会治理参与中获得一些重要的教育资源和文化资源。今后学校参与社会治理，应该有更大的空间可以拓展。

第四，目前海沧社会治理创新的源头单一，只有政府，如果要实现社会治理创新可持续，需要有多样的创新源头。如果通过共同缔造，能培育新的创新源头，就能保持社会治理创新可持续性，培育和发展社会组织、壮大社会工作队伍、激发民众参与等，有了这样的社会空间，那么社会治理创新源头就会增加。海沧的共同缔造的一个特点就是变政府主动为社会、民众主动，从而将社会需求和民众需求转化为社会治理创新的动力和激励，确保在政府关注点、工作重点转移的情况下依然活跃着社会治理创新。目前这样的活力还不够。

基于以上的认识，我们认为海沧在通过共同缔造推进社会治理创新和现代化上，从政府角度来看，最大的任务就是确保这个过程能延续下去。确保社会治理创新具有内生的动力、能力和实力，至少需要做到这样几点：首先，把临时动员变成长期工作，从工作机制、财政机制和政策上给予长效保证，比如将共同缔造纳入工作体制内，要么将缔造办长期化、实体化，要么按全国的通例，组建社会建设和社会治理委员会。与此同时，在财政预算中专门开列共同缔造和社会治理预算项目，以确保政府在经费支持上的连续性，防止党政领导更换而导致此项工作中断。在预算中，专门划拨专项经费用于购买社会组织服务和社会工作，以确保社会组织和社会工作的发展。其次，鼓励企业、学校、医院、机关等单位参加共同缔造和社会治理创新，从补贴、业绩考核、奖励、荣誉、社区基金等层面进行设计。最后，对外开放，吸引更多的区外社会组织进驻海沧，通过各种方式参与海沧的共同缔造和社会治理，输入更多的创新理念、因子，使创新有源源不断的活力和刺激因素。

海沧共同缔造和社会治理创新对全国来说颇有启发意义：创新的方向是对的，就是培育社会积极性、自主性和能动性。在中国社会治理现代化中，最缺的、最弱的就是社会这个环节。社会来自哪里？如何培育出来？培育后又如何发挥作用？海沧在这方面总结了一些经验和教训。最好的经验就是政府推进的所有创新如果缺乏社会的支持，便难以走远，难以取得成功。教训就是有的村社在动员中没有养成自主性，到后来也没有能很好地参与到社会治理之中。并不是所有村社都能很快地被动员起来。而最关键的意义是从机制上激活社会自主创新的能力和能动性，从政府治理机制、资源配置机制以及社会组织机制等三大机制上确保由行政动员转向社会自主参与的可能性和可持续性。

后　记

　　本书经过深入的调查和认真的写作，终于可以付梓了。我们以厦门市海沧区践行"美丽厦门·共同缔造"战略为研究对象，试图对案例进行解剖，对海沧区的"共同缔造"与社会治理的关系进行梳理。海沧区作为沿海发达地区，过去三十多年的经历以及面临的问题、采取的应对策略，都有着先行性，对其他地区会有一定的参考和借鉴价值，它所存在的局限性在许多方面也是全国其他地方不同程度存在的。因此，我们不仅希望把厦门和海沧区案例的来龙去脉说清楚，更希望通过对本案例普遍性和特殊性的分析，为全国其他地方进行社会建设创新实践的政府提供一个可以借鉴的对象。这是我们希望这个研究能够起到的作用。

　　本书是一个集体合作的成果，各章的具体写作者分别是：

　　第一、七、八章：王春光

　　第二、六章：张文博

　　第三章：单丽卿

　　第四章：王晶

　　第五章：梁晨

图书在版编目(CIP)数据

共同缔造与海沧社会治理/王春光等著.--北京:
社会科学文献出版社,2017.7
(中国社会科学院院际合作系列成果.厦门)
ISBN 978-7-5201-0177-6

Ⅰ.①共… Ⅱ.①王… Ⅲ.①社会管理-研究-厦门
Ⅳ.①D675.7

中国版本图书馆 CIP 数据核字(2017)第 002161 号

·中国社会科学院院际合作系列成果·厦门·
共同缔造与海沧社会治理

著　　者／王春光　梁　晨　张文博　王　晶　单丽卿

出 版 人／谢寿光
项目统筹／吴　敏
责任编辑／吴　敏　张　超

出　　版／社会科学文献出版社·皮书出版分社（010）59367127
　　　　　　地址：北京市北三环中路甲29号院华龙大厦　邮编：100029
　　　　　　网址：www.ssap.com.cn
发　　行／市场营销中心（010）59367081　59367018
印　　装／三河市尚艺印装有限公司

规　　格／开　本：787mm×1092mm　1/16
　　　　　　印　张：17.25　字　数：206千字
版　　次／2017年7月第1版　2017年7月第1次印刷
书　　号／ISBN 978-7-5201-0177-6
定　　价／89.00元

本书如有印装质量问题，请与读者服务中心（010-59367028）联系

版权所有 翻印必究